接纳孩子的

的

不完美

海蓝博士　著

台海出版社

图书在版编目（CIP）数据

接纳孩子的不完美 / 海蓝博士著. —— 北京：台海出版社，2024.4

ISBN 978-7-5168-3815-0

Ⅰ.①接… Ⅱ.①海… Ⅲ.①家庭教育 Ⅳ.①G78

中国国家版本馆CIP数据核字（2024）第057792号

接纳孩子的不完美

著　　者：海蓝博士

出 版 人：薛　原　　　　　　　责任编辑：俞滟荣

出版发行：台海出版社

地　　址：北京市东城区景山东街 20 号　　邮政编码：100009

电　　话：010-64041652（发行，邮购）

传　　真：010-84045799（总编室）

网　　址：www.taimeng.org.cn/thcbs/default.htm

E-mail：thcbs@126.com

经　　销：全国各地新华书店

印　　刷：河北鹏润印刷有限公司

本书如有破损、缺页、装订错误，请与本社联系调换

开　　本：880毫米×1230毫米	1/32		
字　　数：291千字		印　　张：14.125	
版　　次：2024年4月第1版		印　　次：2024年4月第1次印刷	
书　　号：ISBN 978-7-5168-3815-0			

定　　价：68.00元

目录

人生没有白走的路

一学就会的"865 轻松教子法"

接纳孩子的不完美

孩子的养育与家庭的系统

推荐语

我们这个时代有太多的焦虑，父母焦虑，孩子焦虑。海蓝博士告诉我们：没有不犯错的家长，"好学校＝好工作＝好生活"这样的等式并不成立。作为家长，我们要学会接纳自己和孩子的不完美，真正做到尊重、相信、接纳、爱孩子，引导孩子做自己人生的第一负责人。书中还有一学就会的"865轻松教子法"。愿每一位爸爸妈妈都做好父母，放飞孩子，愿每一个家庭都越来越平静和谐。

——俞敏洪　中国新东方教育集团董事长兼东方甄选CEO

海蓝博士认为，世俗的成功学本身就是反人性的，没有任何成功能够替代教育孩子的失败。

这本书是她作为20多年医生、研究者和25年身心疗愈教育者的系统总结和智慧结晶。她既有超过26年养育女儿的教养心得，也有帮助成千上万家长和孩子的实战经验，更有60多年的生命沉淀，并以此总结出这套教育孩子的理念及方法。愿天下所有的父母读完本书，都能学着善待自己，培养出富有生命力的孩子。

——陈向东　高途创始人、高途佳品CEO

完美是一个陷阱，是家长内心的空洞所构造的海市蜃楼。接纳孩子的不完美，意味着接纳孩子是一个人，而不是物。希望这本书能帮到依然只知道在孩子身上使劲的家长们！

——樊登　帆书App创始人

海蓝博士这本亲子书积淀时间长，写作跨度大，内容也丰富。

书中一个个真实鲜活的案例加入海蓝老师自身的经验及专业知识，易读、易懂、易操作，非常实用。

从这本书中我们可以学习到如何以不求完美的方式去培养"完美孩子"，如何以享受生命的方式做一个好妈妈。

愿所有的家长都能从这本书中找到养育孩子的真谛，享受生命的馈赠！

——尹建莉　教育学者、《好妈妈胜过好老师》作者

父母这辈子最大的成功，是有能力培养一个拥有幸福感的孩子。海蓝博士的亲子书提出具有幸福感的孩子拥有的八项幸福力，具有这八项能力的孩子，想不幸福，都难。书中不仅有前沿的神经科学、脑科学和心理学知识，更有生动具体的案例，以及如何行动的方法，值得一读。

——彭凯平　中国积极心理学发起人、清华大学心理学系主任

海蓝博士的这本亲子书，不仅是一本教育指南，更是一次心灵的疗愈之旅。书中首次公开了核心的"865轻松教子法"，并精选了十几个成功疗愈的家庭案例，生动展示了如何中止和疗愈家庭的代际传承创伤……

如果孩子们都能找到发自内心的热爱，绽放天赋，更好地做自己，这是最好的国运。如果每位家长都可以从错误中学习，就能更好地陪伴孩子成长，让孩子焕发光芒，我想这就是生命的意义，这就是最好的教育。

这本书真诚地推荐给所有的父母。

——武志红　知名心理学家、百万畅销书作家

我认识的海蓝博士爽朗、大气，笑起来极具感染力。

她的亲子书认为要把孩子培养成一个拥有良好的亲密关系、能抗挫折、拥有幸福力的人。

最好的父母，不仅能够接纳孩子焦虑，也能教会孩子如何应对焦虑。希望我们的孩子都能如海蓝博士所愿：无论人生经历什么样的挫折和风雨，都能够很快回到内心的宁静，与他人关系和谐，自由快乐地生活，对生活充满热情和希望。

——张琦　全民商业导师、全网商业类目头部IP

关系先于教育。因为教育是生命影响生命，没有强有力的生命连接，就没有影响力、没有教育。海蓝博士的亲子书教你如何与孩子保持良好亲密的关系。先做真实的自己，再做父亲或母亲，再去发现孩子身上的各种闪光点，你会发现每个孩子其实都是独一无二的天才。

育儿育己，有技可循，这本书推荐给所有的父母。

——王人平 "中国榜样家长""育儿育己工作室"创始人

每一个遇见海蓝博士的孩子都无比幸运，相信阅读了书中的案例追踪，你一定也会这么认为。

每一个读到这本亲子书的父母都何其幸福，因为你会发现，原来每一个孩子都是天才。

孩子成长的样子可能和你预想的不一样，但一定有惊喜。请允许你的孩子发出属于自己的光，这样的家长也自带光芒。

——李柘远 《学习高手》作者、学长LEO文教矩阵创始人

自序：
没有解决不了的问题，一切都有方法和路径！

亲爱的，你是不是不知道：

如何帮助孩子化解焦虑、抑郁的情绪；

如何走进孩子的内心，与孩子有效沟通；

如何培养孩子的抗挫折能力和感受幸福的能力；

如何帮助孩子养成自主学习的习惯；

如何有边界地爱孩子；

如何帮助孩子养成良好的生活习惯；

如何放下过去给孩子造成创伤的愧疚；

如何真正相信、欣赏和接纳孩子；

如何让孩子做事不拖延，不磨磨蹭蹭；

如何控制自己的情绪；

如何解决孩子沉迷游戏、iPad、手机的问题；

如何帮助自卑、胆小爱哭、缺乏自信的孩子；

如何解决和爱人以及上一代育儿理念不一致的问题？

这些问题，可能会让你感到焦虑、担忧、害怕、急躁、烦躁、愤怒、疲惫、压抑、无助、无力，甚至对自己不满，觉得自己不够好，不是个好妈妈。

你是不是有很多时候会：

因为既要承担工作压力、负担家庭责任，还要教育孩子，因此时常感到筋疲力尽、不堪重负、不知所措、压抑甚至抑郁；

因为睡眠不足，不断被打扰，需要处理突发挑战，因此感到烦躁、易怒；

因为绝大多数时间花在孩子身上，没有时间关怀照顾自己或追求个人的兴趣目标，因失去自由，而心生不满，后悔自己做父母的选择甚至怨恨生育这件事；

还会因为自己对孩子的厌烦和怨恨而开始怀疑自己，攻击自己，感到内疚与羞愧；

因为带孩子，与周围的人联系越来越少而感到孤独；

因为与家人教育理念的不同而感到孤立无助；

因为看到其他家长似乎在轻松快乐做父母，而感到羡慕和嫉妒；

因为担心孩子的安全、学习、健康、人际交往和未来的发展而感到焦虑、不安；

因为目睹孩子在学习和成长过程中的挣扎、挫折而感到着急、悲伤、难过；

因为孩子的行为、学习成绩或选择没有达到我们预期的速度、标准而感到急躁、不满、嫌弃、失望；

因为孩子的种种对抗而感到挫败、愤怒；

因为担心自己做得不够，做得不好，或没有充分满足孩子的需求而感到内疚、难过；

当无论怎样努力都无法解决孩子的行为、情绪和学习问题时感到失控、无助、无力，甚至绝望。

随着互联网、手机、人工智能的飞速发展，人际关系和交流的形式急剧变化，离婚率迅速上升，家庭结构的变化，学习、工作和生活的挑战对我们和孩子的挑战都越来越大。

我们究竟应该怎样在内外交困的环境中养育孩子，才能让我们自己和孩子不被各种负面情绪卷走、淹没，在瞬息万变的环境中仍然能够感受到：

内心的宁静，与孩子、爱人、长辈关系和谐。

不被各种压力缠绕，能够自由快乐地工作、生活。

享受陪伴孩子成长的温暖、美好和喜悦。

培养出一个身心健康，无论遇到任何挫折和困难都能够很快回到宁静和谐、自由快乐、充满热情和希望的学习、生活和工作状态的孩子，一个拥有抗挫折能力和幸福力的孩子。

如果你有以上的感受和愿望，这本书就适合你。

这本书是我做了二十多年的医生、研究者，二十多年身心疗愈教育咨询，帮助成千上万的家长，以及二十多年来养育自己女儿过程中所探索、学习和实践的教育孩子的理念和方法的系统总结，称为"865轻松教子法"。

简单地说，"865轻松教子法"就是让你知道，只要学习和实践，没有解决不了的问题，一切都有方法和路径！

在这本书里，我会详细介绍"865轻松教子法"的起源、核心理念和具体内容，并用实际案例叙述演示"865轻松教子法"

的使用方法。

同时，我会根据几十年来最常见的亲子教育中的问题，在真实案例中展示如何运用"865轻松教子法"解析、解答、提供具体的解决方法。

几十年来，我见证了许许多多的家长和孩子在"865轻松教子法"的实践中，解决了不同年龄段、各种各样的问题和困惑，见证了许多奇迹：

家长和孩子的关系越来越好，应对挫折的能力越来越强，孩子们学习越来越好，家长和孩子都感到越来越轻松快乐！

在成千上万受益家长的持久呼吁和催促中，我终于决定将这套方法记录下来分享给你。

真心希望你和我，以及许许多多的家长一样，在学习和使用这本书的实践中，让养育孩子过程中所遇到的所有问题、困难、挫折、压力和情绪，都能转化成培养、发现、探索、成长、丰富自己生命的养料，让养育孩子的旅程充满欣喜、快乐、满足、温暖、丰盛和幸福！

海蓝博士

2023年9月14日

前言：
你的情绪决定孩子的现在和未来

在我帮助许许多多的家长解决原生家庭各种伤痛的几十年里，我经常问他们这样一个问题："回顾你父母做过的事情，哪些事情让你今天想起来依然感到难过？"

绝大多数的回答是：

父母起伏不定的情绪，以及失控、骂我、打我的样子；

父母之间吵架、打架；

父母充满焦虑，紧锁眉头、一脸阴沉的样子；

父母焦虑和抑郁的状态；

他们总是忙自己的事，忽视我的存在，对我态度冷漠；

妈妈整天抱怨，不高兴，以泪洗面；

他们拿我和别人家的孩子比较；

他们从来没有夸奖、亲吻、拥抱过我；

…………

我又问："父母对你的这些方式，对你的影响是什么？"

回答是：

经常感到不安或如履薄冰，永远不知道他们什么时候会大发雷霆，导致我情绪不稳定；

让我经常感到恐惧、焦虑、压抑和自卑，没有自信，感到无助、无力甚至是绝望；

让我不相信自己，不相信他人，不知道如何有效地与人沟通；

在学习和工作与人交往中变得敏感易怒，容易与人发生对抗、矛盾和冲突；

让我经常怀疑自己，攻击自己，不敢表达自己的观点和意见，经常委屈自己，讨好他人；

让我难以集中注意力学习，严重影响了我的学业和工作；

让我不知道自己是谁，想要什么，需要什么，喜欢什么；

严重影响了我对伴侣的选择，对婚姻的态度，以及我和爱人的相处方式。

我接着问："如果时光倒流，你最希望你的父母怎样对待你？"

回答是：

我希望父母控制好自己的情绪；

希望他们平静、和蔼地说话；

希望看到他们的笑脸；

希望他们不要吵架、打架；

不要拿我和别人家的孩子比较；

希望他们倾听我的说话，尊重我，看到我的存在，对我不冷漠；

相信我，不要怀疑我；

希望他们亲亲我、抱抱我。

我继续问："那你管教孩子的方式，和当年父母管你的方式有什么不同和相同？"

绝大多数家长回答：

和我父母管教我的方式很像，尽管我曾经被他们伤害过。

不喜欢父母管教我的某些方式，主观上也不愿意复制他们的方式，但无意中却在行为上重复了父母的观念和方式，有时几乎成了我父母的翻版，也用同样的情绪和方式对待我的孩子。

亲爱的朋友们，你们有没有看到：

父母的情绪决定孩子的现在和未来！

无独有偶，在我帮助许许多多的孩子解决他们的情绪、学业和行为问题时，可以看到：

父母情绪的暴躁、焦虑、抑郁和起伏不定。

父母对孩子的忽视、不相信、鄙视、暴力。

父母之间争吵、冲突、暴力。

而这些才是根源！

当问到你希望妈妈爸爸怎么对待你时，孩子们的回答和我们对自己父母的期待基本上一模一样！

父母的情绪决定了我们的现在，我们的情绪又在影响着自己孩子的现在和未来！

你知道吗？

1994年《哈佛商业评论》就显示，60%～90%的疾病与压力有关，近年来越来越多。

所谓的成功和幸福其实就是我们是否从心底感到宁静和谐、自由快乐，以及对生活的热情和希望，学习、工作、金钱、地位、声誉、娱乐及各种活动，不过是达到这种内心状态的路径和方法。

从出生到为人父母，我们每个人都在学生时代用了很多时间和精力学习数理化，甚至琴棋书画，工作后为了跟上职场的发展，继续花大量的时间学习新方法、新知识，不断更新知识技能。但是对于决定人健康、命运、生死、成功的情绪一无所知。

大部分人懂了很多道理，知道但做不到，正应了那句老话：知道很多道理，却过不好这一生。

因为所有的理论和方法，当情绪来临时，都会乱了套路，即刻失效。

如果我们没有办法让自己情绪稳定，好好说话，所有的理论和方法都难以奏效。

如果我们没有办法让孩子情绪稳定，不管我们说什么、做什么，也都难以奏效！

因为：

人在愤怒、生气、厌烦中，只会对抗和攻击、与人冲突，无法思考或集中注意力；

人在恐惧和害怕中，就是想逃避、躲闪和拖延，没有信心和动力去学习、创造；

人在抑郁和悲伤中，很容易陷入无助和绝望，怀疑自己和世界，觉得生活没有意义。我们和孩子的负面情绪会彼此影响、相互激发，形成恶性循环，使我们和孩子越来越远，冲突越来越频繁，孩子的学业和行为问题也越来越多。

人在积极的情绪状态中，在感到平静和谐时，才会集中注意力，有想象力和创造力；

人在感到自由快乐的时候，才会有学习的愿望和追求自己梦想的动力，才能与人和谐相处；

人在感到热情和希望的时候，才会设立目标，为实现目标行动、努力和奋斗。

所以，若想从根本上解决教育孩子中的各种问题，首先需要学习的是了解和化解我们自己和孩子的各种情绪，只有在平静和谐的前提下，才能真正地引导并帮助孩子解决各种问题。就像一艘船，在暴风雨中，所有的力量只能用于保持船体稳定，而在平静的大海上，才有可能快速向目标挺进。

不论是我们自己还是孩子，能做到无论遇到什么挑战、困难和遭遇，都能回到宁静和谐、自由快乐、充满热情和希望的生活状态中，这不就是生命的核心意义所在吗？

情绪本身没有好坏。

负面情绪实际上是我们生命的护卫和向导，会时常提醒我们已偏离了幸福生活的航道。

愤怒生气是提醒我们可能被冒犯，没有被公平地对待，没有达到我们预期的标准。

害怕、恐惧和焦虑是提醒我们可能会遇到危险，失去我们认为必要的东西、环境、未来和人。

悲伤是因为我们失去了对自己重要的、有价值的人、事、物。

忧郁是对自己、他人、世界和未来感到无能为力，失去了希望。

内疚是提醒我们做了自己认为对不起他人，或者错误的事情。

羞愧是因为我们觉得自己不够好，不值得，没有价值。

情绪是了解和探索我们与孩子内心世界的窗口和门，也是我们的引路者，在不断化解自己和孩子的各种情绪中，知己知彼，共同成长，帮助孩子活成自己喜欢的样子，也让我们活出自己喜欢的样子、喜欢的人生！

Part 1

人生没有白走的路

教养孩子，没有将来，只有此时此刻

第一章　没有不犯错的家长

每个家长都不完美

亲爱的家长：

在养育孩子的过程中，你一定有情绪起伏不定，或者失控的时候，可能发脾气、唠叨，打孩子、骂孩子、威胁孩子、指责孩子、忽视孩子，没有陪伴孩子，对孩子不耐烦、嫌弃，等等；可能说过也做过让你今天想起来就后悔、内疚甚至感到羞愧的事情。我想告诉你：

第一，无论你说过什么、做过什么，我相信你都已经在彼时彼刻，在你的精力、时间、知识、经验、经历、能力、认知、周围人的影响、工作环境、婚姻状态、经济条件、身体状态条件和背景下尽心尽力，做了能够做的最好选择和努力了。

第二，与此同时，天下有成千上万的家长和你一样，做过同样的事情，感受和经历着和你一样的困扰、难过、焦虑、烦躁、厌倦、不安、内疚、悔恨、无助、无力。你不孤独，也不是唯一有这些经历的人，因为，所有这一切都是为人父母体验的一部分。

第三，天下从来就没有不犯错的父母，犯错是做父母的必然部分。

我就是一个犯过许多错，不完美的家长。

我小时候，因为做医生的妈妈非常忙，一周工作6天，周日还要去医院查房，所以绝大多数时间我都是和做医学院教授的爸爸在一起的。爸爸是一个极其严厉的父亲，很少有笑脸，经常一脸严峻，对我批评、否定，有时候还打骂。在童年和青春期，我不记得爸爸对我有夸奖或满意的时候。

记得在我六七岁的时候，我就暗暗下决心，等我长大了，如果结婚，有孩子的话，一定要生个女孩儿，我要好好爱她，不打她，不骂她，每天对她亲亲抱抱，对她柔声细语地说话，陪她玩，给她买很多好吃的，还有很多漂亮的裙子。

30年后，在36岁的时候，上天回应了我儿时的祈愿，让我儿时的梦成为现实，如愿以偿生下了女儿。而我在女儿1岁的时候，就开始在美国教育学院经常排名第一的范德堡大学皮博迪教育和人类发展学院学习心理学。我的确像儿时许的愿一样，从未打她、骂她，每天亲她、抱她，尽我所能给她买她喜欢吃的东西，给她穿漂亮的衣服，带她去喜欢的地方玩耍。

我曾经非常骄傲地在朋友面前说，自己从未打过女儿。女儿当面反击说："你打过！"我非常错愕地说："妈妈什么时候打过你了？"她说："你用眼睛打的！"

我才想起那些我没有做到完美的时刻：

我着急上班，逼迫她赶紧吃饭，直到她恶心到想吐。

我忽视了她2岁时和我一起经历的车祸所带来的惶恐，2岁的她目睹了我因车祸无法呼吸，被抬上救护车，送往急救室抢救，使她极度恐慌，之后许多年依然有对死亡和陌生人的恐惧。

她在幼儿园被马蜂蜇后惊恐害怕时，我也没有及时关注、安抚。

我更不知道在她10岁时，即2008年，我去汶川地震灾区做心理创伤救援，把她带到板房学校学习，她因为语言不通、文化差异、没有朋友而感到艰难和孤独，被同学霸凌而感到愤怒和害怕，还有跟不上语文学习而感到无助和无力。

因为忙于自己的工作，我无暇顾及或者忽略了她在中学时代被男生霸凌导致的压抑、害怕、焦虑、羞辱、愤怒、孤独和自我怀疑。

我和她爸爸吵架带给她的难过、恐惧、不安全感。

我的急躁和要求，让她小心谨慎，有时诚惶诚恐。

我对她的期待和无意中表达的不满，让她觉得自己不够好。

所有这些事情对女儿的影响，多数是在她18岁后，能够用清晰的语言描述当时的经历及对她的影响时，我才知道。

所以，我想告诉你，作为一个从自己6岁就期待有个女儿，并且学习和从事心理学专业，把女儿视为世界上最珍贵、最重要的宝贝的妈妈，在有意无意中也给孩子带来了许许多多的创伤。更何况，绝大多数父母根本没有学习过教育心理学。

实际上无论你多么不愿意，多么努力地避免伤害孩子，保护孩子，也无法避免对孩子造成伤害。伤害一定会发生。伤害可能来自你自身，也可能来自你和爱人的关系、家庭、学校、老师和同学以及环境和社会。我们能做的就是在伤害到来之前尽量预防，并在伤害发生之后及时进行干预，给予孩子支持和帮助。

烦恼和痛苦是家长和孩子的必然经历

父母都是第一次做父母，孩子也是第一次做孩子。

我们都是新手，都在跌跌撞撞地学习。烦恼无法避免，痛苦无法避免，有些烦恼和痛苦源于我们对孩子的爱，源于我们内心深处对孩子拥有美好生活和未来的热切期盼，爱之深，痛之切。也正是因为爱、痛苦、烦恼、无助和不知所措的纠结，激发了我们不断探索、学习和成长的动力。

只要在不断学习和探索，你就是最好的家长。

世上没有完美的家庭，也没有完美的父母。完美的父母和家庭只存在于电影、电视和他人晒的朋友圈中。是我们对完美家庭和完美父母的向往和期待，让我们在他人身上投射、幻想了完美，完美永远在想象和幻梦之中，在想象中一切都可以完美。而真实的生活都充满了鸡毛蒜皮、吵吵闹闹、酸甜苦辣、悲欢离合、跌宕起伏的烟火气。

其实，真正完美的父母和家庭正是在这种不完美的烟火气中，因为真实，因为鲜活，因为起伏，才有了丰富多彩、波澜壮阔的完美。

我们需要的是放下对虚幻的完美家庭、完美父母的想象与期待，知道自己已经足够好，自己的家庭已经足够好，接下来需要做的是：

如何让自己、孩子和家庭好上加好！

教养孩子，没有将来，只有此时此刻

记得一位母亲为了让孩子不输在起跑线上，从孩子幼儿园时期开始，就给孩子上补习班。孩子的小学、中学、高中阶段都被排满了各种补习班。她认为孩子玩是浪费时间，孩子做家务是浪费时间，孩子运动锻炼是浪费时间，总之，只能学习数学、语文、外语、物理、化学，也就是只要高考不考的科目都是浪费时间。直到高中二年级她发现孩子得了白血病，无力回天，尽管想尽各种办法治疗，孩子还是在发病不到一年后离开了人世。她极其愧疚，孩子没有童年，没有快乐，只有为将来出人头地的各种计划和安排。我依然清晰地记得，孩子妈妈撕心裂肺地哭喊："宝贝，妈妈什么都不要求你了，只想你活着，让我看见你。"

我清晰地记得，汶川地震时，我救助过的一位父亲，他在地震中失去了15岁的独女。他最后悔的是：女儿15岁的生命中除了学习，没有其他内容。女儿想买一件新衣服，他觉得没有必要；想吃点零食，他觉得太浪费钱。他心心念念地希望女儿能把所有时间和精力都花在学习上，他还把所有钱攒起来，为了以后能供她上大学。最终，他满含绝望的悲伤和泪水哭诉着无尽的悔恨和对不起。

太多的父母把目标放在了将来，而人算不如天算，没人知道未来会发生什么，有时候，我们无比确定的未来并不存在。而事实上，我们和孩子的关系，没有过去，没有未来，只有今天，甚至只有此时此刻，因为生命中的一切都发生在此时此刻。这一刻就是永恒，一个个此时此刻构成了我们和孩子的现在、过去和未来。

太多的时候，家长为了未来的目标，牺牲了孩子的当下，也牺牲了自己的当下，最终牺牲了家庭的现在及未来。

实际上，所有的教育都发生在当下，当下是唯一真实的存在，也是唯一我们可以改变和行动的地方。在每个当下不断学习和创建，就会活出自己喜欢的样子，也会教会孩子活出孩子喜欢的样子。

没有任何成功能够替代教育孩子的失败

我曾经帮助过不少世俗观念里的成功人士，有钱的、有名的、有地位的，他们的孩子也摆脱不了抑郁、焦虑、厌学和叛逆，孩子拒绝交流，无所事事，变成了父母人生中最大的困扰。

我听到最多的一句话是：我这一生历经艰难，艰苦奋斗，就是为了让孩子过上衣食无忧的生活，能够从更高的起点过上幸福的生活，而我的孩子不以为意，我觉得自己的辛苦、奋斗、成功都失去了真正的意义。

从动物本能上来说，孩子是自己基因的延续，所有动物都会为自己后代的生存、延续拼命守护，人类也不例外。孩子代表着我们的未来和希望，孩子状态不对，自然牵动着父母的心。人不怕在苦难中挣扎，但会害怕没有未来和希望，比起自己的未来，人最深的恐惧是感到自己的孩子是没有希望和未来的。太多的父母在追求自己事业的路上，忽略了对孩子的陪伴。诸多心理学和神经科学的研究发现：忽视是对孩子的重大伤害。我认为虐待分为两类：第一类，对身心的暴力侵犯；第二类，忽视。忽视本身就是虐待！

所以，家长的成功不等于对孩子的教育成功，更不代表对孩子的成长有益。

没有陪伴，就没有教育。

太多的父母把时间精力用在了积累物质财富上，而事实上，在满足了基本的衣食住行后，物质给人带来的只是方便，没有核心和根本的价值意义了。对孩子来说，有没有大房子，家里有没有汽车并不重要，重要的是有没有爸爸妈妈一起和颜悦色、谈笑风生地交流、玩耍陪伴，有没有遇到困难时的安抚鼓励，有没有表达爱的亲亲抱抱。

现代科学研究证明：孩子的大脑发育依赖于与父母及周围人的交流。包括我们的眼神、表情、声音语调、姿势、语言、气味、情绪状态。教育在陪伴中发生，教育在看得见、摸得着、听得到的状态中发生。很多时候父母拼命积累的功名、物质和财富，恰恰成了孩子成长，甚至整个家庭幸福的障碍。如果留意，你会发现许许多多父母功成名就、孩子问题重重的案例。

第二章 好学校＝好工作＝好生活吗?

父母为我设计的"美好人生"

和天下千千万万的家长一样,父母为我设计的美好人生是:

好小学—好中学—好大学—好工作—好幸福。

我出生于一个医学世家,爷爷奶奶和妈妈都是医生,爸爸是医学院的教授。他们有着非常传统的思想观念:万般皆下品,唯有读书高。所以学习好非常非常重要。好小学—好中学—好大学—好工作—好幸福的人生,仿佛是一个刻在几代人基因里、潜意识里的培养孩子的默认的、唯一的成功之路。

什么是好工作呢?

好工作就是钱多、事少、离家近、被人羡慕、稳定的工作,最好能在工作领域里出类拔萃,功成名就,那就锦上添花了!事实真的是这样吗?

我出生在20世纪60年代初,家人给我选定的幸福人生道路就是做医生。因为从古至今,不管经历什么困难,哪怕是战争或是灾难,做医生总会有饭吃,我爷爷就是一个典型的例子。当年,他是当地的著名医生,在20世纪六七十年代那段特殊时期,他白天辛苦劳动,晚上依然有很多人上门找他求医诊治。记得父母说当医生不只是铁饭碗，而且是胶皮饭碗，掉到地上也摔不破，还能自己弹起来。而医学中有"金眼科银外科"之说，于是我很小的时候家人就预设了我当眼科医生的未来。

"好小学—好中学—好大学—好工作—好幸福"这个途径对有些孩子来说，的确是一条成功幸福之路，但真的对所有孩子都适用吗？如果你观察自己周围的人就不难发现：有许许多多的人，没走这条路，也事业成功、家庭幸福。

在生活中，常听到，有许许多多的家长因为看不到自己的孩子踏上"好学校—好幸福"的成功赛道而焦躁不安、夜不能寐，感到无助绝望，对孩子各种催逼；在社交媒体和新闻上，甚至我们周围，也经常看到孩子学习因为无法达到家长、老师和自己的期待，焦虑、抑郁甚至轻生。我常常因为许许多多的青少年在这样极其局限的期待中选择轻生而感到无比悲痛。

我想分享一下我成长的故事。

1. 17岁，我按照家人意愿读了医学

大学填报志愿，父母帮我选了医学，习惯于父母为我做决定，也从小浸染在这样的家庭文化中，我想也没想，就同意了父母的选择。那一年，我17岁。

大学期间，看着海量的枯燥无味、晦涩难懂的、需要死记硬背的书籍，我真觉得非常无聊无趣，当时读书的主要动力是成为父母、老师和同学眼里的好学生。

我爸爸常说："头悬梁，锥刺股""学海无涯苦作舟"。我毫

不怀疑地认为这就是必然的学习和成功之路，于是经常逼迫自己学习，因为我的人生和价值与我成绩的好坏息息相关——成绩好，我就是好孩子、好学生，就会招父母、老师的喜欢；成绩不好，我就不好，不值得。记得大学毕业参加完全国统考，我想做的第一件事就是把所有的书都撕了扔了，不再看医学书籍。

2. 22岁，做了眼科医生，病人伤口不再流脓、不再出血就是痊愈吗？

医学院毕业，当然只能做医生。选择做了眼科医生，因为医学界有"金眼科"之说。

记得一个夏天的晚上，我在急诊室值班，一位30岁的农民工来就诊，满脸是血，他在开山炸石的时候两眼被炸破，眼里都是灰和沙，必须马上进行双眼球摘除手术，否则会伤及生命。

这是我最不喜欢做的手术，尽管是为了救命，但一个年轻人，瞬间就会失去双眼，令我无比难过。一个月后，在一个燥热的夏季午后，我写他的出院日志：当我写下"病人痊愈出院"几个字的时候，心中充满了悲凉和无助。

从医学角度来讲，只要伤口不再流脓、不再出血就是痊愈，可是我心底却有一个声音在问："这能算痊愈吗？"看着他妻子搀扶着他走下楼梯，离开医院的背影，我对自己的职业产生了疑问。他的人生永远改变了，他是全家唯一的劳动力和经济来源，还有一个不到1岁的孩子，从此要在黑暗中面对生命中的一切。而作为一个医生，我无能为力。

第一次，我从一个踌躇满志的医生，感到了自己的局限和深深的无奈。

3. 29岁，受到颠覆性冲击，一语惊醒梦中人

我想，也许有了更多的知识和技能，有了更多的经验，就能帮到更多的人。

从小，我就从爷爷和父亲那儿知道：上海医科大学（现在并入复旦大学）眼耳鼻喉科医院的郭秉宽教授是当年医学界的翘楚、眼科界的泰斗，被称为"中国眼科之父"。跟随名师，可以学习最高水平的知识和技能，因此我立志要成为他的学生，历经艰难，我终于如愿以偿，1990年成了郭老的关门弟子。

郭秉宽教授于20世纪30年代从世界眼科发源地奥地利留学归来，他会说四门外语，是桃李满天下的全国著名专家。

我想：他去过那么多国家，还为国家领导人看过病，多么了不起啊！

怀着对他老人家的仰慕，对自己成为他学生的自豪，和对未来满满的期待，我准备跟着他好好学习，也希望听听他的人生故事，日后也能成为像他一样领衔学界的专家。

怀着淘金般的渴望，有一天我问郭老："您的人生有那么多成就，能跟我说说您的感受吗？"

结果，他很木然地看着我，说："我这一辈子忙忙碌碌，没啥意思。"

那一瞬间，犹如晴天霹雳，我一下子呆住了，怎么也没想到会是这样一个答案。

那时的郭老已经80岁有余，在我看来他一生辉煌、功成名

就，却在暮年对自己的人生做如此总结，这给29岁的我带来了极其震撼、颠覆性的冲击。

29年来，我从未认真考虑过我的人生应该是什么样子的，只是想成为像郭老那样的人，站在医学界的顶峰。

可是，我扪心自问：

·我那么费劲地学医，我有郭老那样过人的才华吗？

·我会达到他的高度吗？

·会取得像他一样的成就吗？

答案是否定的，我做不到！

那么，连郭老这样一个在外人看来成就辉煌的人都觉得"人生，忙忙碌碌没啥意思"，我这一辈子又会有什么意思呢？！

做了医生后，我发现对于许多病，我们能做的只是诊断，却没有很多有效的治愈方法，大多数疾病其实是很难治愈的，医生很多的工作是告诉病人得了什么病，切除病灶，用药物控制症状，其他的就无能为力了。

我第一次开始思考，我的人生到底有什么意义。

那一年，我29岁。

亲爱的家长朋友，你希望你的孩子在暮年回顾自己的一生，最后的结论是忙忙碌碌没有意思吗？或者作为自己，是否思考过你自己暮年时，希望的状态是什么？

4.37岁，我站在了事业顶峰，但并不快乐

在我读医学博士的年代是没有转行的说法和概念的，也没有想过有其他可能。人生嘛，十有八九不如意。更何况，在许许

多多人的眼里，功成名就是硬道理，是人生价值和意义的全部所在。要是能做到世界一流的话，那才叫"真正的功成名就"，职业生涯才会很辉煌，所以得继续拼搏。

因为美国被誉为世界上医学发展最先进的国家，所以我决定去美国，跟随名师继续深造。1994年我非常幸运地师从世界眼科学会副主席罗伯特·安德森（Robert E.Anderson）教授，就读于得克萨斯州医学中心贝勒医学院，做了他的博士后。

安德森是既当医生又做科研的双料教授，老先生非常和善，很高大，长得像圣诞老人一样，慈眉善目，一脸大胡子，笑起来特别开心。在他的实验室做博士后期间，我做实验，看文献，写文章，异常忙碌。我在曾经梦想的专业期刊上发表了文章，在眼科领域也算走到了顶端。可是，我内心是空虚的，没有踏实的发自心底的喜悦。

第一次，我开始认认真真地思考我的职业、我的人生，我是不是真的要继续做一名医生，我陷入了极度的矛盾之中。

虽然在医学领域的学习、临床实践和科研中，我的成绩一直不错，但总有一种逆水行舟的感觉，用意志强迫自己去做，像被安装了考试晋级的机器人一样，从未停下来想想：这真是我喜欢的生活和工作吗？

从医是父母帮我选择的道路，我从没想过是否有别的路可走。

在美国，做一名眼科医生，社会地位高，收入好，受人尊重。但当医生对我来说除了钱挣得多以外，好像一年四季都在忙，一年两周假期，赶紧到哪儿旅游一趟，然后赶快回来接着忙。我再次想起了郭老的那句感叹"忙忙碌碌没啥意思"……

只要选择改变，就会有人怀疑、反对

我确定自己不想这样度过一生。

人生非常短暂。我算了一下，一天24个小时，有10个小时是花在吃喝拉撒睡上，剩下的时间主要就是工作了。如果工作很开心的话，一生就会有很多幸福和快乐。如果工作不开心，人生就很难感到充实和满足。

你可能会说，工作嘛，就是赚钱养家糊口，哪有什么喜不喜欢，太矫情了！别不知足！

而我心中涌动着一种不甘心，人来到这个世界上只有一次机会，不能就这样在忙碌和疲倦中度过，一定有比外表光鲜亮丽、内心着急疲惫更好的活法！

我到底该干些什么呢？

我希望做一件自己有热情、喜欢做的事情。

我喜欢做什么呢？要知道，一个人喜欢什么就看他把业余时间用在哪里，钱花在哪里。

我业余时间用得最多的地方就是读心理学书籍，如果业余爱好能够变成工作该多好啊！

可是，我已年近40岁，在医学领域已经耕耘20多年，现在转行，来得及吗？再说即便学了，作为一个生长在中国，小学直到博士都在国内完成的人，语言文化都有限，毕业后能找到工作吗？

与先生分享了我的想法。先生说："做一件自己喜欢的事情很重要，就算毕业挣不到钱，咱们可以去打工嘛，总会有饭钱，也会有睡觉的地方。你不是个爱钱的人，也不用很多钱，干件自己喜欢的事，实在找不到工作，至少这两年你会过得很高兴呢。"

先生的支持让我更加确定，我终于下定决心转行了。我宣布这个决定的时候，周围简直是天翻地覆，像发生了9级地震，都快众叛亲离了。

父母和公婆都认为我疯了：

20多年在医学领域的投入和成就，就这么放弃了，浪费了，去弄什么没有名堂的心理学，太不靠谱，也太不负责任了；

好不容易可以稳定下来，享受生活，又把自己变成一文不名的学生；

毕业后，一个中国人在美国哪儿找工作啊，折腾到什么时候才是头啊！

我周围的同事、同学、朋友们说：

谁会找你来做咨询啊，中国人素有家丑不可外扬的理念和文化，会花钱把内心的问题告诉你？！不花钱也不会告诉你！假设美国人来找你做咨询，你美国文化不懂，语言又受限，怎么讲啊，毕业后，你可能就一个客户，就是你自己，借了款，学完之后找不到工作，没有着落，你自己就变成精神病了。

大家给我描绘了一个无比黑暗的前景。

在任何时候，只要改变就会面临挑战、怀疑和反对。改变的幅度越大，反对的声音就会越强烈。人都是根据自己的经历和经验来做判断和选择的，大多数人都是基于恐惧、害怕和眼前利益做选择决定。而所谓的安全很多时候是一种虚幻。就像2000年到来之前，IT行业迅猛发展，工资很高，我的许多朋友、同事改学计算机编程，2000年计算机泡沫一来，大量IT人员失业，硅谷一度变成了"鬼"谷……现代科学技术突飞猛进地发展，就像ChatGPT的出现，一夜之间许多行业被替代，甚至消失，未来AI的发展会冲击更多的行业，真正的职业安全从来不是外在的环境确定的。

如果你的孩子感到迷茫，要为他高兴，因为这意味着思考，意味着过去的一切已经不能满足他成长的需求，意味着探索，也意味着突破。给他空间和时间，而不是用你的观念去阻止，去干扰。如果孩子按照你的想法做，他只能重复你熟悉的生活，而孩子有他自己的人生使命。如果你回顾自己的人生，有没有希望你的父母在你迷茫、困惑的时候给你空间，给你支持？

你希不希望，你的父母从你人生的开始，就给你足够的空间和支持，去发现和探索你真正喜欢和擅长的，而不是迫使你去走千军万马争抢的高考独木桥，追逐所谓的好工作？

一味地追求安全，是对生命的消耗

我想，如果继续做医生，可以看得到自己接下来几十年的工作状态、退休生活直到离开这个世界。想到一望见底的生活，心中充满死水般的乏味和压抑，人生怎么可以这样过？但这是一种安全的生活，是以压力、疲惫、日复一日年复一年枯燥重复换得的安全。这种安全要付出的代价是什么呢？是对生命的消耗，是失去感受生命的热情、希望、创造、未知的惊喜和无限的其他可能的机会。我不是说当医生不好，只是对于我而言无聊，就像有的人可以天天钓鱼乐在其中，而我30分钟都坚持不了。

我知道：父母公婆都希望我好，希望我能平平安安，做医生是他们知道的最好选择。而其他人，其实都在忙自己的生活，饭后茶余发表一下评论而已，而生活的路最终是要自己走的。我已经遵循父母和社会的潮流选择做了医生，真的拼尽了自己的所有努力。20年后，尽管在别人眼里，我已功成名就，但别人只能看到功名，看不到我内心一望无际的疲惫。我决定不为世俗之见所绑架，做一次遵从自己内心的决定，尽管还需要贷款上学且前途未卜，我还是决定报考。

填申请表的时候，我发自内心地写了一段话：

"选择攻读心理学，这是我第一次有意识地为自己做决定，一个人如果能24小时365天都做一件自己喜欢和擅长的事，那该多么幸福。我认为，时间就是生命，如果每天大多数时间都能开心，这一生就会有很多快乐，生命才会有真正的品质和意义。"

正是这段话打动了我的老师，接收了我。

1999年，背负着巨额借贷且要面对一片看似黑暗无光的前景，我正式成为美国教育学院排名第一的范德堡大学皮博迪教育和人类发展学院心理学专业的新生，从零开始。

从零开始的新人生

1. 38岁，从零开始，学习像玩游戏一样

进入心理学领域的我，简直就像鱼儿进了水，那是唯一让我读了几十年书读出许多快乐的地方。对我来说，所有的学习都像游戏一样，太有意思了。

这也证明了我爸爸常说的学海无涯苦作舟是多么误人子弟。对于把读书当作找好工作的手段的人来说，确实如此，就像我二十几年在医学领域的学习，苦涩无聊，疲惫艰难。

虽然我是班里唯一的外国人，但是我的成绩一直都很好，还得了奖学金。

从那时候开始，我终于在白天和黑夜做了同一件事情，我的学习和业余爱好融合到了一起，我确信：我做了一个正确的决定。

读心理学之后的这个"忙"，不再是身心俱疲的"忙"，而是身心愉悦的"忙"。这种忙是快乐，是满足，是希望，已不再觉得是忙了。

即使欠一大堆债，心里也安定而踏实，每天都过得很充实快乐。当真正找到了一件自己特别喜欢并擅长的事情去做的时候，就找到了快乐和幸福的源泉，我整个生命状态都开始发生变化。

我不再为了名利，为了周围人的评价、父母亲戚朋友的期待去"盲、忙、茫"，我觉得自己真正踏上了人生的征程，找到了人生的意义和方向。

那一年，我 38 岁，我的生命重新开始。

2.40 岁，找到了自己真正擅长的事情

毕业后我是同学中第一批找到工作的，我去了当时美国最大的精神健康中心工作，为来自 30 多个国家的移民和难民提供心理服务。再后来，汶川地震，我带着全家驻扎灾区三年，为老师学生提供压力释放和疗愈创伤服务。三年后到了北京，开始致力于如何培养有抗挫力的孩子，如何创建和维护亲密关系，如何创建幸福家庭的工作。

转眼 24 年过去了，我的初心未变、热情未改、希望满满，拥有越来越多的内心宁静、自由快乐，对生活、对工作充满热情和希望，感到充实而有力量。在我的同学们快要退休的年纪，我感到我的生命真正地开始了。

我坚信：人生 50 岁开始，60 岁绽放，70 岁灿烂，80 岁辉煌。

天下最好的工作就是做自己擅长和喜欢的事

通过我的经历想和你分享的是：最好的工作就是做自己擅长和喜欢的事情，同时这件事能够帮助他人。因为擅长和喜欢，我们就会有动力去钻研，去学习，做起来就会轻松快乐，就会有创造力。在这样的状态中，自然就会做好，也很容易与很多上班就等着下班，并不擅长或不喜欢自己的工作但不得不努力的同事拉开距离，脱颖而出，就会有更多的机会被提拔，收入也自然会更高。

想想看：如果你是老板和上司，你会喜欢什么样的员工呢？

所以：要想让孩子将来有真正的稳定和收入越来越高的好工作，就要帮助孩子发现喜欢和擅长！更何况，做擅长和喜欢的工作本身就是快乐的，而人生大部分时间都是在工作中度过的。

1. 坚定走自己的路，让别人去说

当年说我选择心理学是脑子进水、会变成精神病的朋友们，现在的评价是：你怎么那么智慧，选这样的专业，只要嘴巴能动，钱就哗哗来。而当年强烈反对我的父亲说，他也想来当我的学生。公婆也很以我为傲。

我的工作没有所谓的退休年龄，越老越有价值，越受欢迎，而且越来越身心富足，充满了生命的意义。这也证明：只要坚持走自己的路，让别人去说，自己好了，他人的看法早晚都会改变。实际上，他人改变不改变都不重要，关键是要活出自己喜欢的样子。

除了至亲至近的人，其实没有人真正在乎你过得好不好，绝大多数时候，你的生活只是别人饭后茶余的闲聊，你从来不是别人生活的焦点和重心，在意和担心别人怎么看、怎么想都是浪费生命，缺乏人间清醒。作为父母，千万别把孩子带到"别人会怎么想、怎么看"这条充满干扰的沟里。

2. 别让生命成为一次又一次的等待

你可能会说，海蓝老师，你太理想化了，有多少人能够做自己擅长和喜欢的工作？我的回答是：你的思考方式正是你的问题所在。多少人有没有做自己擅长和喜欢的工作，和你一毛钱关系都没有，你需要知道的是，你是否认同真正的好工作就是做自己擅长和喜欢的工作。如果认同的话，就把时间和精力用在帮助自己和孩子发现、深耕擅长和喜欢的事情上，让工作成为快乐幸福的来源，而不是负担和无尽的压力。

你希望孩子学着一个自己不擅长、不喜欢的专业，然后在重重压力下，上班就盼着下班，再然后盼着退休的工作吗？

还是希望孩子学着、做着自己擅长的、喜欢的事情，每天充满热情和希望地学习和生活呢？

我对自己和孩子有更高的期许，我希望我的孩子每天都尽可能拥有宁静和谐、自由快乐、充满热情和希望的生活状态，不是等她上了大学，找了好工作，结了婚，有了钱。

"等到什么……时候"，这种思想本身就是痛苦的陷阱，是失败的陷阱，是自我设限，是让生活成为永远的被动等待。

事实上，所谓的将来是一场幻梦，因为人生从来没有过去和明天，只有当下。

方向不对，努力白费

因为我有个人的成长体验，我知道"人生十有八九不如意""学海无涯苦作舟"这样的说法，非常局限、非常误导、非常负面地限制，甚至格式化了我们对生命体验的无限美好的可能，扼杀了我们发掘自己潜能的意愿和动力。

从女儿出生，我就明确知道，我会竭尽全力不让她在上文提到的魔咒中学习、生活和工作。

在帮助成千上万的家长化解教育孩子的各种困扰中，我发现绝大多数亲子教育的困扰根源是目标不清晰：

（1）培养孩子的目标究竟是什么？

（2）做父母的目标究竟是什么？

真可谓，方向不对，努力白费！

方向错了，还不如不努力，越努力离目标越远；方向对了，哪怕是蚂蚁般的脚步也会离目标越来越近。很多家长源于害怕错过什么、被落下的恐惧，没弄清什么是对孩子有帮助的，就匆匆跟风，跟着周围人的选择，给孩子报各种学习班，自己累，孩子也累。那么，养育孩子的目标究竟是什么？

我认为养育孩子只有两个目标：

（1）成为自己喜欢的做妈妈或爸爸的样子。

（2）帮助孩子成为他（她）自己喜欢的样子。

人生最终的目标，不就是活成自己喜欢的样子吗？

那怎么才能成为自己喜欢的妈妈或爸爸的样子？怎么帮助孩子成为他（她）自己喜欢的样子呢？

在20多年做母亲和亲子教育的实践和研究中，我总结了："865轻松教子法"。

Part 2

一学就会的"865 轻松教子法"

你希望孩子成为什么样的人，
自己就成为什么样的人

第一章 你希望自己成为什么样的父母？

拿别人的标准要求自己，会诚惶诚恐

我听许多家长说，想成为一个没有遗憾、对得起自己、对得起孩子的好父母。市面上有各种各样的关于好父母的衡量标准，有传统文化的标准，有自己父母的标准，有爱人父母的标准，有社会的标准，有亲戚朋友的标准，有社交媒体的标准，也许正是因为有太多的衡量标准，让我们有太多地诚惶诚恐以致不知所从。

在被各种信息冲击、人云亦云的今天，也许由于人害怕被孤立，害怕错过，害怕被落下，就像在潮流中被推着随波逐流，很容易身不由己、心不由己。若根据外界和他人的标准来评价自己是不是好父母，而他人和外界总是不断地变化，我们无法把控，所以就会经常焦虑、心神不宁。事实上，当你确定了自己心中的好父母的标准时，自然会找到自己的位置。

做让自己喜欢的父母

究竟什么样子才是自己喜欢的父母的样子呢？每个人的标准会有所不同，这里分享我的标准，你认同的可以作为参考，不认同的，完全可以忽略。但一定要有自己的标准，即便是听从、遵从他人的意见，也是经过你探索之后认定的标准。人绝大多数的后悔和遗憾是没有遵从自己的内心。

在我心里，成为自己喜欢的做妈妈的样子是：

1.让养育孩子成为自己丰富的人生体验

不是每个女性都有机会成为妈妈，也不是每个男性都有机会做爸爸，在怀孕和生育越来越不容易的今天机会更难得。为人父母是命运的厚待，珍惜每一个与孩子在一起的时刻。

孩子瞬间长大，珍惜在一起的每一个时刻。

你有没有觉得，孩子瞬间就长大了。我常常感慨女儿的出生仿佛就是昨天的事情。记得她刚出生时，医生把她放在我怀里时，她睁大眼睛看着我。那一刻，我们母女第一次相视，激动的情感和涌动的爱从心底涌出，这种感受刻在了我的骨髓里，历久弥新。三个月大的时候，她刚开始学习抬头，走路还摇摇晃晃的；六个月时，她开始学爬，努力用手去抓放在地毯上的玉米，结果越爬越远，逗得我哈哈大笑；2岁左右的时候，她躲在桌子下偷吃巧克力，我问她在吃什么，她满嘴沾着巧克力却告诉我自己什么都没吃，既让我震惊又觉得非常可笑。她还和小朋友们一起，把家里的锅碗瓢盆、床上用品都当作玩具，弄得家里乱七八糟，却玩得非常开心……转眼女儿已经是亭亭玉立的大姑娘了，比我高半头，有自己独立的思考和主见，有着对地球、对万生万物的爱惜，对弱势群体的悲悯，对上天的敬畏，有着对现代科技的理解和掌握，我可以和她讨论所有问题，她可以安抚我，逗我开心。孩子大了，有了自己的人生、学业和事业，在一起的时间更有限了，所以需要更加珍惜。人生说到底最核心的幸福就是家庭幸福，家和万事兴。孩子是家庭的重要组成部分，对有的家庭、有的人是最重要的部分。

2. 养育孩子的精彩是在每个当下发生的

大多数人在无意识中，都把养育孩子变成了一场等待。等孩子出生，等孩子满月，等孩子会走，等孩子会说话，等孩子上小学、中学、大学，等孩子毕业、工作、结婚……生活是一条不回头的河，过去就过去了。等你忙完工作，忙完晋级，忙完买房，忙完赚钱，孩子的婴儿、幼年、童年、青春期都过去了。体验是在每一个与孩子交际的时刻，是在你和孩子处在一个空间的时候发生的：在每天的吃喝拉撒睡的烦琐中，在你进门看到孩子的时候，在你和孩子一起做家务、吃饭、玩耍的时候，在你接送孩子的路上，在旅行途中，在节假日和亲戚朋友相聚、在说再见的时刻，在孩子生病的时刻，在孩子受挫的时刻，在孩子与老师同学发生矛盾冲突的时刻，在孩子感受喜怒哀乐的时刻，在你自己有各种情绪和压力的时刻……你在每一个时刻的回应方式，决定了你养育孩子的体验，也决定了孩子的人生体验。

3. 自由快乐的体验是主动创建的

人的本能就是关注过去、现在和未来的不好、不如意的事情。所谓本能就是人在潜意识状态下，自然而然发生的行为，而许多科学家认为人90%～95%的行为都是受潜意识控制的。所以，养育孩子的自由快乐的体验是主动创建的。

为了体验自由和快乐，有几个关键步骤需要遵循。首先，要意识到自己当前的状态；其次，要主动营造这种状态；最后，全神贯注地感受自己的身体和情绪，确保身体感觉舒适，心情平静且愉悦，这样才能真正体验到自由和快乐。

如何创建呢？

很简单，只需在与孩子相处的每一刻，用心、用耳朵、用眼睛和身体去感受孩子，并与孩子互动。

（1）觉察自己的注意力在什么地方

太多的家长带着工作的问题，还有各种各样、永远处理不完的家里家外，以及各种问题的思考和缠绕回到家中，人回家了，心在别处，眉头紧锁，根本看不见孩子的存在，甚至听不到孩子的呼喊。

（2）放下与孩子无关的思绪

在进家门或与孩子互动之前，可以先做三次深呼吸，提醒自己将工作和其他与创建家庭和谐温暖无关的思绪留在门外，把注意力集中在家庭和孩子上。

（3）带着温暖、快乐和爱进家

带着温暖快乐的心情打开家门，放下手中的衣物，充满快乐地说："我回来了，我的宝贝在哪里呀？"看到孩子时，用充满爱意的眼神看着他们，然后张开双臂把孩子搂在怀里，亲亲孩子的笑脸或额头，告诉他们：妈妈爱你！爸爸爱你！

（4）带着好奇与孩子互动

问问孩子："宝贝，今天过得开心吗？能不能告诉妈妈爸爸你今天都做了什么？"如果孩子太小，不会说话也没关系，重要的是你以什么样的心情与孩子交流："宝贝，今天过得开心吗？能不能告诉我你今天都做了什么？"无论孩子说什么，都要像听你的上司讲话一样全神贯注地聆听，像听你的大老板对你说话一样。

（5）关注孩子的进步和成长，关注孩子的快乐

要表达对孩子进步的认可和喜悦，无论这些进步多么微小。可能是孩子学会系鞋带、画一幅画、学到新技能、帮助小动物或小朋友，或是成功地控制自己的情绪。关注孩子的成长和进步，让他们感受到在你身边时，他们是被看见、理解、重视和爱护的。这种积极的关注和投入，不仅对孩子有益，也会让你感到身心舒适、心情愉悦。

同时，照顾好自己的身体和情绪也非常关键。花时间进行自我保养，培养能带来快乐的爱好，这对你来说是至关重要的。只有当父母休息得好、心情愉快时，才能更好地享受养育孩子的过程。

别让养育孩子成为一场赛跑

在追求成功和财富的潮流中，我们容易陷入一种比较之中：拿自己的孩子和别人的孩子比较成绩、优秀程度、聪明才智、前途。这种比较往往使我们忘记了作为父母的核心意义：

体验人生最深刻、最持久、最丰富、最不可替代、最珍贵的爱——无条件的爱。

在孩子成长的过程中，我们应该享受见证他们成长的喜悦和看到他们成为独特个体的惊喜，而不是单纯将抚养孩子的宝贵过程变成一场无情的赛跑和残酷的竞争。

每个孩子都是一幅由天赋、个性和梦想组成的美丽画作。作为父母，我们的责任是培育这些品质，帮助孩子充分发挥他们的潜力。在他们跌倒时，我们应该给予安慰的拥抱，并通过创造一个充满爱、理解和支持的环境，来激励他们追求自己的激情，并以他们独特的方式寻找幸福。

为人父母是一段充满坎坷的旅程，拥抱挑战并庆祝一路上的快乐。

请记住，每个孩子都是独一无二的，没有"一刀切"的养育方法，爱是贯穿生命之中的。

1. 孩子不是你的面子，也不是你够不够好的证据

孩子经由你来，并不属于你，不是你的工具，不是你的面子，不是你的未来，不是你是否成功的证明，不是你的安慰，不是你的依靠，不是你安全的保障，孩子是否成功也不代表你的好坏。所有把孩子私有化的想法和行为只会有两个结果：

· 你痛苦

· 孩子痛苦

不管你此时此刻的愿望是什么，目标是什么，如果你的行为对孩子是有伤害的，那就是伤害。一切的"妈妈爸爸为你好"，不值一提，没有任何价值。很多伤害往往不仅仅是此时此刻的伤害，也是长久留存于孩子身体和心灵中的伤害，更是原生家庭的

伤害。

试想一下你自己的成长历程，手破了，骨折了，最多三个月就好了。

而父母对你有伤害的话和事，很多时候本意都是为你好，但直到今天想起来，还依然会让你感到难过、害怕、愤怒、羞愧，对你过去和现在的工作和生活都有影响。

我们太多的影响，是对孩子一生的影响，这种影响会决定我们及孩子今生的命运。而如何能爱自己、爱他人，便是我们今生的功课。

第二章　你希望孩子成为什么样的人？

什么样的孩子是成功的？

你希望孩子成为什么样的人？

我经常听到家长们说，最大的梦想就是教育出一个成功的孩子。

那么，什么是成功呢？

社会上对成功的普遍定义不外乎三个指标：官有多高，钱有多少，名有多大。

许多家长紧盯着高考这条千军万马过的独木桥，认为孩子学习成绩好，进了重点学校、名校，就奠定了成功的基础。

太多的人为了追求这种成功，忽视了自己和孩子的身体健康，忽视了亲密关系，忽视了和孩子的关系，忽视了父母，忽视了亲朋好友，有时候甚至忽视了道德底线，这显然不是成功的定义。

1. 世俗的成功学本身就反人性

在成人的世界，有的人为了成功，不择手段，伤害自己，伤害他人；有的人为了成功，导致妻离子散，甚至家破人亡。还有更多的人，因为没有达到所谓的成功标准，被父母，被兄弟姐妹，被亲戚，被周围的人，否定，看低，瞧不起，当作无能、无用的失败者对待，这些人中的很多人因此觉得自己无能，不值得，不配得，生活在焦虑不安、郁郁寡欢的状态之中。这种"成功"的标准，造成许多人与人之间的明争暗斗、冲突与矛盾，也激发了一些人仇富、仇权贵、仇名人、仇比自己强的人的嫉妒心理和报复行为。

在孩子的世界，这种成功的标准也成了许多老师和家长评估孩子的标准，拿孩子互相比较，让不擅长数理化和文史哲的孩子饱受比较之苦，心生厌恶。

有个女孩的妈妈经常拿她与别的孩子比较，话里话外都包含着你不如别人的嫌弃，终于有一天，孩子忍无可忍地对她妈妈说："你为什么不像谁谁的妈妈一样，有学问，有才华，有相貌，还能挣很多钱呢？"

她妈妈立刻停下来，呆住了，无言以对。

亲爱的家长们，如果你一定要比，就拿自己和别的家长比。

试想一下，如果你爱人对你说，你不如人家谁谁的太太或老公，你是马上受到鼓舞，立刻奋发图强，努力赶上呢，还是感到被羞辱，心中怒火中烧呢？

世界上没有任何人愿意被当作比别人差的对象来比较，因为激发的是羞辱、委屈和愤怒。

有的人有点钱就误以为自己高人一等，可以鄙视、欺凌所有在经济上比他劣势的人。有个人，开着名车，疾驰穿过小区大门，小区保安告诉他，开慢点，他回应道："一条看门狗，碾死你又怎么样？"结果激怒了保安，他拿起菜刀直接将这个人砍死了。在此想提醒大家，要与人为善，不要用恶意激发他人的暴力。

我认为这种对成功的定义局限扼杀了人性，激发了许许多多的恶性事件，使人变得急功近利、物化人性、泯灭人性，让孩子从有记忆起就开始了追名逐利的角逐，变得冷漠、自私自利。

所以，世俗的成功学本身就反人性。

因为绝大多数人，不可能出人头地，不可能有高职位，也不可能成为名人和富人，而事实上，名人、富人和职位也根本不代表幸福快乐。

人性的核心需求是爱。

哈佛大学85年的科学研究证实：决定人成功、健康和长寿的第一核心要素就是亲密温暖的关系。

临终关怀护士布朗尼·维尔（Bronnie Ware），在《临终前最后悔的五件事》（*The Top Five Regrets of the Dying*）一书中总结道：

（1）希望有勇气活出自己想要的人生，而不是其他人期望我有的人生。

（2）后悔自己花太多时间在工作上。

（3）没有让自己过得更快乐。

（4）没有勇气表达自己真实的感受。

（5）没有和朋友保持联络。

没有人后悔自己位置不够高，名气不够大，钱不够多，我们需要重新定义成功。

2. 什么是真正的成功？

真正的成功是：无论人生经历什么样的挫折和风雨，都能够很快回到内心的宁静，与人关系的和谐，自由快乐地生活，对生活充满热情和希望。

我想没有父母不愿意把自己的孩子培养成一个独立自主、自由快乐，面对任何挫折都能继续前行的孩子。

每个家长都非常爱自己的孩子，希望他拥有一个属于自己的未来，不论面对人生任何风雨，他都能屹立不倒，不断向人生的目标挺进，掌握自己的人生方向，但很多家长不知道究竟该如何做。

令人欣喜的是，通过坚持不懈的探索，我们终于找到了答案。在无数的案例见证和启发下，我发现抗挫折能力（Resilience）是决定在困境和苦难中，什么人成功、什么人失败的重要原因。更令人兴奋的是，这种能力是可以通过学习和训练获得和掌握的。抗挫力主要包含八项幸福的能力，简称八项幸福力（如图所示）。我会在第六章详细阐释这八项能力。

八项幸福力

我们培养的孩子如果具备这八项能力，那么孩子就可以独立自主，面对人生的挫折。这样的孩子一定是可以让自己幸福、富足的孩子。

究竟应该把孩子培养成为一个什么样的人？

我认为就是：更好地做自己，做让自己满意的人。

好成绩就等于好孩子吗？

你是不是这样想的：

好成绩＝好学校＝好工作＝好多钱＝好幸福

好成绩＝好孩子＝好家长

成绩焦虑，是多少父母的心头之痛，这些问题究竟该怎么解决？我们先要有一个清晰的目标。在我和很多家长交流的过程中发现，很多父母的目标是：上个好中学、好大学，找个好工作。这样就等于孩子可以过上幸福快乐的人生，这个等式真的成立吗？其实是不成立的。

反过来说就是：

成绩不好＝上不了好学校＝没有好工作＝没钱＝痛苦潦倒

成绩不好＝孩子不好＝我不好

再细想一下，你教育孩子的许多烦恼和痛苦是不是都和这个想法有关？

比如，让你烦恼的孩子打游戏，其实并不是游戏的问题，而是因为你认为打游戏影响了孩子的学习。

孩子成绩不好，其实不是成绩不好让你焦虑难过，让你焦虑难过的是孩子可能没有理想的未来，你在别人面前没面子，甚至意味着你不行，你不好。

有无数的妈妈告诉我，孩子成绩不好意味着：亲戚朋友看不起我，老公不喜欢我，我没有价值，我不好。

孩子的成绩承载了这么多隐含不见的负担和期待，就像一根嫩枝支撑千斤重石一样，孩子怎么可能承担得起？你又怎么可能不常常感到失望？

还有，你是否和许多家长一样：希望通过老师的教导、学校的环境、外部的培训，学几个绝招，塑造一个自己心目中的"好孩子"？

这些困扰你的问题，其实根本不是问题的核心所在，解决这些问题的关键所在，不在孩子手里，也不在学校、老师和补习班里。

你会问：在谁手里？

在你手里，一直在你手里，在你和孩子的关系之中。

所以，在问孩子成绩前，先问自己：我和孩子的关系好吗？

你会非常容易发现：

你与孩子的关系决定了孩子的成绩、孩子的健康、孩子的喜怒哀乐。也就是：

好关系＝好孩子＝好幸福

我们和孩子的关系才是孩子成长的真正土壤和根基。根基扎实，自然会健康茁壮成长，而关系的核心是爱。

我相信作为父母，我们每个人都非常爱孩子，都希望他的人生能够过得幸福美满，但实际上，我们在养育孩子的过程中，却不知不觉踏入了下面两个思维误区：

好成绩＝好学校＝好工作＝好多钱＝好幸福

好成绩＝好孩子＝好家长

毫无疑问，每个人活着的目的都是为了获得幸福，也希望孩子能一生幸福。有人通过上好大学，获得高学历，找到好工作而试图获得幸福；有人通过努力获得名誉地位、创办企业赚钱或者升职加薪；还有人通过嫁得好、娶得好靠近幸福。可是，为什么有许多人上了好大学，有了高学历，找到好工作，当上官，升了职，赚到钱，企业成功上市，看似嫁得好、娶得好，不但感受不到幸福，反而有很多痛苦？

因为，很多人忙于获得安全感，获得成功，但并不知道决定一个人安全和成功的路径和方法究竟是什么。

1. 我的亲身经历：我是被好成绩绑架的受害者

我是在父亲的严格要求和殷切希望下长大的，更确切地说，是在几千年"万般皆下品，唯有读书高"的状元传统文化中长大的。其实直到今天状元文化也依然盛行。如果谁家孩子考了个状元，那一定是普大喜奔、奔走相告、举家欢庆。实际上，这是功利的教育思想，同时也是非常狭隘、不科学的，会对许多孩子造成伤害的教育思想。我就是受害者之一，虽然在外界和众人眼里，我是佼佼者、成功者，是父母的骄傲，但别人不知道的是，我的童年和青春期是灰色的、充满恐惧的，因为不管我考多少分、成绩多好都无法达到我父亲的标准。他是当年省里的高考状元，也是北京大学那年唯一录取的学生，所以也希望我能上北大。

我当时就在心里默默地说："上北大有什么了不起，除了看书什么都不会，还不如我妈。"我对上北大和成为像他一样的书呆子一点兴趣都没有。而他一直希望我成为诺贝尔奖得主居里夫人一样的人，希望我所有的时间都用来学习数理化，他说什么我都是左耳进右耳出，从不走心。

记得旁边公园的杏熟了，小朋友们都去摘，我很想去却不敢去，和小朋友们在外面玩，一直担心被父亲发现，说我在外面疯。还有，我很喜欢小动物，有一次捡了一只猫，父亲却认为我不务正业，就把猫扔了。那种痛失宠物的无助和难过，以及对父亲的憎恶、愤怒和恐惧，我到现在依然清晰地记得。

我当时想：等我长大了，远走高飞，再也不见他！

我17岁开始离家读大学就很少回家了。虽然长大后理性地知道爸爸已经用他知道的为我好的最好方式爱过我了，对他的憎恶、愤怒和恐惧也早已化解，尽管也知道父亲一直想方设法靠近我，但心中一直与父亲有一种隔离，本能地不想靠近，不想听他说话，也不想和他说话。

我在50岁的时候，在做了多次静观人生梳理后，才放下了这种隔阂，开始觉得他胖胖的像个弥勒佛，很可爱，有时也像个贪吃的孩子，他想吃什么、用什么，我就给他买，想到哪里玩儿就带他到哪里。直到我61岁，父亲86岁因病去世，我才第一次和父亲有了灵魂深处的联结和亲密，才发现其实我的好多习惯、素质、能力和才华都来源于父亲。我们父女本可以有更亲近的方式相处，最后还是有很多遗憾和愧疚。

基于我自身的经历，我小时候曾经无数次发誓：等我有了女儿，我不会只在她取得好成绩、考上名校、找到好工作时才为她感到高兴、自豪，才开始对她好。我要让她知道，做我女儿本身就足够了，我要让她快乐地生活，让她每天、每刻都快乐地生活！

现在我的女儿已经25岁了，我可以欣喜甚至骄傲地说：我做到了。我终结了那种以成绩来衡量孩子的教育方式，也打破了这种家庭甚至文化上的限制。从怀孕到现在，我满怀喜悦地享受了与女儿共度的25年，从未经历过她的叛逆。我认为，孩子的叛逆往往是家长违背了孩子太多心愿的结果。回想一下自己作为家长的成长历程，就能理解在什么情况下我们会与自己的父母对抗、叛逆，从而理解孩子为什么会这么做。孩子怎么会反抗那些帮助他们实现心愿的大人呢？通常是因为他们内心积累了太多的被否定和批评，才不得不采取反抗或自我防卫的态度。

很多家长非常重视孩子的成绩，其实是因为孩子成绩的好坏直接关系到他们自己是否优秀——"成绩好＝孩子好＝我好"。成绩成了家长潜意识中自我价值的体现。因此，他们通过各种手段来提高孩子的成绩，比如认为上补习班是提高成绩的好方法。他们希望通过老师的教导、学校的环境和外部的培训来塑造一个"好孩子"，从而减轻自己的担忧。其实，这只是家长的一种自我安慰。

记得一个15岁的男孩，从小学一年级开始，父母就给他报各种语文补习班，但无论怎么补语文都处在经常不及格的状态。父母以为孩子不擅长语文，我和孩子交流后发现：在他上小学一年级的时候，因为调皮，被语文老师打了一次，并当着同学的面被羞辱过，所以一直对抗学语文。他说："我爸妈给我报了各种语文班，换各种老师，我心里就想，什么班、什么老师都没有用，因为我根本不想学，也懒得告诉他们，因为他们不会听我的。"在梳理了孩子心理上的"坎儿"之后，他的语文成绩很快就上去了。对孩子没有真正的了解，会让我们损了钱财又伤害孩子。

家长"搞定"自己，孩子就能成为自己

人类大脑中的有效工作时间是有限的，成人一天工作8小

时，怎么可能让孩子学习超过8小时？我曾帮助许多孩子处理孤独、忧伤、无助、绝望的情绪，在帮助中，看着他们满脸悲伤的泪水，听着他们的哭喊："你们不要给我太大的学习压力，我要自由。"

从科学角度讲，大脑皮层的功能受身体和情绪的控制。人在疲劳状态下，有情绪困扰时，他的记忆、分析、判断能力会降低，不仅学习效率受到影响，还会表现为厌学、学习拖沓、封闭自我。

实际上，对孩子成绩、成长、健康，甚至生命影响最大的，从来不是其他的因素，而是孩子与父母的关系，以及孩子父母之间的关系。孩子非常害怕父母吵架，更害怕打架。我梳理过一些从2岁到成年，孩子因父母之间冲突导致的创伤案例，我认为父母之间的关系是孩子安全的港湾。在父母吵架这件事上，许多孩子告诉我，爸爸妈妈说："不用管妈妈爸爸的事儿，你继续学习。"然而孩子离开家门后，就会想他们会不会离婚，上课无法集中注意力，想自己会不会没有家了，以后会不会遭继母继父虐待。孩子的想象力非常丰富，跨越时空，远远超过我们的想象。

家庭关系才是孩子成长的真正土壤，土壤不变，孩子不会发生根本性的改变。孩子身上的问题，归根到底都在父母身上。孩子现在的行为，是父母与孩子互动的结果。要想改变孩子，父母先要改变。家长是原件，孩子是复印件，每个孩子都是家长的镜子，照见了家长本身需要成长的部分。

教育最有效的方式是：家长先学会搞定自己，建立好与孩子的关系，以身作则，做好自己，孩子也就会自然成为他自己。

怎样让孩子一生都赢？

那么，父母怎样才能让孩子不仅赢在起跑线上，而且一生都赢？

建立温暖有爱的亲子关系。

迄今为止，世界上关于什么因素决定一个人拥有好生活的扎实研究是哈佛大学从1938年开始的"哈佛成人发展研究"，至今已有85年，仍然在继续，并且已经追踪了四代人。这是罕见的，也是历史上对于成人发展研究时间跨度最长的研究。哈佛大学希望在研究中，找到真正使人们保持快乐和健康的因素。

那么，历经几十年，超过四代人的跟踪研究，究竟得出了什么结论？到底哪些因素能够影响一个人的快乐与健康呢？

这项研究的第四任主管——罗伯特·瓦尔丁格（Robert Waldinger）博士在他的著作《美好生活》（*The Good Life*）中给出了答案：

不管你的出身和背景，不管什么学历、什么经济条件，如果只列出一项决定一个人的美好生活，使人快乐健康的核心因素的话，那就是：

"良好的人际关系"。

为什么呢？

研究发现，与家庭、朋友、团体等有更多良好关系的人比缺少良好关系的人更快乐，身体更健康，寿命更长。良好的关系不仅保护身体健康，还保护人的大脑。当一个人真切地感受到自己被人爱护时，他的记忆将会更加清晰持久，否则记忆则会快速衰退。

这项研究向我们每一个人、每个家长揭示了决定好生活的关键要素的科学依据，也告诉我们应该把有限的时间和精力用在什么地方，怎样过好自己的生活，怎样真正帮助孩子过好自己的生活。

所以，为了孩子，为了真正让孩子能过上好生活，每位做家长的都需要：

（1）学会让孩子成为自己，爱自己。

（2）搞好夫妻关系。

（3）和孩子建立充满安全、信任、温暖的关系。

孩子需要看你怎么做，而不是听你怎么说。

和孩子的良好关系，是输送你的理念、方法的桥梁和通道。没有了桥梁和通道，再好的理念和方法也无法抵达。没有和孩子的良好关系，想教他什么都是空想与自寻烦恼。弄不好，就成了孩子对抗、防御的靶子。

那么该怎样与孩子建立良好的关系呢？

爱孩子，爱是生活的意义所在，爱也是解决所有问题的解药。

第三章　如何走进孩子的内心，与孩子互动？
——建立与孩子亲密关系的八个秘诀

很多家长，都认为自己很爱孩子。当被问道：你是怎么爱孩子的？回答一般都在提供最好的衣食住行、吃喝玩乐上，甚至包办代替。所以常听孩子们说：有一种冷叫我妈觉得我冷，有一种饿叫我妈觉得我饿。

在更多的探索中，家长们惊奇地发现：自己表面上一切是为了孩子，而实际上对孩子所说和所做的事情中，大多数家长许多时候在有意无意中是以爱之名来发泄自己的不满，减轻内心的焦虑，满足自己的期待和需求的。

记得一个带着8岁男孩来学习的妈妈，我问她："你是怎么爱孩子的。"她说："我督促他写作业呀。"我问："有效吗？"她说："没效。"我又问："没效为什么还继续唠叨？"她说："我爱他呀。"8岁孩子在旁边插了一句："她主要是不说自己憋得慌，说了自己就爽了呗。"在场的家长们哈哈大笑，非常佩服孩子准确感知一切、一眼看穿的能力。

其实，陪伴教育孩子不复杂，关键要把时间精力用在刀刃上。只要在每天、每一个和孩子交流接触的当下，做到下面八点，就可以轻松培养出一个独立自信、充满热情与希望的孩子。这是我经过多年和孩子相处，也是通过无数案例总结出的与孩子相处的八个秘诀：

把孩子当宝贝——时刻践行"三要"和"三不"

说到把孩子当宝贝，你可能会说，我一直把我的孩子当宝贝，家里什么家务活都不让他干，送他学琴棋书画。为了他，我起早贪黑，拼命赚钱，换房、买房到好的学区，保障孩子吃好、穿好，为孩子的作业操碎了心，讲道理，批评……每天花大量时间研究怎么不让孩子输在起跑线上，这还不算爱孩子，把他当宝贝吗？

我可以确定地说：不算！因为你不知道你所做的一切究竟是为了孩子，还是为了减轻自己的焦虑恐惧，甚至是为了自己的面子。

其实，爱与不爱、宝贝不宝贝，不是你说了算，孩子说了才算。我们总存在这样一个误区：自己认为是好的就是孩子需要的。你认为鲍鱼营养丰富，送上鲍鱼汁，而孩子只想喝矿泉水；你给孩子买高级的玩具，而孩子偏偏喜欢玩一只破袜子。你处心积虑地花费很多，付出很多，孩子还不开心，原因是，这些不是孩子需要的，而只是你认为好，你觉得孩子需要的。亲爱的家长：你有没有吃饱了，但父母还让你继续吃的经历？你感到的是爱，还是厌烦？你给的是别人不想或不需要的东西，只是在满足自己的需求，与爱关系不大。爱和感到爱其实是两回事。只有感到的爱才会有温暖，才会有营养。感情感情，感到了才有情！

那我们究竟该如何正确爱孩子，把孩子当宝贝呢？践行"三要"和"三不"。

1. 三要：和颜悦色、柔声细语、搂搂抱抱

我曾经问女儿："你觉得在什么地方能体现出妈妈是爱你的？"女儿回答说："妈妈做得最好的是和颜悦色、柔声细语、搂搂抱抱。"

2014年，斯特勒（Steller）和凯尔特纳（Keltner）的一项科研揭示了人是如何感受爱的：柔和的表情、安抚的触摸和温柔的声音。我总结成关系的三大法宝：和颜悦色、柔声细语、搂搂抱抱。这不是鸡汤而是科学！这三种方式是一个人最原始、最核心的感受爱的方式。你看动物世界，小猫、小狗、狮子、熊猫，这些小幼崽出生后，都特别喜欢跟妈妈在一块儿，一直到它们能够主动意识到离开的时候。

和颜悦色

指的是温柔、慈爱的眼神、关心欣赏的神情和快乐满意的脸色。经常听到孩子们说："妈妈，我想看到你的笑脸。妈妈，你为什么不笑？"美国加州大学洛杉矶分校的一项研究发现，93%的情感交流都不是通过语言达成的，但大部分的非语言交流又是共通的。就如同全世界"妈妈"这个词的发音，不因为国籍、肤色而有差别一样。当我们面带微笑、柔声细语地和一个孩子说话时，孩子就会感到爱；而当我们机械而麻木地和孩子说"妈妈爱你"时，孩子无法感受到爱。而我们太多的家长，经常居高临

下、表情严肃、皱着眉头，甚至怒目圆睁地和孩子说话。

柔声细语

据《科学》（*Science*）杂志最近一项研究表明，成人每天要说16215个词语。在这些话语中，温柔的表述越多，越频繁，你和他人的关系就会越好，特别是与自己所爱的人在一起。关系是否亲密和谐，最重要的是这些话你说了几句：

（1）我爱你。

（2）我为你骄傲。

（3）对不起。

（4）我原谅你。

（5）请原谅我。

（6）我相信你。

（7）你一定行。

（8）有我在。

这些爱的语言要温和地、柔声细语地说。今天你就可以尝试践行起来，试试看一个月后你与孩子的关系会有哪些变化。

搂搂抱抱

我听到很多孩子说："希望爸爸妈妈亲亲抱抱举高高，爸爸妈妈带我一起出去玩。"我在海蓝幸福家的践行生大群里发起过这样一个提问：回忆你小时候是怎样感受到父母对自己的宠爱的？自己当时希望被宠爱的方式是什么？

其中关于感受到爱的场景的伙伴们分享：

·每天晚上，被妈妈、爸爸搂着睡觉。

·爸爸妈妈对我说："我爱你，宝贝。"

·希望爸爸妈妈不要吵架。

·希望爸爸妈妈可以经常带我出去玩，给我买好吃的。

·希望爸爸妈妈可以经常对我笑，不打我、骂我，多看我、鼓励我、支持我！

我记得有一个二十几岁的女孩曾告诉我："我妈妈不爱我。"我当时非常吃惊，因为我知道她妈妈为了帮她完成旅行欧洲的梦想，在家里经济不宽裕的情况下，资助她出国旅行。我问她，为什么你觉得妈妈不爱你呢？她回答说："因为她从来没有对我说过'妈妈爱你'。"

我爱你，这三个字是每天重复多少次都不嫌多的话语，就像空气滋养着我们的身体，爱的话语滋养着人的心灵。

你问过你的孩子感受爱的方式或者希望得到你怎样的宠爱吗？但无论是哪一种方式，都少不了和颜悦色、柔声细语、搂搂抱抱这三大核心方式。这是所有爱的表达方式中最重要的方式，也是孩子最容易感受到的爱的方式。

神经科学的研究发现：当身体感受被触摸拥抱，耳朵听到柔声细语，眼睛看到和颜悦色时，就会产生亲密素和快乐素！

知道了在教育中，我们可以做的是什么，接下来也需要了解不需要做的是什么，也就是"三不"原则。

2. 三不：不指责，不命令，不打骂

有很多家长对孩子充满了不满和训斥："作业做了没有？考得怎样？第几名？你怎么不如别人？你怎么这么笨？揍你！你个

没用的东西！早知道，不该生你！怎么这么不识好歹！"古语有云："一日不打，上房揭瓦。"对很多家长而言，误认为严格的教育，就是用打骂、责备的方式对待孩子，这是对孩子负责。在这样的思想下，孩子其实不知不觉成了父母发泄情绪的对象，成了实现自己未了夙愿的工具，却还常常打着爱的名义，让孩子委屈难辩驳，感到无助、无力，有许多心理伤害，也就是原生家庭的伤害。相信做家长的你，回顾自己做孩子时的经历，会很容易感同身受，只是我们忘了或不愿意回忆而已。

话语可以滋养人也可以杀人！指责不是教育，命令不是教育，发脾气不是教育，打骂更不是教育。孩子需要被了解、被尊重，需要自由探索的空间。一个感受到爱的孩子，不会轻易伤害他人。而一个缺失了爱又经常受到批评、指责甚至暴力的孩子，他带给世界的只会是冷漠、仇视和暴力。指责、批评、命令、说教这些方法，爽了父母，伤了孩子，有很多时候，负面影响都会伴随孩子的一生。

回想一下自己的成长历程，有没有父母对自己的打骂和指责，几十年过去了，是不是今天想起来还感到委屈、难过、害怕、羞愧和愤怒？

不要以爱和教育的名义对孩子使用暴力，孩子不是我们情绪宣泄的垃圾桶和满足需求的工具。扪心自问你就会发现，打骂孩子其实主要是为了发泄自己内心的不满，对工作的不满，对爱人的不满，对人和事情的不满，和教育孩子没有任何的关系，是自己黔驴技穷、不能自控的表现。事实上，你打掉的、骂掉的是孩子的自尊自信，给孩子留下的是几十年的伤痛。下次打骂孩子前，先平复自己的情绪，然后问自己：我这样说、这样做，对孩子有帮助吗？想清楚了，再行动。

你可能会说，出了问题就不管吗？当然要管。怎么管？在接下来的章节里有针对常见问题的解决方法。

这里只需记住一句话：在情绪中，向内探索，不去与孩子争辩。

父母的关系是孩子安全的港湾

另外还有很多父母不指责，不命令，不打骂孩子，却在孩子面前，指责、批评，甚至殴打孩子的父亲或者母亲，当着孩子的面和另一半吵架或打架。我曾问孩子们："什么使你们的学习成绩下降？"很多孩子说："父母吵架、打架。"孩子最大的伤害其实很多时候都来自父母，来自关系！"积极心理学之父"马丁·塞利格曼（Martin E.P. Seligman）在《认识自己，接纳自己》（*What You Can Change and What You Can't*）一书中谈到，父母之间的关系冲突是导致孩子青年或成年后患抑郁症的主要原因之一。我在地震灾区几百名中小学生筛查中发现，有许多孩子都有自伤和轻生的想法，而进一步干预发现：孩子自伤和有轻生想法的主要原因竟然都源于和父母的关系冲突、与老师同学的关系冲突。家庭中的人际关系给孩子造成的伤害，远远超过地震所带来的伤害。要想孩子好，别打，别闹，别吵！如果你真的爱你的孩子，你能给他的最好教育就是时刻践行"三要"和"三不"，建立与爱人的良好关系，因为父母的关系是孩子安全的港湾。

把孩子当天才——信任孩子

你相信你的孩子是天才吗？怎么才算把孩子当天才，真正信任孩子？

简单来说，就是不以成绩和外界评价做衡量。无论孩子成绩怎么样，在他人眼中是什么样，你都深深相信他是一位天才，并不断帮助他探索自己天才的部分。

1. 皮格马利翁效应

为什么我们要把孩子当天才，深深信任孩子呢？每个人生下来都拥有无限的潜能，绝大多数孩子的聪明程度差别不大，之所以后天产生很多差异，家长和老师的态度起了关键作用。

美国心理学家罗森塔尔（Rosenthal）和雅克布森（Jacobson）对小学 1 ~ 6 年级的孩子进行了实验研究。先对这些孩子做了智力测试，然后在这些班级中随机抽取约20%的学生，并告诉他们的老师，这些孩子智力高，很有发展前途。八个月后对这些孩子进行了第二次智力测验。结果发现，这些被老师认为智力高、很有发展前途的孩子，比其他学生在智商上有了明显的提高。这些学生表现出更有适应能力，更有魅力，求知欲更强。

罗森塔尔把这一现象称作皮格马利翁效应（Pygmalion Effect）。

这个实验告诉我们：

人会不自觉地接受自己喜欢、钦佩、信任和崇拜的人的影响和暗示。

相信和期待具有一种能量，它能改变孩子的行为。当孩子获得家长和老师的信任、赞美时，就会感到被支持，从而增强自信、自尊和积极向上的动力，会努力达到你的期待。

所以，家长们要认识到：你的态度决定了孩子的成长、行为和能力。

可是，为什么很多家长不相信自己的孩子是天才呢？

因为他们缺乏对科学的了解和认识，受周围环境的影响，人云亦云。

2. 人类的七种多元智能

你知道人类有七种多元智能吗？

著名美国教育学家和心理学家霍华德·加德纳（Howard Gardner）博士提出了一种全新的人类智能结构的理论：多元智能理论（theory of multiple intelligences）。他认为人类思维和认识的方式是多元的，人的智能分很多种，有听觉、视觉、语言、体验、逻辑、社交等很多方面。而现在绝大多数学校，以教授和考核孩子语言文字与数理逻辑的智能为主，其他技能都不列入考试，甚至教授的范围。学校以成绩评估孩子是不是有才，导致家长严重的误解，以为孩子成绩不理想，就不是有才。

如果达尔文、爱因斯坦的妈妈，也听了老师对孩子的评价，就放弃对孩子的培养，或一味要求他们像其他孩子一样，那么，科学会停滞多少年。奥斯卡最佳导演李安曾经的数学成绩是零分，也丝毫没影响他成为一名大导演。鹰擅长飞翔，如果你偏让它去游泳，那它只会淹死。

你的主要任务是帮助孩子发现他到底天才在什么地方，不是根据学校的考试成绩来评断孩子是不是好孩子，是不是天才。其实我们都知道，许多成功幸福的人并不是当年班里成绩好的学生。

我坚定地相信，每个孩子都是天才。即便他有唐氏综合征，那也是天才。记得我有一位老师有一个患有唐氏综合征的女儿，今年已经30多岁了，却只有4岁左右孩子的智力，同时也拥有着4岁孩子的童真和可爱，她经常会停下来和无家可归的人聊天，给他们微笑，她给周围邻居、全家带来许多欢乐和温馨的时光。有许多人对她爸爸说："谢谢你的女儿，让我感到久违的温暖和快乐。"她的父母非常感恩她的出生，尤其是她的爸爸觉得自己比其他父亲富有很多，因为他的女儿一直停留在最可爱的年龄段，让他一直享有着女儿不变的纯真和可爱。

3. 信任是与孩子建立亲密关系的核心

有一段时间，我女儿特别沉迷电子游戏，成天打。当时我看着也有点着急，心想：每天都打游戏，这什么时候是个头啊？我知道在关系中，谁着急就是谁的问题，所以没有干涉她，平复好自己的情绪后，心平气和地与孩子进行了交流。经过交流，知道她之所以花时间打游戏，是因为游戏是她与朋友联结的方式，也是她放松调整自己的方式。清晰了之后，我就继续相信并尊重她，相信她有自己的安排和节奏。我知道很多父母都把孩子玩游戏视为大敌，还常常做一些诸如没收手机，偷看孩子日记等行为，这会让孩子非常反感甚至产生逆反心理。这些行为都会给孩子传达一个信息：你不信任他。孩子和我们所处的时代不同，手机和电脑已经是学习、人际交往、娱乐的主要工具了，我们做父母的有几个能够离开手机、电脑的？接纳世界的改变和发展，给孩子空间去探索，让他们在生活和学习中学会把握和使用电子产品，不被控制。实际上，你根本无法控制，就像你无法停止世界的变化和发展一样，你的控制只会激发孩子更强烈的欲望。

相信是成就一切的起点！相信每个孩子都有他本身的人生轨迹，都有属于他的生活；相信孩子是上苍给予父母最好的礼物；相信自己的孩子是天才，有他独特的天分；相信孩子有能力做好自己的事；相信孩子有向上的想法；相信孩子比自己更清晰自己的未来；相信孩子能够驾驭跌宕起伏的世界的能力；相信孩子的未来会很好。

只要我们能做到这八个相信，我相信你的孩子一定可以成为闪闪发光的天才！记住，我们是孩子的守护者、陪伴者，但不是控制者。

把孩子当独立个体——尊重孩子

听话，是扼杀孩子独立思考、判断、选择的杀手。

尊重孩子意味着把孩子当作一个独立的个体来对待，不把孩子当作自己的"私有财产"，不管孩子年龄是多大，给孩子独立思考、判断、选择的空间和时间，给孩子试错的空间和时间，充分地看见、理解、接纳、包容孩子的想法与行为。

1. 不要用"听话"扼杀孩子的未来

在现实中，听话，是许多家长判断是不是好孩子的标准，也是孩子周围的亲戚朋友判定是不是好孩子的标准。

长此以往，孩子就不知道自己是谁，失去了独立人格，没有自己的思考、判断，也不知道如何选择，结果是唯唯诺诺、不知所从、没有自信，也不敢在任何人面前表达自己真实的想法、感受和需求，等、靠、要、讨好成了许多孩子的思维和行为模式，因此也有了越来越多的孩子，成绩好，但没有能力；情绪上感到压抑、抑郁和焦虑，行动上拖沓，没有动力。

记得有个不到10岁的孩子，他爸爸说这孩子不听话。我问他："你希望孩子全部听你的吗？"他说："孩子听话了，我就省心了。"我问："如果孩子100%听你的话，估计会变成什么样子？变成你的样子，你满意吗？"他一脸迷茫，显然没有想过这个问题。旁边的孩子听懂了，说他肯定不满意！我问："宝贝，为什么你爸会不满意呢？"孩子说："第一，我不可能100%听他的；第二，我可能还会暗暗对抗，最多也就是7折的我爸。"我为孩子清晰的思路赞叹！我问孩子爸爸："孩子成为7折的你，你满意吗？"他如梦初醒。

如果你希望孩子比你强，又以小孩不懂事，处处以我吃的盐比你吃的饭多的态度对待孩子，结果会是怎样呢？

我认为，把孩子当最重要的人，充分尊重孩子的想法和意愿，是培养孩子独立思考、判断和选择的关键。研究表明：被父母充分尊重的孩子，长大后会更自信，对世界更具有善意，也容易懂得去尊重别人，人际交往中，不容易与人产生冲突与对立。另外，被父母尊重的孩子，承受压力的能力会更强。因为从小得到了父母的爱和尊重，他知道自己的存在是有意义的，内心有一份坚实感，在遇到困境和挫折的时候，就不容易陷入绝望。而不被尊重的孩子，往往容易形成叛逆或自卑的性格，自卑，自我评价低，内心容易缺乏安全感，也容易敏感，情绪不稳。

2. 如何把孩子当作重要的人来尊重

只要不伤人伤己，我会想方设法满足女儿的愿望，不管多么麻烦。记得她上幼儿园时，有一天突发奇想，要把家里的小乌龟带到学校去。大多数父母遇到这样的事，一定会觉得麻烦，或者怕给老师添麻烦，然后就会拒绝孩子的要求。但我知道女儿想和小朋友一起分享小乌龟的愿望，想到带小乌龟去幼儿园不会伤人伤己，就告诉她："妈妈支持你，不过咱们得先给幼儿园老师打个电话，看看幼儿园让不让带小乌龟去上学。"女儿看着我给老师打了电话，老师说"没问题"，她别提多开心了。于是女儿就把小乌龟带到幼儿园去了，结果那一天幼儿园的小朋友和老师都很高兴，就像来了一位最可爱的客人，老师给孩子们拍了许多照片，提名为：小乌龟来访的一天。女儿至今都记得当时的场景，也是她在幼儿园里最开心的回忆，是她自己创建的幸福开心的一天。

在科技不断发展的今天，ChatGPT的出现，会替代许多白领的工作，机器难以替代的一定是人的思考、判断、选择和创意。

孩子属于新的时代，他们充满想象和创意，尊重、保护和鼓励孩子们无限的想象，这里藏着他们的真正不被机器替代的未来。不要用"听话"扼杀孩子的未来。

你可能会说，怎么能满足孩子所有的愿望呢？那不会把孩子娇惯、宠溺坏了，成为好吃懒做的无用废材吗？

你说得对。

所以一定要在不伤人伤己，最好是利人利己的前提下满足孩子的所有愿望！孩子的心愿和想象，是孩子创造能力的体现，愿望的实现是孩子感受世界、得到美好快乐的来源。其实，我们成人要想这样不也一样吗？

可能你会问：

什么是不伤人伤己呢？可以从以下几个方面进行评估：

（1）是否对自己和他人的身体有伤害？

（2）是否对他人的利益也有伤害或影响？

（3）是否对关系有伤害？

底线是不要对人对己造成身体的伤害。

如果答案是没有，就全心全意地尊重孩子的意愿，帮助孩子实现他的愿望。

你不要做什么？

（1）不要完全用你以为的伤害标准来判断

比如，你认为外面很冷，让孩子穿衣服，孩子不穿。你会说孩子会冻感冒，所以不能听孩子的。我的回答是：尊重孩子。

第一，孩子对温度的感受和成人不一样，相信孩子的感受和判断。

第二，人的身体非常智慧，它会非常精准地让人知道需不需要穿衣服。

第三，现代科学验证，身体在寒冷中锻炼会增强免疫力。

第四，感冒没什么了不起，就当是给身体提高免疫力的一次机会。

（2）结果不如意，不要责怪孩子

孩子的判断会错，选择也会错，不要去责怪孩子。这正是孩子必需的正常的成长过程。没有任何人想把事情搞砸，你不想，孩子也不想。但人算不如天算，总有不如己愿的时候，事与愿违已经是惩罚，不要雪上加霜。家长需要做的是：怎么帮助孩子在错误中总结收获的功课，成长。

孩子的感受力非常强，他们会非常敏锐地从父母的表情和语气里捕捉到自己是被认真对待还是被敷衍，被尊重还是被控制，父母是真的在陪伴他们，听他们说话，还是心不在焉地听着，内心想着自己的事情。

3. 让孩子更好地做自己，成为自己喜欢的样子

亲爱的爸爸妈妈们，全身心地去了解孩子的心愿，真心真意地帮助孩子实现他大大小小、稀奇古怪、匪夷所思、莫名其妙的愿望吧，里面藏着孩子来到这个世界的使命还有你身为父母的惊喜，有时候是惊吓。如果是惊吓，那就挑战一下自己呗，被惊吓也是做父母体验的一部分。

记住：让孩子更好地做自己，成为自己喜欢的样子。

关键的是，不是让孩子成为你喜欢的样子！

让孩子成为他自己喜欢的样子！

让孩子成为他自己喜欢的样子！

让孩子成为他自己喜欢的样子！

重要的事情说三遍！

把孩子当老师——从孩子身上学习，向孩子请教

1. 如何从孩子身上去学习

许多家长问我，海蓝老师，我该怎么了解我的孩子呢？要怎么和孩子沟通，怎么和孩子靠近，怎么发现孩子喜欢和擅长什么呢？

我的答案是向孩子学习，把孩子当成自己的向导和老师，不把孩子认为是无知的、什么都不知道的、一切遵循你的命令的小猫小狗。孩子比我们智慧得多，他们是自己世界的专家，孩子的每一个行为都有他自己的逻辑，可能不符合你的逻辑和标准，也不应该符合你的逻辑和标准。在他自己的逻辑里，藏着你想了解的孩子的想法、感受、创意，对自己、对你、对世界的观念和态度，是宝藏，你的任务是带着好奇去了解孩子，也在这个过程中了解自己，挖掘宝藏。

记得一个老师给我打电话说，有一个学生家长精神崩溃，无法自拔，需要我的紧急帮助。既然是老师找我，一定很紧急，我就答应了。不到一小时，有个年龄30多岁的妈妈，带着不到10岁的女孩儿出现了。看到这个妈妈满脸的急切和恐慌，孩子看上去有些害怕和羞愧地低着头，我问孩子妈妈，出什么事儿了？

她说："我们家完蛋了，因为出现了一个品德败坏的孩子。"我一脸的疑惑，问她："怎么知道孩子是一个品德败坏的孩子？"她指着身边的孩子说："她偷东西，偷了我100块钱，而且花光了。"问孩子，她什么都不说。妈妈的陈述中，透着羞愧、极度的愤怒和天快塌了的恐惧，哪个孩子敢在妈妈这种情绪下说话？估计说不好就是一顿揍。我告诉孩子妈妈，很多小孩在这个年龄都偷过东西，我小时候也偷过东西，因为喜欢踢毽子，需要漂亮的鸡毛，就趁邻居不在的时候，心惊胆战地抓住邻居家的大芦花鸡，在尾巴上拔了三根鸡毛，做了一个漂亮的毛毽子。妈妈听后明显地安静下来，旁边的孩子认真地听着，脸色放松了很多，甚至嘴角有点微笑。我问孩子妈妈，我是否可以单独和孩子交流一下，她同意了。

我带孩子到了另一个房间，告诉孩子，我喜欢孩子们，小孩犯错很正常，我就是帮助孩子们开心学习生活的，我不会骂她、责备她，相信她一定有做这件事的理由。孩子有很精准的直觉，她知道我是可以相信并且会帮助她的人。我问她："可以告诉我为什么拿妈妈100块钱吗？"

孩子说："我和妈妈约好了，如果我每天作业做好、事情做好，就给我记上两颗星星，周五的时候，妈妈就给我5元钱，可以买我喜欢的零食。这个星期，有几次我作业做好、事情做好后，告诉妈妈给我记上星星，妈妈告诉我说记上了，周五我向她要5元钱的时候，她说我没有挣到10颗星星，因为她的本子里面没有记录。我当时很生气，就趁她不注意时在她钱包里随便拿了一张钱。放学后，我就在校门口买了零食和小朋友们一起享用了，看到小朋友们非常开心的样子，就又给他们买了更多的零食，钱就花光了，后来妈妈发现了。"

从这个事情里，我们可以学到很多东西。

第一，妈妈对这件事的第一反应是评判孩子，感到愤怒，给孩子扣上个品德败坏的帽子，然后害怕，觉得整个家族都完蛋了，就崩溃了。对孩子的心理和行为没有了解，只有评判和指责。

第二，如果没有我的介入，估计就是对孩子一顿胖揍，然后孩子感到委屈、羞愧，妈妈和孩子一起受伤，没有任何成长。每天千千万万的家庭中上演着这样的悲剧。

第三，妈妈对自己言而无信的行为毫无觉察，也没有看到这件事的根本起因是自己没有兑现对孩子的承诺。

孩子之所以是孩子，正是因为他们在学习了解自己、他人和世界，他们容易根据感官的愉悦，做出冲动的选择，所以犯错是常态。

我们需要做的是：不管发生了什么，不要第一时间去责备、打骂孩子，而是先去问问孩子。让孩子说出他的想法、他的选择，我们了解了他的世界，也了解我们自己的想法和行为是怎样影响和塑造了孩子，导致了孩子的想法、情绪和行为。

不管孩子的行为多么不可思议和离谱，一定有他自己的理由，我们就把自己当学生，就像请教爱因斯坦一样请教孩子，你一定会有令自己吃惊的收获。

那什么时候请教孩子？

（1）所有不知道拿孩子怎么办的时候。

（2）所有孩子让你生气、难过、不解、不舒服的时候。

（3）自己有困惑的时候，也可以请教孩子。

记得一个8岁的小姑娘，父母经常吵架。她对爸爸说："你的主要问题是你认为什么都是你的对，从来不道歉。"她对妈妈说："你的主要问题是太能唠叨了。"所以，如果爸爸能够承认自己有时候是错的，妈妈能少唠叨，他们就不会吵那么多架了。家庭矛盾的核心问题，孩子往往比家长清晰。许多家长不是想请教孩子，而是拉孩子站在自己一边，拉孩子站队就是边界不清，为难孩子了。

怎么请教孩子？

（1）让自己的情绪平复下来。

（2）不带任何预设的评判和定位，要带着好奇心。

（3）用海洋般的耐心，全身心地倾听、了解孩子。

2. 发脾气、打骂孩子是切断与孩子交流的杀手

有一次，我应邀去做一个大型亲子教育讲座，我刚开始讲，还没讲几句呢，我就看到有四五个小孩兴高采烈地围着会场在跑圈，跑疯了，我定睛一看，其中一个就是我10岁的女儿。主办方负责人也认识我女儿，她看看我，又看看我女儿，她的眼神仿佛在说：海蓝博士教育孩子太有方了，自己的女儿在培训现场直接搅场。

我当时特别纳闷，因为我女儿比较内向，不是一个喜欢出风头的孩子，从来没见她这么大胆。下面有人在议论："这是谁的孩子？"我就在想：这个孩子我认，还是不认呢？

我看到有家长把自己的孩子已经拉回去了，最后还剩一个小孩又跑了两圈，你知道那个小孩是谁吗？就是我女儿。我站在台上，确实也挺尴尬。我女儿真是"太给力了"，我在台上讲如何教育孩子，台下女儿扰乱会场秩序。

我问过很多家长，如果你是我的话，你回去以后会怎么办？

许多家长的回答是："回去收拾她，骂她一顿，揍她一顿。"

我问："你骂她一顿，揍她一顿，是想解决什么问题？"

家长们一般会停顿一下说："发泄自己尴尬、羞愧、愤怒的情绪。"

那么这样对教育孩子有帮助吗？没有。

当你发脾气，甚至打骂孩子时，孩子会很害怕，以后就不跟你交流了，你就切断了与孩子交流的通道，也就无从了解孩子，真正帮助孩子，你也难以输送你的教育理念和方法。你会让孩子向内压抑自己，向外惶恐不安、充满焦虑。一个充满压抑和焦虑的孩子怎么可能感受生命的美好？怎么可能去创造生活？更重要的是你会让孩子感到不被爱，没有价值，害怕权威，觉得自己不好。

如果回顾一下自己小时候的经历，你有没有因为父母的脾气和打骂，直到今天依然害怕别人发脾气，感到自己不被爱，没有价值，害怕权威，觉得自己不好？

所以我们一定要知道，在跟孩子说每句话，做每件事的时候，你要问你自己，是真的在教育孩子还是发泄自己的情绪？

我回家以后，特别好奇地问女儿："宝贝，妈妈今天上课，你觉得你表现得怎么样？"

我女儿说："妈妈，我今天表现多棒！"（我心里想，捣了大乱，还很棒？）

我问："宝贝，你为什么棒？"

她说："妈妈，那么多人，谁都不敢跑，我们几个小孩跑了那么多圈。这还不是最牛的，最牛的是他们都不敢跑了，我自己又跑了两圈。"

她等待的是我的表扬和赞赏！我才知道，对于内向的她来讲，现场跑圈意味着勇敢，意味着突破。

不仅是一个简单的表扬，更是一个前所未有的表扬和赞赏，因为她前所未有地突破了自己！这和我心里预想的是天渊之别了，我本以为孩子会说自己错了。

如果不问孩子的话，你怎么可能知道她是怎么想的。我一听，孩子有没有道理？非常有道理。不仅如此，我为10岁的女儿敢于挑战自己而真心钦佩和欣赏。

我马上说："宝贝，妈妈觉得你真的非常非常棒，在那么多人面前你跑圈，而且还自己又多跑了两圈，妈妈觉得你确实非常棒！"

她非常自豪地说："我多棒，我多有勇气！"

我说："妈妈确实认为你非常棒，非常有勇气。"

从孩子的角度看的确是重大突破啊！

勇气是一种难能可贵的品质，它是人们在面对困难时所依赖的力量。许多家长希望自己和孩子都能拥有更多的勇气。那么，什么时候是培养和发现孩子勇气的最佳时机呢？当孩子挑战自己、展现出勇气的时刻，家长应当给予肯定和赞赏，这是帮助孩子增强勇气的关键。至于当下是否是最合适的时刻，那需要通过进一步的引导和调整来解决问题。

我接下来说："宝贝，你确实非常棒，但是你估计今天在场的那些叔叔阿姨，看到妈妈在台上讲如何教育孩子，你在台下跑圈，他们会怎么想呢？"

女儿说："妈妈，我没想过。"

我说："宝贝，那你现在想想。"

她想了一会儿，脸色都变了，跟我讲："妈妈，不得了了，我们要住到马路上去了。"

我说："为什么啊？"

她说："妈妈，你想啊，你是讲如何教育孩子的老师，人家请你讲课，给你讲课费，我们就可以用这个钱租房子、买东西。你在上面讲课，我在下面跑圈，别人会想海蓝老师教育孩子也不怎么的，对不对？那以后人家就不请你讲课了，你就不能挣钱，咱们不能租房子，我们就要住到街上去了。"

我说："那怎么办呢？"

她说："妈妈，那我下次不跑圈了。"

我说："宝贝，下次不跑了，但这次已经有后果了，这次怎么办？"

她说："我甘愿受罚。"

我说："那怎么接受惩罚啊？"

她说："我两个星期不玩电脑，没有游戏时间。"

我说："行，就这么定了。"

孩子犯错是常态，而能做对才是意外。孩子的成长过程就是在不断的错误中进行的。与其说这些是错误，不如说它们是孩子成长过程中的不同阶段，只是这些阶段并不符合家长的想法、逻辑和标准。孩子没有成人的顾虑和计算，也不会过多地担心别人的看法。正因为此，他们能够真诚、本真地行动，这种纯真无邪也是我们爱孩子的原因。事实上，许多成人都梦想着回到孩童时那种纯真、跟随内心的状态。

因此，作为父母，我们在面对孩子的错误时，应该将孩子视为老师，倾听并理解他们，而不是扼杀他们天生的激情、热爱、勇气和创造力。这样做，我们不仅帮助孩子成长，也为自己提供了学习和成长的机会。

做孩子的助手——不包办，不替代，学会放手

1. 为什么孩子不领情，不感恩？

很多喜欢包办的父母始终不明白，为什么自己做了那么多，孩子却不领情，不感恩，那是因为被包办了的人生，就像被偷窃了、被控制了的人生一样，有谁会感激一个偷盗自己、控制自己的人？孩子没有直接对你表达愤怒和讨厌就该感到庆幸了。

记得有一个3岁多的孩子，自己玩积木搭房子，妈妈看孩子搭得慢，上去三两下就帮孩子搭好了，然后孩子非常愤怒地几下就把妈妈搭好的房子摧毁了。

相信绝大多数父母都经历过，给孩子帮了忙，孩子非常抗拒，不高兴，甚至愤怒的场景。

相信我们自己在做孩子的时候也经历过，父母给我们帮忙，有时也会让我们感到非常抗拒，不高兴甚至是愤怒。

因为生而为人，就是来体验人生的喜怒哀乐、五味杂陈的。在亲自的体验中感受生命的能量，感受活着的意义，在体验中学会思考、判断、选择，在体验中增长智慧、力量、抵御挫折的能力和感受幸福的能力。

没有人喜欢去吃别人咀嚼过的饭。

家长们，把体验、思考、判断、选择的权利还给孩子。

否则，你会抱怨：为什么孩子没有独立思考、自我负责的能力？

当你从衣食住行到择友、择校、择业，甚至兴趣爱好，全部

包办代替时，你替孩子做了所有的思考、判断和选择，从来没有给孩子思考、判断、选择、承担选择后果的机会，这样的孩子如何培养独立和决策的能力呢？就像一个把虎宝宝放在窝里，从不让它自己学会去觅食的虎妈一样，虎宝宝怎么可能学会狩猎？不会狩猎，即便是老虎有一天也会被饿死的。

你可能会说："因为我是过来人，走过的弯路不想让孩子再走，遇上的陷阱不想让孩子再跳。"但其实，时代是在不断变化的，你的弯路可能是孩子的正道，你的陷阱可能已不存在。即使确实存在弯路和陷阱，孩子也需要自己学会识别和应对。能力是在经历和挣扎中获得的。

作为家长，我们需要的是给孩子提供有效的帮助，真正成为孩子筑梦路上的好助手，而不是一味包办、替代，舍不得放手。具体应该怎么做呢？

（1）了解、抓住孩子的每一个愿望

记住：是孩子的愿望，不是家长的愿望。哪怕就是去麦当劳吃一顿，这对孩子来说也是一个美好的愿望。只要不伤人伤己，什么愿望都可以满足他。

（2）紧紧盯着培养孩子的目标

要培养孩子拥有八项幸福力：自我负责、发现资源、保持相信、建立安全、转化情绪、放下过去、调整模式、创建幸福。第一项，自我负责是一切能力之首，也是核心的能力。

（3）把孩子的愿望和你的愿望放在一起

利人利己地实现孩子和你的双赢愿望。如果家长只关注自己的想法，不理解孩子的需求，那么无论教育多少次，效果都不会理想。

父母的定位是助手，而不是主导，孩子有自己的人生和成长方式，父母要做的是支持和助力，而不是决定孩子生长的方向和周期。

2. 让孩子学会自我负责——八项幸福力之一

我女儿刚上初中的时候，告诉我说她想买一个iPad，我一听很高兴，因为能把我平时想让她做，但她一直不愿意做的事情，借着这个机会来实现。在我家要什么都可以，但有一个规则：无论要什么都得自己挣。

我非常高兴地说："宝贝，当然可以了，你准备怎么挣啊？"

女儿说："我知道你们肯定要我自己挣，我的同学就不会像我一样，人家的爸爸妈妈都直接给买了。"（表情有点不悦）

我说："妈妈也特别同情你，非常不幸做了我的女儿，你要愿意也可以把自己变成别人家的女儿，就不用自己挣了。"

女儿说："算了，我还是自己挣吧。妈妈，你说怎么挣？"

我知道那时候她的中文写作能力很差，一直让她多写多练也不听。

我就说："那你写30篇作文就可以挣到iPad，三个月内写完。但如果到了三个月，你只写了29篇，那29篇全作废，什么都不能算，你也不能写完29篇说换一个别的东西，这是专项专用。"

有的家长会觉得我太严厉了。我之所以这样做，是因为以前吃过亏。女儿说要买猫，我说可以呀，你把《道德经》背熟了以后就可以去买猫。后来她背了一段时间以后，告诉我不想再背了，问我能不能把猫换成鸟，因为我们事先没有约定好不能换，我是个说话算话的妈妈，为了鼓励孩子，就把猫换成鸟了。这次我不能让她随便变，就定了完不成30篇就全部作废的约定。

我主要想在帮助女儿实现她的愿望的同时，实现我培养她说话算话、自我负责、负责到底的能力，顺便提高她的写作能力，做老母亲的小心眼儿，嘿嘿，我觉得这个小心眼儿可以有。我们每个家长都可以在帮助孩子实现愿望和实现家长的愿望之间绞尽脑汁、千方百计地最终实现共赢。

女儿答应了，她自己画了一张表格，一共有30格，写完一篇文章就涂一格。上面还画了iPad，以此来激励自己。

后来她真的做到了，还写了一篇感想：

"我轻轻触摸iPad的屏幕，思绪不禁回到了几个月前，那时期中考刚过去，我正因为语文作文的成绩而烦心。妈妈提了个主意，为了让我喜欢上作文，期末之前写完30篇作文，就给我买全新的iPad作为奖励。当然字数有规定，前10篇300字以上，中间10篇500字以上，后来10篇600字以上。

"不过事实没有我想象得简单，我不喜欢写作文的老毛病又犯了，写的时候总是一拖再拖，一点也没有改善。于是我规定自己每周写四篇作文，不过成效不是很明显。不知道老天是否被我感动，正好这几天坚持下来，我满怀激动地在图书馆里挑选对我有帮助的书。图书馆不愧是叫图书馆，我还真在图书馆看到一本关于写作的范文类书籍，里面介绍如何命题想好结构。别说，成效还真明显，我现在可以半小时内写一篇作文了，以前想都不敢想，果然我的刻苦练习是有成效的，我语文考了全班第一。

"为此，爷爷奶奶、外公外婆还奖励了我2500块，其实最后我没花多少钱，我才花了一半。暑假我出去玩了一趟回来，就火急火燎地把iPad拿到了，见识到各种各样的功能后，我沉浸在巨大喜悦中，我成功了。"

3. 孩子只会为实现自己的梦想全力以赴

没有任何人会为你的梦想全力以赴，但每个人都会为自己的愿望和梦想全力以赴。培养孩子为实现自己的梦想，不怕艰苦、不怕失败、坚持不懈、不达目标不罢休的意志和努力，不正是我们每位家长的心愿吗？

许多家长在不知不觉中进入了一个误区，以为按照家长的目标和意愿让孩子学习琴棋书画、数理化就一切都有了。

忘了孩子的愿望是一切的基础！最直接有效地植入我们认为有价值的思想的路径和方法就是：

在帮助孩子实现他的愿望和梦想时，植入我们的需求和愿望。

每个孩子都会为实现自己的梦想充满动力，全力以赴。

在实现梦想的过程中，孩子会主动自我负责，发现资源，学会解决卡点和困难，在靠近目标的过程中，体验穿越困难，增强幸福力，最终体验收获成就的喜悦。像我女儿一样，因为得之不易，孩子也会更加珍惜。

我完全可以不提任何要求，直接买一个 iPad 给我女儿，人本能的懒散也希望得来容易，就像我女儿希望我和其他家长一样给她直接买一个。这也是许多家长经常陷入的误区，给孩子买东西，你给孩子不是买了东西，是买断了孩子发现、磨炼、提升自己生存和幸福的机会和能力。结果你和孩子可能都不会开心。

人类珍惜自己努力所得，因为努力本身是生命感受能量的流动和升级，呈现的是一个人的品质、能力、价值，实现的是自己生而为人的价值和意义。

做孩子的托底——父母永远是孩子稳稳的靠山

1. 什么是做孩子的托底？

我问女儿，你觉得什么时候感到妈妈在给你托底？

女儿回答："不是一件或几件事情，而是一直的感受。就是无论发生什么事情，尤其是在我犯错的时候，你不会第一时间发泄自己的情绪，也不会评判、指责、责怪我，而是引导我和你一起面对。"

托底对孩子意味着：安全、力量、包容、爱和相信。意味着孩子可以放心、大胆、无所畏惧地探索世界，展现自己的才能，勇敢地面对生命中的风风雨雨。

托底有三个核心要素：

（1）无论发生什么事情，孩子都能确信地知道你的支持和保护

这会给孩子带来安全感。亲爱的家长，你做到了吗？0~10分，10分是满分的话，你给自己打几分？

（2）不发泄情绪，不打不骂，不评判、不指责、不责怪

当孩子在脆弱、犯错的时候，也就是最需要帮助支持的时候，不能承担你的情绪，更不能承载你的攻击和伤害。你的发泄会让孩子感到无依无靠，你的打骂会让孩子被羞辱，你的批评、指责会让孩子觉得自己不好、不行，也会把孩子逼迫到对抗、防御的位置，无法从生活的经历和教训中收获成长的功课。试想一下自己孩童时期成长的历程，对于处在脆弱、犯错、失败中的自己，希望父母怎样对待自己？

（3）引导，一起面对

犯错是孩子成长的必然历程，其实也是做家长的生活必然部分。生活是一所学校，发生的一切都是功课，做家长的任务和

职责就是陪着孩子，让其慢慢学会独自面对人生的风雨，自力更生，丰衣足食，就像鸟妈妈陪着鸟宝宝一样。在动物世界里，看到了太多的妈妈对宝宝们的陪伴、耐心、等待，很少看到对宝宝们的暴怒和指责，很多时候，人类的语言带来的更多的是对孩子们的伤害。

如果有可能，我想请你问问自己的孩子：宝贝，你有没有感到无论发生什么，妈妈爸爸都是你的托底？如果给妈妈爸爸的托底打分的话，10分是满分，你给妈妈爸爸打几分？

如果你没有做到在任何时候都能够给孩子托底，你是否在以下这些时刻：

在孩子感到孤立的时候；

在孩子感到失败的时候；

在孩子感到脆弱的时候；

在孩子感到羞愧的时候；

在孩子感到犯错的时候；

在孩子感到抑郁的时候；

在孩子感到恐惧的时候；

在孩子感到无助的时候；

在孩子感到绝望的时候；

…………

要让孩子坚定确信地知道，爸爸妈妈会第一时间来到他的身边，和他在一起，会不离不弃，会安抚他，支持他，想方设法帮助他。让孩子感到有父母托底，爸爸妈妈都是他坚强的后盾！

2. 我是如何为女儿托底的？

女儿上小学的时候，有一天放学回家后就躺在床上号啕大哭。女儿很少有这样情绪失控的时候，我闻声后来到她身边，在她旁边躺下，把她搂在了怀里，轻轻地亲吻着她的前额，擦拭着她的泪水，告诉她，无论发生什么妈妈都爱你如初，继续搂着女儿，用手抚摸着她的背，静静地陪着她。女儿哭了好一会儿，慢慢安静下来。

女儿啜泣地说："妈妈，我彻底完蛋了。"

我问："是什么事情让你感到彻底完蛋了？"

女儿："我们班里最差的学生，这次数学考试的成绩都比我好！"

我："是挺让人难过的。这个同学是这次考得好，还是每次都比你好？"

女儿：（想了一下，情绪明显好转）"就这次。"

我："那你这次考试100%努力了吗？"

女儿：（有点不好意思）"只努力了60%。"

我："你这次成绩是多少呢？"

女儿："70多分。"

我哈哈大笑："你是想空手套白狼啊，宝贝。60分的努力，70多分的成绩，妈妈认为你已经很赚了。还有你要知道，考多少分不重要，你努力的程度才是最重要的。如果你努力100%，考不及格，在妈妈这儿也是100分。还有，一个同学差不差，不能用成绩来衡量，就像你，刚回国的时候语文成绩经常不好，能说你是差生吗？"

女儿认真地听着，点着头。

我："一个成绩好的同学，如果不努力，会一直保持好成绩吗？"

女儿："不会。"

我："那你这次成绩不理想的原因是什么呢？"

女儿："我没有努力准备。"

我："如果你努力了，会完蛋吗？"

女儿：（非常肯定地说）"不会。"

又过了一段时间，我问："上次考试数学成绩超过你的同学，有没有再超过你？"

女儿信心满满地说："怎么可能？"

记得我女儿在中学时期曾经遇到校园霸凌，既有语言暴力，又有肢体暴力。当女儿找到我时，我是这样做的：首先，我表达了我一定保护她的共情态度。虽然我也知道在这件事情上我不好出面，但在当时那种情况下，我的表态，提供了极好的情感支持，让孩子一下子心稳了。她发自内心感觉到不管发生了什么，不管有多糟糕，妈妈一直都会站在她这边，妈妈一定会保护她。其次，我也稳定地接住了孩子的情绪。遇到这种事情我没有过度共情，更没有被情绪淹没，我把自己稳住了，然后告诉孩子："宝贝儿，无论你需要妈妈做什么你都说出来。""在这种状态下你想让妈妈干点什么？"我的稳定无疑给孩子吃了定心丸，这样她才能清晰地表达出自己真正的需求。如果我都六神无主、陷入慌乱了，孩子就更不知道怎么办，会更加认为这件事情过不去了。父母情绪稳定，才能为孩子稳稳托底。

"我就是你稳稳的托底"，这不单单是一句话，更是对孩子的誓言，是一种对生命的承诺，需要家长明确地用语言以及行动表达出来，这会在孩子心理层面上起到无形且强有力的支持作用。再遇到像校园霸凌这类典型的情况或其他很多事情时，他才不会一遇到事情就陷入情绪中，畏难、逃避、退缩……他才有力量去面对和化解。

3. 有了托底的孩子，更有自信面对人生风雨

那怎样才算是好的托底？

有个中学生告诉他父母，学校里有个同学欺负他，打他，孩子爸爸听了，非常气愤，第二天去学校就把打他孩子的同学给打了一顿。老师来劝架制止，他爸爸又把老师给骂了一顿，说老师管理不到位，不负责任，结果老师也很生气。之后这个孩子变得非常沉默，什么都不告诉家长了。我问孩子，为什么什么都不告诉爸爸妈妈了？孩子说："他们只会让事情变得更糟糕。"自从他爸爸到学校打了那个同学以后，他经常遭到同学们的嘲讽，认为他弱爆了，感到被歧视，被孤立，老师对他也很冷漠，他感到非常难过。

还有许许多多的家长感到孩子在学校受了委屈，就去学校质问同学家长和老师的案例，事件的大小和严重程度不同，但都有

类似的特点：

（1）家长自己情绪失控。

（2）用对抗、指责、辱骂甚至暴力的方式去应对。

（3）激发了孩子的恐惧和焦虑。

（4）孩子关闭心门，不愿再交流。

（5）使孩子在学校的生存环境变糟糕，与同学老师产生隔离或矛盾。

其实，很多时候孩子需要的不是你去做什么，或者告诉他要怎么做，孩子就是需要知道，无论发生什么爸爸妈妈都与他同在，都会做他的坚强后盾的表达和态度。当情绪平稳后，很多问题孩子自己会去解决，解决的行为和方法往往比我们给出的建议更切合实际。就像自己遇到被搅扰的事情一样，并不需要爱人或其他人告诉我们怎么办，只需要对方倾听和陪伴。

有了托底的孩子，就会有勇气和信心面对人生的风雨。

当孩子有了足够的托底，生命的底色就像铺满了光，不管人生遇到何种挑战，他的内心始终会对生命、对世界、对他人、对自己充满善意与相信。他会真正拥有面对一切困难的勇气与力量。

不让孩子受伤——做错了就给孩子道歉

1. 为什么要向孩子道歉？

什么是道歉？

道歉就是承认自己的言行对孩子造成了伤害，自己做错了，让孩子受委屈了。真心真意地向孩子说对不起，表达歉疚，并有了想弥补孩子的愿望。

为什么要道歉？

（1）建立与孩子之间安全信任的关系

我们与孩子相处中，不管多么小心，多么用心，多么不愿意伤害孩子，但都会无可避免地因为自己的健康状态、所感受的工作压力、自己的经历、创伤、无知和误解，在有意无意间说出伤害孩子的话，做出伤害孩子的事。道歉是家长承认自己的错误，要让孩子知道，他被错误地对待了，不是他的错，他是值得的、被尊重的。让孩子知道不会被父母无底线地伤害，有公义、公平和正义的底线和边界，让孩子感到安全。

（2）不给孩子留下创伤

因为我们的言行不当和错误，使孩子感到惊吓、恐惧、羞愧、悲伤、厌恶和压抑，甚至对自己的否定、怀疑、贬低、攻击和不自信，这些都是伤害。当我们承认自己的错误或者过失时，孩子就会感到抚慰，伤痛就容易化解。

（3）重建孩子的自尊和自信

道歉让孩子感到被尊重、平等对待。让孩子知道即便是家长，也没有权利侵犯、霸凌孩子，所有人都应该为自己的错误言行承担责任，买单。也让我们了解彼此的需求和边界，预防未来的伤害和误解。道歉帮助我们化解心存的芥蒂，不会成为未来彼此疏远、隔离、矛盾，甚至怨恨的根源。

（4）给孩子树立为自己言行负责的榜样

人无完人，每个人都会有失误和犯错的时候。做一个谨言慎行的人，也做一个敢为自己的言行承担后果的人。好汉做事好汉当。人与人之间的信任关系，是一个人生活和工作的基础和保障。敢于承认错误是建立信任关系的核心要素。

2. 不道歉，你会失去孩子的信任

一个上初中的女孩娟娟，因为自行车坏了，放学的时候就坐在一个男生的自行车后座上回家，结果被她的伯母看见，伯母告诉女孩儿的父亲，说她谈恋爱了。她的父亲信以为真，待她回家后，非常生气地责骂她，不给她机会做任何解释，事后也不听她的任何解释。这让她感受到无比愤怒、羞愧与委屈，从那以后她就不再信任爸爸了，和爸爸产生了很深的隔阂，留下无法释怀的愤怒、羞愧与委屈的情绪。

多年后，爸爸知道了真相，但并未向女儿表达歉意。娟娟也不肯原谅父亲，对爸爸失去了信任。

我曾做过一次调研，询问家长们在养育孩子的过程中是否曾因误解孩子而发脾气或责骂他们，或者在自己的童年时期被父母误解并受到训斥或打骂。结果发现，几乎所有家长都经历过误解或被误解。被误解时，他们大多感到委屈、愤怒、压抑和恐惧，这通常导致与父母的隔阂和信任的丧失。

然而，令人困惑的是，即使家长意识到自己误解了孩子并造成了伤害，他们也不愿向孩子道歉或承认错误。即使内心感到痛苦、后悔和羞愧，他们仍然不愿承认。

为什么会出现这样的情况呢？原因在于内心的脆弱和自卑。他们认为承认错误意味着自己不行、无能，会丢脸，担心孩子会瞧不起他们。这实际上反映了对自己的不自信，对孩子的不了解，以及对人性的缺乏理解。

人生中犯错是不可避免的，无论是在生活、工作、人际交往还是在教育孩子的过程中。犯错本身不是问题，问题在于犯错后不承认和改正错误。因此，家长需要放下脆弱的自尊，勇敢地承担责任，也要教会孩子如何正视和处理自己的错误。道歉是维护人际关系的核心能力。

要知道，如果你错误的言行给孩子带来第一次伤害，做错之后不道歉就是给孩子的第二次创伤。

3. 怎样给孩子道歉呢？

（1）真实真诚地表达自己的"对不起"

就是真心地对孩子表达对不起，说明你为什么道歉，不带任何情绪和私心。

有的家长在还没有处理好自己情绪的时候就去道歉，嘴里说着自己刚刚做得不好，心里却还是没有完全承认。还有的家长一边表达歉意，一边还在表达自己的不满，然后道歉就变成了宣泄自己的情绪，或者对孩子的继续指责，继而造成对孩子的进一步伤害。

（2）对自己做错的事情表示要负责，勇于担当

表达你觉得这样做非常不对的观点，并提出愿意自己承担后果。对于你自己来说，你需要深刻理解你对他人所造成的伤害，

不要找任何借口。

然后告诉孩子类似的情况不会再发生，以及为什么不会再发生。

（3）对孩子的伤害，需要进行弥补

道歉不是说声对不起就可以了，也不仅仅是承诺下不为例，而是需要用行动来弥补过去的伤害。

比如娟娟的案例，她爸爸在自己情绪平复后，可以这样说："宝贝，爸爸在没有弄清楚实际情况的前提下，就对你大发雷霆，怪罪指责你，非常对不起。无论发生什么，爸爸第一时间应该先了解情况，而不是直接发脾气指责你。我为情绪失控伤害了你感到难过，也希望你原谅。你能告诉爸爸究竟发生了什么吗？"

在孩子讲述了自己的遭遇后，娟娟爸爸可以说："爸爸非常爱你，就是太着急了，怕你受到伤害或者影响学业，所以误解了你，没把控好情绪，错怪了你，以后爸爸会尽量在没弄清楚事情原委前，先听你讲发生了什么，而不是不问青红皂白就责骂你。还有，以后爸爸在冤枉你时，你是不是可以提醒爸爸？对于爸爸情绪失控，让你感到的难过，你希望爸爸怎么弥补？爸爸非常爱你。"

做孩子的榜样——用生命影响生命

1.如何做孩子的榜样？

你希望孩子成为什么样的人，自己就成为什么样的人。

你想拥有什么样的人生，自己就活出怎样的人生。

因为：

孩子不会听你怎么说，但会看你怎么做。

若孩子生活在批评之中，就学会指责；

若孩子生活在暴力之中，就学会打架；

若孩子生活在嘲笑之中，就学会胆怯；

若孩子生活在鼓励之中，就学会自信；

若孩子生活在安全之中，就学会信任；

若孩子生活在认可和友好的环境中，就学会在世界上寻找爱！

…………

每个你不喜欢或讨厌的孩子的行为，都有你的影子，也都是你参与的结果。而孩子的美好品质和面对挫折的态度和能力也是你的熏陶渐染的结果。

真正影响孩子的是父母自己的生命状态！

做孩子的榜样就是成为爱的榜样，爱自己，爱他人，爱自然，爱世界。

许多家长说自己没有文化，不知道怎么成为孩子的榜样。

我认为真正地有文化，不是你有什么学位，而是你有多少爱。

真正的素质修养，不是你掌握了多少知识和技能，而是你是否能够用善意回应他人和世界。

成为爱的榜样，即便你一个字不识也可以成为孩子的榜样。

很多时候这恰恰是最难做到的。

其实，真正能够成为孩子爱的榜样就可以了，其他的都不那么重要。

因为，爱是生命的意义的全部所在。

2. 怎么成为爱的榜样？

做孩子的榜样最重要有三个方面：

（1）爱自己——真实真诚做由心而发的自己

爱自己就是在利人利己的前提下，真实真诚地做由心而发的自己。

在任何时候都能够自我负责，信守承诺，了解自己，接纳自己，关怀自己。

不等待他人，不靠他人去满足自己的各种需求。遵循自己的内心选择，过自己想要的人生，不是根据担忧、恐惧、害怕、别人高不高兴、别人认不认可做选择。

不过他人希望和期待的人生，而过自己选择、自己想要的人生。

我为自己的人生做了一系列由心而发的选择：放弃20多年医学领域的苦读和深耕，从零开始学心理学；放弃美国的生活，带全家奔向汶川驻扎灾区做地震后心理救助三年；54岁开始创业，创立海蓝幸福家。

敢于遵从自己的内心，下定一切重新开始的决心，尽管每次选择和决定都遭到了周围人的冷嘲热讽，甚至强烈反对，但是因为遵从了自己的内心而无怨无悔。这在有意无意中也给了孩子选择的允许，甚至成了我们家庭的文化，身教重于言教。

也正因为如此，我女儿17岁的时候，告诉我她要独自一人去美国读高中，在离开美国10年后，英语大幅度滑坡，文化陌生，没有任何熟人的情况下，她毅然决然地独自去了美国。一切重新开始，生活一切自理，适应新的学习和文化环境，同时准备大学考试和申请，自己选专业，一切自理。我们没有给她任何建议。毕业后自己决定继续读研究生。

孩子走自己选择的路，就不会抱怨任何人，就会自我负责，有动力想方设法地解决困难。很多家长都希望孩子独立自主，却没能给孩子独立自主选择和承担的机会，孩子怎么可能获得独立自主的能力？能力不是希望和期待的结果，是在千万次实践、应对困难中获得的。

（2）做自己喜欢和擅长的事情

人生醒着的时间绝大多数是在工作的，所以找到自己的喜欢和擅长非常重要，做自己喜欢和擅长的事，工作就不再是劳苦愁烦，上班就等下班，周一就盼周末，周日发愁周一的日子了。家长们，如果你正在做着这样的工作，也可以重新思考是否继续这样工作下去。人生太短，不能这样虚度。

我在38岁选择转行重新开始，是为自己做的最好选择。

人生最大的障碍是自我设限，也给孩子设限。

如果你不想改变，至少要鼓励和帮助孩子去探索自己喜欢的和擅长的。不要因为你的局限，限制了孩子可以选择的未来。

孩子不一定非要读大学，读研究生，读博士，非要做什么了不起的事，但一定要鼓励孩子找到自己喜欢并擅长的事，可能是摄影，可能是修车工、水暖工，可能是舞蹈……只要他了解并利用自身的爱好和擅长，就会做好，因为热爱自己的工作就容易做得出类拔萃，也容易有好收入，关键是要找到体验快乐的重要源泉，也就活出了生命的价值。

（3）助人为乐——助人也是对自己最好的保护

助人为乐应该成为每一个人深入骨髓的基本生活态度、生活习惯，默认的行为模式。

如果你想给孩子树立一个好榜样，我认为最重要的是助人为乐的榜样。

如果你想让孩子养成一个好习惯，我认为最重要的习惯是助人。

助人为乐是感受幸福的核心能力。

如果让助人为乐成为习惯，成为品质，就有了终身的幸福保障。

助人也是对自己最好的保护。

《中论》中有这样一段话：人而好善，福虽未至，祸其远矣；人而不好善，祸虽未至，福其远矣。

如何助人为乐？

有的人会说，我没有权力、地位和财富，如何助人？

每个人都可以随时随地助人。

你可以对你所遇到的所有人面带微笑，可以与所有和你有交集的人说话和颜悦色、柔声细语，比如，你可以为急着赶电梯的人按着开门键，也可以给超车的人让道。在所有力所能及的时候，帮助所有需要帮助的人，关键是怀着助人的心，你会发现助人的机会处处都是。

我问女儿："你记得妈妈都做过什么吗？"

女儿回答："妈妈是一个'爱管闲事的人'。路上看到孩子哭泣，会走上前去抚慰；碰到吵架的人，会劝架；火车上、飞机上遇到失控的人，会上前安抚。"

记得我外婆、我妈妈也是经常"多管闲事的人"，即便是吃糠咽菜也可以与人分享，怎么穷，内心都是慷慨的。

能助人时就助人，这也是拥有良好人际关系的秘诀。

有人说，多一事不如少一事。我认为多帮助一个人是一个人。助人的事，永远不会多。

与人闲聊，背后说人不好，传播谣言和八卦，引发各种矛盾，是与人交往的大忌，竭尽全力杜绝。有人如果告诉我谁谁不好，就告诉他直接和当事人讲。养成不在背后说他人的好习惯。

习惯成就性格。有一个刚刚满十四个月的小宝贝，帮妈妈把买回来的菜一样样放到冰箱里，有的菜很重，几乎用尽了吃奶的力气拿起来，给了妈妈，成功后给自己鼓掌。我对她妈妈说，孩子有助人为乐的习惯，好好鼓励。

在助人中，孩子学会关注他人的需求，也在助人中感受善意、温暖和快乐。

你可能会说，人心叵测，小心坏人。其实，每个人都是个七彩球，有很多不同的部分、不同的面。人在被怀疑、被指责、被贬低、被污蔑和被攻击的时候，容易被激发出愤怒、暴力和恶意。而人在被相信、被尊重、被感恩、被善待的时候，就会容易呈现温暖、善意、关怀的部分。

生命中遇到贵人是每个人都梦寐以求的好运。相信每个家长都希望自己和孩子能够遇到贵人，最好是常常遇到贵人。

助人为乐是遇到贵人的最佳路径！我们不是生活在孤岛中，这个世界的万事万物都是紧密相连的。

第四章　如何成为自己和孩子喜欢的样子？

我们都希望无论经历什么样的困境、磨难、挫败，孩子都能有能力，有方法，很快回到宁静和谐、自由快乐、热情希望的生命状态。所谓的好成绩、好大学、好工作、好收入、名誉、地位、房子、车子、成就，只是为达到这12字目标的状态工具、路径和方法。

而靠近宁静和谐、自由快乐、充满热情和希望的生命状态，我们有一套科学的体系，也就是"865"自我幸福教练体系。

"865"自我幸福教练体系

核心能力 \ 学习方式	1 自我探索	2 持续践行	3 经常总结	4 乐于分享	5 陪伴支持	6 答疑解惑
1 自我负责						
2 发现资源						
3 保持相信					练中学	
4 建立安全				教中练		
5 转化情绪			示范			
6 放下过去		为什么				
7 调整模式	是什么					
8 创建幸福						

（对角线标注：教授方式）

那么，达到这样的生命状态的孩子和大人需要什么样的能力？首先需要八项幸福力。

8：八项幸福力

八项幸福力是什么？八项幸福力也可以叫抗挫折能力，包含下面八项能力。

1.自我负责的能力

决定幸福最重要的能力是自我负责，父母和孩子都可以做自己人生的第一负责人。不依赖别人，不等待别人的给予，不要求别人的付出。在每一个情绪受到搅扰的时刻，父母和孩子既不指责、抱怨、攻击他人，也不攻击、伤害自己，不管身处何种境遇，都应积极主动地承担和改变，都应有勇气和能力掌握自己人生的主动权。

2.发现资源的能力

资源就是帮助我们靠近和实现目标的一切有形无形的、外在内在的力量和条件，比如人、方法、物资、环境、能力、经验等。发现资源的核心是具备发现自己和他人的智慧、力量、优势的能力。

在孩子遇到困难的时候，能够寻找到所有资源来帮助自己跨越困难，并相信资源（办法）总比卡点（困难）多。对于父母来讲，要善于发现自己和孩子身上的资源，并且帮助孩子去发现和挖掘自身的闪光点。

其实，每个人都是自己最大的资源，每个人生来俱足。

3.保持相信的能力

相信自己、相信他人、相信环境的能力，相信一切都是最好的安排，相信生命中的一切都是为我而来。无论是父母还是孩子，具备相信的能力会感到安全，感到喜悦，会有很多的智慧、力量和爱去完成自己的目标和梦想。

孩子若是拥有保持相信的能力，就不会有那么多的惶恐、怀疑和对抗。作为父母，最重要的就是要去相信你的孩子，相信你的孩子就是天才，相信他可以成为自己人生的最终负责人，也要想方设法让孩子相信你，你是他最值得信任的人。

4.建立安全的能力

建立安全是父母和孩子生命的基础。建立安全的能力就是让自己受到保护，不会遭遇危险、受到伤害、遭到损失。当父母感到不安全的时候，会觉得周围的人不怀好意，所处环境是危险的，就会处在焦虑、紧张、处处防御的状态中，影响人的创造力。

当孩子感到不安全的时候，会觉得这个世界上充满着各种各样的敌意和危险，他会是不快乐、不幸福的，也不会有创造力。

当我们感到安全的时候，整个人是放松、自由、安定、踏实的。父母和孩子具备让自己处在安全状态的能力是非常重要的。父母若能为孩子建立一个安全的家庭氛围，这是孩子将来面对人生风雨的底气。

5.转化情绪的能力

面对不如意，或者与人发生矛盾冲突的时候，能够把持自己的情绪，不失控，不伤人伤己，还能把负面的情绪转化为积极的情绪，让自己尽快恢复到一个宁静、平和的状态，这是很重要的。

作为父母，我们首先要具备情绪转化的能力，这样能影响孩子遇到挫折时尽快调整和化解自己的情绪，不被情绪所控，并且继续为目标努力。

6.放下过去的能力

放下过去，就是放下发生在过去但一直影响着我们的创伤事件对自己的影响，使我们不再被过去的事情所搅扰。

作为父母，如果能够通过学习和成长让自己不被过往的创伤所影响，这也是孩子最大的福气。

作为孩子，无论是在学校还是在家里，经历不愉快、不舒服的事，善于化解和放下，后面想起来心里不再感到生气难过、无力无助，就拥有了放下过去的能力。只有孩子真的具有这种能力，享受和体验每个当下才会成为可能，学习成绩自然也不是问题。

7.调整模式的能力

模式是当发生一件事情时，我们的思维、情绪、身体及行为的无意识反应。比如有的孩子一件事情失败了，就觉得自己不够好，感到羞愧；碰到困难就觉得自己太笨了，难过沮丧，然后逃避，打游戏；别人一批评马上就对抗反驳、发脾气等。如何从被动的、无意识的、消极负面的状态调整到积极方面以及想办法，从中吸取教训，努力改变，叫作调整模式。

我们遇到问题时，一般有三种本能的反应方式，即对抗、逃避和陷入。这三种方式对生存有必要，但不能帮助我们获得幸福。作为父母和孩子，如果具备调整自己思维模式、情绪反应模式、身体反应模式和行为模式的能力，就掌握了人生的主动权，从被动变为主动，从本能反应变为积极创建。调整模式是帮助我们修一条新的神经回路，从本能模式走上智慧之路。

8.创建幸福的能力

父母和孩子在每一个当下说的每句话、做的每件事都能够做到利人利己，至少不伤人伤己，直到成为习惯，这就是在创建幸福。

在生活中，我们很想要幸福，却经常会做与幸福背道而驰的事情。比如一边想要改善和孩子的关系，一边又做破坏亲子关系的事。作为父母，要谨记自己的目标，让自己的一言一行都向着目标靠近；要学会在每个当下积极创建、做利人利己的决定，从而回到宁静和谐、自由快乐、充满热情和希望的状态。父母善于创建幸福，也会感染到孩子，这就是生命影响生命。

想想看：

如果你的孩子真正地具备这八项幸福力了，他的学习、工作、生活和人生会怎么样？

这本书就是用真实的案例，让大家从案例中看到自己，看到孩子的问题根源所在，更重要的是让你看到：

没有解决不了的问题，只有不愿学习、不愿改变的家长。

看这本书的你，要为自己点赞，因为看书本身就已经证明你是愿意学习、愿意改变的家长！

那么，如何才能锻炼出八项幸福力呢？

既然叫能力，就意味着是通过学习和刻意练习来培养获得的。就像锻炼肌肉一样，只要有正确的方法、恰当的工具、教练的指导、持续不断的练习，人人都可以练出幸福的能力。865轻松教子法中的"6"和"5"就是"学"的方式和"教"的方法。

美国著名的学习专家爱德加·戴尔1946年提出学习分为被动学习和主动学习。

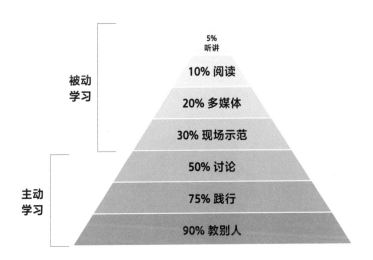

被动学习，比如听讲、阅读、看视频、看示范，一般学习效率都比较低，能够记住的内容分别是5%、10%、20%、30%。

主动学习，记住所学内容的比例，探索讨论会达到50%，不断践行练习达到75%，教会他人达到90%。

也就是说被动学习的效率低，在30%以下，主动学习效率高，在50%以上。

"865"的六种学习方式和五大践行步骤是我根据40多年的学习、研究，在帮助成千上万家长的实践中形成的。

六种学习方式包括：自我探索、持续践行、经常总结、分享反馈、支持陪伴、答疑解惑。

五大践行步骤包括：是什么、为什么、怎么做、教中练、练中学。

6：六种学习方式

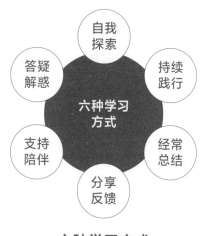

六种学习方式

1.自我探索

自我探索就是探索自己，教孩子探索内心世界，倾听自己的声音，了解自己的需求，找到自己的答案，而不是说教、要求、命令、强迫。人只会听自己认可和理解的道理。探索讨论，孩子才能更容易理解接纳。

2.持续践行

我们经常会听到一句话：听了很多道理，也改变不了自己。因为听很容易是左耳进右耳出，存留5%就不错了。你看一万场奥林匹克游泳比赛，也不会成为游泳健将。你教育孩子的技能，和孩子获得幸福的能力都需要反复练习。践行，是让知识变成技能，让技能变成习惯，让习惯成为品质的路径。所有告诉你一招或几招搞定的方法，都有忽悠和不确定的部分。

3.经常总结

苏格拉底说，未经审视的人生是不值得过的人生。审视，就是一种总结。总结，让我们知道什么方法是有效的，什么是无效的，甚至是错误的。收获成长的功课，以及未来如何改变和完善，都须反复践行。而在实践中进一步总结成长，则不会重蹈覆辙，在同一个地方再次犯错。

4.分享反馈

分享与反馈是沟通和交流的重要技能，也是生命体验的重要方式。我们在分享自己的思考、感受、体验和需求中与孩子联结，孩子也在我们的分享中学会表达思考、感受、体验和需求。反馈是一个人做一件事、不做一件事、继续做、改变方法的重要信号灯，让我们知道如何更有效地了解、帮助孩子和自己。

5.支持陪伴

关系对于孩子的成长，就像土地对于植物的成长一样，没有支持和陪伴，一切都不会发生。没有陪伴就不可能有真正意义上的教育可言。陪伴是孩子感受爱的重要方式，也是做父母的幸福来源。事实上，对孩子的严重伤害之一就是没有陪伴。相信在读这本书的你，也许曾经因为父母缺乏陪伴而受伤。年幼孩子的主要学习是镜像学习，也就是模仿学习，你不在身边，他就模仿周边的人，也模仿你玩消失，情感和与人联结的消失。

6.答疑解惑

孩子在成长过程中充满了好奇和问题。耐心解答孩子的每一个问题，要让孩子没有任何犹豫、不害怕地问问题。孩子的问题和疑惑，是你了解孩子、引导孩子的通路，也是帮助孩子避免危险的重要渠道。没有不该问的问题，只有如何解答的方法。你不会对所有问题都有答案，可以去研究、去请教然后回答，也可以直接告诉孩子你不知道。有的问题永远没有答案，有的问题需要时间回答。关键不是你回答了什么，是否回答得正确，而是：你在回答孩子问题的时候，把全部的关注给到孩子，好像他的问题是来自天下最重要的人提问一样。让孩子感到自己被尊重、值得，这样会激励他继续思考和探索，让他学会如何倾听，与人联结。

这六种学习方式在日常与孩子互动的时候反复使用，这种方法不是单纯知识的学习，而是模式改变的方式，是培养孩子习惯和改变无效方法的方式。

5：五大践行步骤

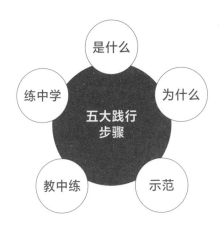

五大践行步骤

这是我们相互"教"的步骤，也就是如何去践行的步骤。

对每一个问题，我们首先要知道：是什么＋为什么＋示范＋教中练＋练中学，在生活中去践行。

1.是什么

父母和孩子经常的交流是鸡对牛讲，我们首先要知道是什么问题，你理解的和孩子理解的是不是一样的。

2.为什么

问孩子为什么这样想、这样做，弄清楚孩子的需求和目标。太多的家长没搞清楚，就不分青红皂白，只要不符合自己的期待和标准，上来就一顿说、骂，一顿揍。犯错是孩子成长的必然过程，你的情绪宣泄和对孩子的惩罚，带来的只会是对抗和逃避，很难帮到孩子，只会使叛逆来得越来越早，未来的路走得越来越艰难。

3. 示范

教孩子遇到这样的问题和情况，怎么说、怎么做会更合适，更有效，更利人利己。

最好的方式是示范，声情并茂地演示。孩子看你怎么做，不是听你怎么说。

4. 教中练

教是有效的学习方法，一个人真正地掌握所学内容的90%，最有效的方法就是教会他人。"教"是最好的学，也是最有效的"练"。

当你能够教孩子的时候，也意味着你真正掌握了这项技能。教的过程，是练习的过程，也是将知识转化为能力并融会贯通的过程。

5. 练中学

不管是什么方法都需要反复练习，不管是自己还是孩子，都只有在练习中才能真正地掌握所学的内容。在练的过程中学习、改善、提升。成为习惯，提升学习效果。

我用"865轻松教子法"养育了我女儿

女儿现在已经25岁，我从未关注她的学习成绩，她顺利大学毕业，现在美国排名前十名的学校读MBA。关键的是我是一个轻松快乐的妈妈，我在女儿25岁生日时写给她的生日贺卡上，概括了我的体验：

妈妈的宝贝，

今天是你25岁的生日。

祝宝贝生日快乐、天天快乐、年年快乐！

从知道怀上你的那一刻，妈妈就爱上你了。

你出生时的样子非常非常可爱，眼睛瞪得大大的，满眼的好奇，看着妈妈。

25年来，你带给妈妈爸爸的是无限的欢乐和幸福。我从未感到过一般孩子的2岁的闹腾，也没看到你青春期的叛逆。

你是妈妈这一生的骄傲，妈妈一生的成就都无法与做你的妈妈相比。

感谢你让妈妈真正知道了：

什么是无条件的爱。

感谢你让妈妈体验了：

世界上任何东西和人都无法替代的喜悦。

感谢你让妈妈真正地理解了：

天下许多父母的艰辛和不容易。

感谢你让妈妈真正地学会了：

了解、理解、接纳和包容。

感谢你让妈妈用更多的视角，

看到了人间万象。

长大后，

你更是

妈妈的知己，

妈妈的安慰，

妈妈的开心果，

妈妈的疗愈师，

妈妈的老师，

妈妈的激励。

宝贝，

感恩你投胎在我们家，

做我们的女儿，

让我们的人生，

因你而丰富多彩，

因你而体验生命的深度，

因你而感到生命的价值和美好！

宝贝，

愿你知道自己的珍贵和美好，

愿你在找寻自己的喜欢和擅长中，

成就自己人生的美好。

愿你时时刻刻爱自己，

就像妈妈爸爸爱你一样。

伊兰：我的妈妈是怎么教育我成长的

女儿也回顾了她25年做女儿的感受：

第一，妈妈总是平静地跟我交流，从我的角度出发提建议，即便没有做到也不会怪我。

比如说，我三四岁的时候，妈妈说以后不能再用奶瓶喝奶了，我长大了，要自己冲奶喝了。我开始不太愿意，就想让妈妈继续帮我。但她告诉我要独立，后来我也觉得独立是一件非常重要的事情，我人生独立的第一步是从妈妈的奶瓶教育开始的。妈妈和所有的妈妈一样，也有唠叨的时候，但在我成长过程中，从来没有"哎呀，好烦啊"的感觉，妈妈从来不会强加给我什么意见，她会从我的角度出发，给我提供一些建议。我会根据妈妈的建议做一做，试试看，如果结果好的话，那我就采取妈妈的建议了。即使做错了，没有做到位，妈妈也不会怪我，更不会打我，骂我。

第二，制定奖惩规则，让规则本身来约束而不是发脾气，让我接受没有遵循规则的自然惩罚。

我记得自己小学的时候，假如想玩游戏了，我如果得到老师表扬，帮助老师。帮同学的忙，打扫房间，就可以挣到玩游戏的时间，不做的话就会扣游戏时间。

总之一句话，事前制定规则，如果没有执行规定，后果自己承担。

第三，我非常信任妈妈，相信妈妈是非常爱我的，我们之间有深厚的爱。

首先，妈妈不会体罚我，从来不会"啪"一巴掌直接打过来，人一旦有身体上的暴力，想亲近就比较困难了。人感受爱的最直接的方式就是搂搂抱抱、柔声细语、和颜悦色。无论是身体、眼神还是语言，妈妈对我的触碰都是爱的触碰。妈妈一看到我不是抱就是搂或者亲亲，妈妈接近我的时候，我的身体接收到的信息一定是安全的、温暖的、没有冲突的；妈妈看我的眼神也是充满鼓励、欣赏和爱；妈妈在语言上也会经常表达对我的爱，经常会说：你好漂亮，你好可爱，我好喜欢你啊！

但我知道有的妈妈对自己的孩子没有亲，没有抱，也从来没有告诉孩子妈妈爱你。还有的妈妈对孩子倒是又亲又抱，但平时妈妈挂在嘴边的就是别人家的孩子怎么好，孩子接收到的信号是我要乖、要优秀才能得到妈妈的爱，所以，妈妈对孩子的爱不能言不由衷，要真实真诚。还有的妈妈对孩子骂一顿，揍一顿，然后端一盘水果送过来就算道歉了。

虽然我妈也非常喜欢其他小孩子，但我非常确定的是：妈妈全世界最爱的小孩就是我。

怎么知道的呢？看一个人爱不爱你，就是看她是不是愿意给你花时间，花精力，花钱。妈妈对我舍得花时间、精力和钱，还有妈妈看我的眼神，因为眼神是假装不了的。

第四，言传身教，妈妈行得起，做得正，孩子也行得起，做得正。

言传身教非常重要。妈妈对身边的人总是给予善意的回应。记得有一次妈妈带我去买冰激凌，看见旁边有一个打扫卫生的老爷爷，热得汗流浃背，他在吃别人吃剩的冰激凌。妈妈担心他吃坏肚子，特意又给老爷爷买了一份。妈妈做这种事情太多了，妈妈总是充满善意去回应别人，帮助别人。我看在眼里，记在心里。

第五，舍得放手。

很多父母觉得自己知道得很多，成天抱着孩子不放手，经常指挥自己的孩子干这个干那个。比如说孩子考试没及格，父母一看就急了，就找各种各样的补习班，孩子越补越痛苦，不仅成绩上不去，跟妈妈的关系也远离了，这就是不放手的表现。如果你放手的话，没有给孩子考试的压力，也许他会做得更好。孩子的路还是要自己走，无论是小事还是大事，都需要自己去经历一番之后才会知道：哦，原来你说的是对的或是错的。

我妈妈是怎么放手的呢？她几乎是零管教。她甚至都不知道我有什么课，在哪个班，也不知道我几点上学，几号放假。听起来好像是一个毫不负责任的妈妈，但正是得益于妈妈的放手，我对自己的学习能够自我负责，考进了美国前十名的商学院。

总之，我的妈妈给了我如何去应对这个世界任何变化的底气和勇气，因为我被爱灌满，安全感特别足。

我用"865轻松教子法"养育了我的女儿，也帮助了成千上万的家长。这本书就是用真实的案例，从家长常常遇到的问题进入，让家长看到孩子问题的前世今生，更重要的是让这些问题成为家长和孩子成长的养分。

第五章　如何做不焦虑的妈妈，提升孩子幸福力

这个案例是"865轻松教子法"的核心案例。

做一个不焦虑的妈妈，提升孩子的幸福力或抗挫力，是所有妈妈的愿望。

希望大家从这个案例，看到系统的解决方法。我不会一一列出，大家可以跟着案例按照"865"逐一找到答案。

孩子学习不好，究竟发生了什么

玲玲带着满脸的急切和焦虑，和她16岁的儿子小新一起向我求助：孩子无论怎么努力，成绩就是上不去，怎么办？

碰到问题，我首先是倾听、了解孩子和家长的具体情况。

我问小新可否告诉我具体是怎么回事。他说班上一共50名同学，自己的成绩排在40多名。刚刚勉强考上高中，很怕自己考不上大学，感到非常焦虑。

16岁的小新有一些少年老成，他对自己的现状有很多无助和无奈："有时候我特别崩溃，我一做不好作业，就特别紧张，觉得这辈子都完了。一天到晚没有一点休息的时间，也没有朋友，只是在闷头学习，我上课、下课都在学，甚至排队打饭或上厕所，都抓紧时间在看书，但是成绩就是不好。考试的时候，非

常紧张，总是写错。平时一背课文就紧张，手足无措。我想让自己静下来，但静不下来，就更焦虑了，双重的焦虑。"

玲玲是小新的妈妈，家有一儿一女，她是一位为孩子学习竭尽全力的家长，从小学一年级开始，小新妈一直对儿子严格要求，堪称"高压管教"。可是儿子成绩就是上不去，她每天着急得就像热锅上的蚂蚁一样，又焦虑又紧张，她迫切地想帮孩子把成绩搞上去。

玲玲觉得自己已经罄其所有，孩子的情况却越来越糟糕，她回忆道："我对儿子的学习非常非常重视。真是竭尽全力了，已经筋疲力尽，不知道该怎么办了，非常恐惧儿子考不上大学。为了让儿子不输在起跑线上，4岁多就让他上小学了，对他七八十分的成绩特别不满意，放学回家后，他想出去玩，我不同意，他哭得很厉害，奶奶很心疼地说：'你不要这样对我孙子，我孙子又不想成为天才。'可我认为自己做的是对的，不学习怎么会有未来？晚上11点作业没写完，他困得睡着了，我会把他打醒，让他继续写。

"小学的时候，如果他背书背得结结巴巴，我就会火冒三丈，直接把他的书从楼上扔下去；作业做不好，就把他关在门外；他练琴的时候，我就拿根棍子站旁边，错一个音，打一下；他写字的时候，错一个，就撕一页；一看到他打游戏开心的样子，就想把手机给扔了。孩子不管教，怎么可能有出息？！

"我很纳闷：别人都行，你怎么不行呢？不行的话，那就补课，于是我给他报了各种各样的补习班，除此之外，还让他去弹钢琴、学画画。

"总之从小到大，我用尽了各种招数，动之以情、晓之以理，陪读、陪写、陪练，自己讲、请老师教，上补习班、兴趣班，打骂更是常有，但都不管用，他的学习成绩就是上不去。

"这些年，我很痛苦，几乎把全部的精力都用在他身上，完全没有自己的生活，连出去吃顿饭，都要匆匆忙忙赶回来陪他写作业。"

玲玲非常苦恼：为什么我为孩子的学习付出了这么多，最后却是这样一个结果？为什么别人都行，我的儿子就不行？！

孩子和妈妈都很努力，为何成绩上不去

要知道成绩为什么上不去，首先要知道什么因素决定孩子的成绩。

根据几十年帮助成千上万的父母解决孩子各种问题的经验，我知道，如果不是智力有障碍，绝大多数的成绩问题首先是因为情绪出了问题！

大量科学研究发现：积极的情绪会让孩子的学习更有动力，更有效率，更容易有好成绩。因为积极的情绪会促进大脑神经递质多巴胺的分泌，使大脑神经兴奋性增加，这样就会促进负责学习的神经通路间建立更多的联结。当神经通路联结多的时候，孩子会更愿意主动学习，对新信息的识别、组织加工就会加快，更容易将信息储存在大脑中，更容易将储存的信息提取出来，也就会提高对成绩起决定作用的记忆力、逻辑思维能力、推理判断能

力、创造力、想象力等，智商也会提高。

相反，消极情绪使孩子失去学习的动力，注意力不集中，记忆力、逻辑思维能力、推理判断能力、创造力、想象力都会下降，智商也会下降，而且容易感到劳累、精力不足。

其实，从每个人的生活体验中也很容易发现，当被情绪裹挟的时候，我们的思绪是混乱的，无法集中注意力，记忆力会下降，容易出错，学习和工作效果会大打折扣。

从孩子的描述中，我看到的是一个被焦虑和恐惧淹没的孩子。

从妈妈的描述中，我看到的是一个被焦躁和恐惧情绪控制的妈妈。

1. 妈妈和孩子为什么如此焦虑？

什么是焦虑？焦虑是对未来的不确定的一种担忧情绪，更确切地说是对未来可能发生的不好结果，或者失去有价值的东西、人或物感到的烦躁不安的情绪，包含着急、担忧、紧张、害怕、恐惧。

如果失去的可能越大，越重要，越有价值，焦虑的情绪就越重。比如，对有些人来说，丢面子比丢性命还重要，而有的人就不在乎别人怎么看、怎么想。所以关键是当事人怎么想、怎么看遇到的事情和问题。

对大多数人来说，关乎健康、生死和命运的都是大事，也就是说当涉及与自己、孩子、亲人及朋友的健康、生死、事业、前途命运相关的不确定或者感到不利时，就容易因过度担心而产生剧烈的焦虑。

焦虑与事情本身关系不大，取决于当事人认为这件事有多重要。比如，我有一些朋友，丝毫不关心孩子在学校的成绩，只要孩子在学校不给老师找麻烦，不给自己找麻烦就可以，至于孩子的未来，上不上大学无所谓，只要能够自食其力就可以。

事实上，修车、修电脑、电工、水暖工的收入都不错，我见过开心富有的理发师、厨师和司机、包工头，很少见到开心的企业家。

再比如，我见过许许多多谈死色变的人，也目睹了我视死如归的妈妈，她认为活着就要有质量地活着，人老了病了就是回到天堂的时候了，她一生乐观、救死扶伤，把死当作去往更好地方的路径，甚至充满期待，没有一丝恐惧和悲哀。所以，一个人看事情的角度决定了他的感受和情绪。

接下来最重要的问题是：成绩上不去对孩子和家长都意味着什么？

我问孩子妈："如果孩子成绩上不去，考不上大学怎么办？"

孩子妈："没考上大学，我就让他复读呗。"

我："复读了，还没考上大学怎么办？"

孩子妈："我不能接受这个现实。"

我："他就是没考上，连职高也上不了，那会怎么样呢？"

她脱口而出："好丢人。"

听到这里，我感慨万千，小新的妈妈玲玲说得没错，很多人的一生都像比赛，从出生就开始竞争。因为要生存，要有面子，有价值等，我们只能赢不能输，同样，也要求自己的孩子要乘风破浪一往无前，坚决不能自甘第二，随波逐流。如果没有做到就是没面子，输赢的背后是什么，我们真的了解吗？

在继续探索中，玲玲说："从小我妈就说，只有考大学是唯一的出路。我从小一直听到这句话。"如果孩子没有考上大学，她自己也会被亲人看不起、嘲笑，觉得丢人。所以，不仅孩子的人生完蛋了，自己的人生也完蛋了。

孩子考不上大学，我也会很丢人，我这辈子也完蛋了！

现在就知道妈妈为什么这么焦虑了，因为：

孩子成绩不好＝考不上大学＝没有前途＝孩子这辈子完蛋了

孩子考不上大学＝我也会很丢人＝我这辈子也完蛋了

我想每个像玲玲一样把孩子学习成绩不好等同于自己和孩子人生都完蛋的家长都会无比焦虑！还有什么比孩子和自己的人生都完蛋了的想象，让人更焦虑的吗？

问题是：成绩不好真的等于人生完蛋吗？成绩好就一切都好了吗？即便是想让孩子有好成绩，你也得知道在什么条件下，孩子才能取得好成绩啊！

不上大学真的就等于一辈子完蛋了吗？有没有比上大学更重要的事情？上大学是一条路，但这条路，真的值得用牺牲孩子童年和青春期的所有快乐和成长去换取吗？真的值得用孩子的生命去换取吗？上了大学就能真的拥有幸福生活吗？

什么是真正幸福的生活？拥有幸福的生活又需要什么能力？

2. 没有好成绩就没有未来了吗？

如果你的孩子是有特殊需求的孩子怎么办？不是每个孩子生下来都耳聪目明，天资聪颖。中国残疾人联合会公布的一项中国0～6岁残疾儿童抽样调查结果显示，截至2022年，全国约有残疾儿童139.5万，每年新增的残疾儿童约19.9万。有多少父母一生的渴望就是能够听到孩子叫妈妈爸爸，有多少父母一生的渴望就是孩子能够看到这个世界和自己的样子，有多少父母渴望孩子能够四肢健全、身体健康，还有多少父母希望自己的孩子智力发育正常，能够料理自己的生活。在对孩子做各种要求的时候，是不是也可以偶尔停下来，感恩你的孩子没有视力、听力、肢体运动、智力发育障碍就已经足够。不需要把孩子逼疯，也不需要把自己逼疯。

同时我坚定地相信每个孩子都是天才。

我见过许多父母在全世界收养有特殊需求的孩子，对他们如同己出，全身心呵护培养。这些孩子需要特殊照顾，能够健康活着已经不容易了。父母最大的奢求就是孩子的健康平安，其他别无所求。

然而，相对地，我也见过许多拥有健康孩子的父母，他们将孩子的学习成绩视为最重要的目标。孩子成绩不好时，他们会责骂、体罚或送孩子去补习班。通常等到孩子上中学，身体更强壮，开始反抗，甚至与父母对峙时，父母才会停止逼迫。有些孩子甚至因此不愿上学，出现抑郁、自杀倾向，父母这时才意识到什么最重要，于是放下了所有要求，只希望孩子不要自伤或自杀，只要孩子去学校，无论成绩如何都可以。你是这样的家长吗？

还有的孩子轻生后，父母得到一生的悔恨和痛苦，但悔之晚矣。

3. 孩子怎么做，才有好成绩？

第一，孩子要有意愿。孩子必须有学习的意愿。孩子对成绩的要求应高于家长的要求。如果家长对孩子的成绩更加焦虑，那就成了孩子的障碍和压力。没有人愿意仅仅为了满足别人的愿望而努力。你可能会说人无压力轻飘飘，你说得对，但只对了一半。相信你也经常听到，一些孩子会因为压力太大而出现失眠、抑郁甚至自杀的情况。而且这不仅仅是生活中的现实，还有很多科学发现：压力对人的伤害。

第二，孩子心情要好。要想方设法让孩子处在平静或快乐的状态中。人在平静快乐的时候记忆力、创造力以及与学习有关的能力才会在线。孩子在做自己喜欢的事情的时候，就会心情好。你需要给孩子空间做他喜欢的事情，不是都是你想让他做的事情。

第三，学习有一定挑战才会激发孩子的动力和注意力。挑战太低、太舒适会让孩子没有动力，太高或远远超过他的能力，孩子会感到无法到达，产生极大的压力，甚至无助、无力和绝望，对学习也没有帮助。所以挑战必须在孩子努力能够达到的范围，你需要知道和识别孩子在什么区域。

第四，用正面反馈使孩子保持学习的动力。每一个小的进步，都立刻得到积极的反馈和奖励。太多家长无视孩子的进步，孩子考了90分，问为什么没考100分；班里考了第五名，问为什么不是第一名；考了第一名，问为什么不是学校的第一名。如此总总，让孩子看不到希望，经常感到挫败。家长以为是高标准、严要求，结果毁了孩子的自信、自尊和学习的动力！亲爱的家长，别忘了我们培养孩子的目标是什么。

我从来没有管过我女儿的学习，女儿从上小学到大学毕业，我从来没有管过她的学习。因为我知道，学校的老师会比我着急孩子们的成绩，同学之间学习成绩的竞争和攀比的气氛相当浓烈，成绩好的孩子受老师喜欢，也受同学尊敬，还有学校直接间接的各种政策、奖励、奖金都无孔不入地散发着学习成绩好是很重要、很牛的事情，也散发着好成绩会让老师和学生都喜欢的气息和压力。相信每个家长回顾自己读书的经历就会想起那种感受和氛围。我自己小学到博士毕业，又再一次从零开始学心理学，这一生花在做学生的时间最长，有很多做学生的经验，非常清晰地知道光是来自学习、老师和同学们的压力就够大的了，家长不能做压死骆驼的最后一根稻草。我更深深知道，出于社会生存的需求，每个孩子都有本能地超过其他孩子的欲望，我们不扼杀这种愿望就好。结果是，我女儿成绩一直很好。当我们给孩子松了绑，成为她的托底时，她就不用花时间精力防御和对抗我们了，可以把时间精力用在学习上了。

每个孩子都想高人一等，成为佼佼者，这是人的本能。

记得我曾经给一所中学做辅导，和孩子们交流，其中有两个孩子在班里各科成绩经常是倒数第一、第二，当我问他们的梦想是什么的时候，他们的回答是考入清华大学！

没有不想考入名校的孩子！但是不是每个孩子都能考入有名的大学，也不是每个孩子都能够考上大学。现在我们国家应届生考上大学的概率是75%，考上重点大学的概率是10%以下，你的孩子可能就是没有考上的那25%，也可能是考上普通大学的75%，这就是生活的现实。我们需要面对现实，更需要帮助孩子面对现实。高考只是人生的一次考试，不是终点，也不决定人的全部命运。

我高考的时候，数学只考了33分，所以进了非常普通的大学。但后来继续学习，考进复旦大学，成了上海眼耳鼻喉科医院的医生，还成为有中国眼科之父之称的郭秉宽教授的关门弟子，后来又成为世界眼科学会副主席安德森教授的博士后，最后放弃医学领域的深耕，去美国教育学院里经常排名第一的范德堡大学皮博迪教育和人类发展学院学习心理学。

让学习成为孩子的习惯，比考上哪所大学更重要。

最可怕的是让孩子恐惧学习、厌恶学习。

读书是人生的一条路，甚至对一些孩子，是一条捷径，但不是唯一的道路，人生还有许多路可以选择。

孩子：我觉得活着没有意思

在了解了妈妈焦虑的原因之后，我还想了解孩子为什么焦虑。就经验而言，孩子的焦虑一般源于他的经历和对成绩的看法。

孩子感到安全了，才会吐露心声。为了让孩子能够没有后顾之忧地真实表达自己的内心，在与孩子交流前，我先和妈妈约定，不管孩子说了什么，暴露了什么，妈妈回家都不能对孩子秋后算账，妈妈答应了，看得出她爱子心切，迫切地想帮助孩子。

我问小新："相不相信妈妈会信守承诺？"

小新说："妈妈在我面前，当着几百个家长作出了承诺，我相信妈妈。"

我问小新："你一般在什么情况下特别容易焦虑？你描述一下具体的场景。"

小新说："当自己学习不专注，又静不下心，或是稍微分了一下神的时候，就会产生特别焦虑的感觉。"

我问小新："你焦虑的时候，身体什么地方不舒服？"

小新说："胸口很闷，头特别紧，脑袋里就像是一团解不开的线，一直在那里纠缠。"

人的情绪一般都会体现在身体上。大脑会选择记忆，但身体从未忘记，所有的经历都储存在身体里。我让他盯着自己憋闷的胸口看，他很快就看到了自己七八岁上小学三四年级的时候，妈妈给他报了很多课外班，有写不完的作业，妈妈会一直守着，看他写作业，有时候他累得气都喘不上来了，妈妈毫无所知，依然是皱着眉头坐在沙发上，气势汹汹的样子。只要一走神，妈妈的"铁衣架"就打过来。他感到特别害怕，很无助、无力。每天心里感觉不到有任何的快乐，整个世界都特别阴沉，非常抑郁，非常绝望，想死的心都有了，却又不敢死。我告诉他把小时候所有想对妈妈说，但不敢说的话全部表达出来。

小新："妈妈，你能不能把晾衣架放下，不要每天都皱着眉头，摆出一副特别威严不可侵犯的样子。不要总是对我的学习和生活过多地干涉，也不要每天限制我生活的方方面面，不然会导致无论我做什么，都会感到一种浓烈的压迫感，我都喘不过气来了。"

我："还想对妈妈说什么？"

小新："你不要每天让我背书，你每天带我去楼下边跑步边背书，没背完就不准上楼，背不好就把我留在家里面，即便上学迟到也必须背完，我感觉到很恐惧、很无助。"

我："当你感到恐惧无助的时候，你的感受是什么？"

小新："非常压抑，感觉到方方面面都受到压迫。经常因为犯了某种错，我就被关在门外，一个人在外面，非常害怕又孤单，感觉特别无助。"

我："还有想对妈妈说的吗？可以全部表达出来。"

小新："你应该给我更多的休息时间，让我去和更多的好朋友接触。你天天把我关在家里面，我在家里一两年都难得下去和别人玩一次，整天在家里面待着，对小区和周围的环境都感觉陌生，唯一熟悉的就是家。"

我："这样的话，对你整个人的影响是什么？"

小新："我与他人的交往太少，然后一直在家里，就会憋出毛病来。"

我："憋出什么毛病来了？"

小新："我脾气变得特别暴躁，不能自我控制情绪，心情过山车式地跌宕起伏，心情低落的时候，什么事也不想做了。"

我："当你什么事儿都不想做的时候，你在想什么呢？"

小新："我觉得生活中最美好的事情都是没有意义的，生活中没有一件事情能让我产生兴趣，生活当中一切都没有意义了，我就一个人呆呆地坐在那里。"

我："还想对妈妈说什么？"

小新："你不要管控我的娱乐时间。你管得太严格、太极端了，就像是看管监狱里的犯人一样！我的电视娱乐时间总是被一步步压缩，直到最后因为某件事直接取消，我唯一有趣的事情都被剥夺了。我觉得所有的一切都没有什么意义，我甚至想到用死结束一切。但我又特别地恐惧，恐惧任何事情，对死亡也恐惧。"

我听到这里非常心疼，这个孩子想死都不能，又害怕死，那么深地绝望。我想这个世界上有无数个像小新这样的孩子，会有这样无助绝望的时刻。在中国导致15～34岁群体死亡的第一因素是自杀，而许多父母对孩子内心的压力和绝望毫无觉察。

我希望通过梳理帮助孩子放下心中的伤痛，也帮助家长看到孩子的内心都经历了什么。人的绝大多数创伤都发生在六七岁以前，造成心理创伤的核心原因，与发生的事情大小关系不大，关键是在事发的当下，当事人没有选择的权利，不能够得到回应，从而感到无助、无力、无望，这才是导致创伤的核心原因。六七岁以下的孩子，身体、语言和智力的能力相比于大人，太弱小了，无法清晰地表达自己的需求，也无力与家长对抗，家长粗暴或无意识的行为非常容易造成孩子的心灵创伤。我鼓励小新把小时候的压抑、恐惧和对妈妈的愤怒全部表达出来，同时帮助他把心里当年所有不敢对妈妈说的话全部说出来。

最后，孩子非常有力量地说："别老是限制我，你的那种管理太过于极端了。妈妈，你不能再这样继续下去了！"

当小新说完时，我问他："此时此刻是什么感受？"

小新如释重负："感觉放松多了，没有以前那么大的压迫感了。"

我说："那现在回到小时候写作业的场景，看着妈妈严肃、气势汹汹的脸，你的感受是什么？"

小新："现在没有害怕了，身体放松了。"

我通过上面的方法，帮助孩子放下这件事导致的心理伤痛。放下伤痛、疗愈伤痛有以下几个核心要素：

第一，让孩子能够安全地表达内心的一切感受。

第二，不带任何评判地倾听、理解、接纳孩子表达的一切。

第三，让孩子的情绪自由流淌，把曾经想说不敢说的一切说出来，清晰地表达自己的需求。

第四，给孩子赋能，让孩子回到受伤的场景，面对让他受伤的人，改写剧本。

第五，给造成伤害的人道歉，说对不起，请求原谅。

妈妈：我以为打你，就是爱你

在旁边听着我和孩子交流的妈妈，听到儿子的心声后，早已声泪俱下："儿子，我真的不知道有这么严重，因为我从小就听我妈妈说孩子必须打才能成才，我也是这样过来的。我以为打你就是爱你的表现，不打你就是妈妈不负责任。"

妈妈非常悔恨自己伤了孩子，给他真诚道歉："对不起，儿子，那么大的压力你能够这么坚强走过来，真的不容易。我以为不打你，不管你，你这辈子都完了。我以为打得越厉害，管得越严，就是越爱你，但妈妈知道了自己真的错得很离谱，真的对不起。妈妈希望你把所有的创伤，我对你做过的所有的错事你都可以说出来，比如你背书背不好，我把你的书从13楼扔下去；你写字写得歪歪扭扭，我就打你。希望今天把所有我曾经做过的错事都敞开，妈妈爱你，现在我觉得面子真的不重要，只要你能够放下伤痛。"

听了妈妈发自肺腑的道歉，小新对妈妈说："其实我知道你也特别不容易，你对我的学习、生活的帮助也特别大，虽然我对你有很多不耐烦，不希望这样管我，但我知道你是爱我的。"

孩子一般都非常宽容，我还没有见过经过创伤梳理，不原谅父母的孩子。

1. 不打不成才，是自欺欺人还是为自己对孩子的霸凌开脱？

打你是因为爱你，我从来不认同这个说法。从古至今，有谁是在被打耳光、拳打脚踢、辱骂声中感受爱的？

试想一下，你的亲密爱人，上来给你一记耳光、一脚或者一拳，你会感到非常温暖、被关怀、被爱吗？

暴力，不管对象是谁都是伤害！

而对手无寸铁，比我们身体和心智都弱小的孩子施暴，不是虐待就是霸凌。

什么是霸凌孩子？如果你对孩子做了以下的事情，就是霸凌了孩子。

（1）行为霸凌：打孩子，推孩子，骂孩子，掐孩子，揪孩子头发，扯孩子衣服，不经孩子同意剪孩子头发，强迫孩子穿衣、吃饭。

（2）语言霸凌：嘲笑、贬低孩子，冲孩子大声喊叫，给孩子起外号。

（3）心理霸凌：鄙视、嫌弃、看不上、不尊重孩子。

（4）物质霸凌：包括无故没收孩子手机、电脑，不经孩子同意扔孩子衣物、宠物，霸占孩子的压岁钱等。

被霸凌的孩子会怎么样？

（1）学习障碍：厌学、学习没有动力。

（2）思想：对自己、他人和世界的看法悲观，比如自己是无用的、软弱的，很丢脸，不相信别人会帮助自己，认为别人不怀好意，世界是灰暗的，未来没有希望。

（3）情绪：焦虑、抑郁。情绪大起大落、烦躁易怒，大人常误以为是叛逆。

（4）行为：自伤，伤人，物质滥用（烟、酒、其他物质如毒品），容易与人发生冲突。

（5）人际关系：因为弱小容易受伤，有些孩子就选择了封闭自己，或与人隔离。

许多家长在粗俗的文化观念，以及世代的陋习影响下，无意识地模仿用打、骂的方式管教孩子，他们没有想过，也不知道这样会对孩子造成伤害。很多时候，家长自己也是受害者，又加害于孩子，就像玲玲一样。

很多父母觉得自己的出发点是好的，但如果你的行为对孩子是有伤害的，那就是伤害。一切的妈妈爸爸为你好，都不值一提，没有任何价值。伤害就是伤害，而且往往不仅仅是此时此刻的伤害，更是会存于孩子身体和心灵的长久伤害，也就是原生家庭的伤害。

亲爱的家长，回想一下自己成长的历程，你有没有直到今天都清晰地记得被父母打骂、羞辱的场景？几十年过去了，你会仍然感到难过。骨折三个月会疗愈，但心理的伤会一直痛，会痛很多年！

妈妈极度焦虑背后的代际创伤

这里的种种阐述，不是为了声讨做家长的，而是帮助大家看到父母的焦虑究竟是被什么所影响。

玲玲不仅对儿子非常狠，对自己更狠。在她的教育词典里，没有"休闲、娱乐"这样的词。她不但见不得孩子玩，还见不得所有人玩。生活对她来说，就是一张绷得紧紧的弓，只有自己一直在努力奋斗，才能让人安心。

听玲玲的描述，我知道：应该与过去的经历有关。

在我带领她梳理时，她过往的故事渐渐揭开了面纱：小时候，她家境贫寒，五六岁的玲玲就开始帮家里做农活。开始读书后，她要在上学之前把家里所有该干的农活都干完，才能安心地去上学。大冬天，她小小的肩膀背着红苕，打着光脚，脚都流血了，她也不敢告诉妈妈，她一说妈妈就嫌弃她。每次干完活回家，虽然小玲玲非常累，但还要煮饭端给妈妈吃。有很多次，她都好想对妈妈说：妈妈，我真的好累好累，但这些话最后都咽到了肚子里。

在梳理的过程中，玲玲一直在强调"累""无依无靠""没有人可以帮到自己"。她一直认为只有努力工作、努力赚钱，那样才算做正事。享受生活、听音乐、看电视对她来说都是犯罪。所以，她每天早上5点多起来干活，有时候加班到晚上十一二点，就想多挣点钱养家，生怕哪天养不活自己和家人。

玲玲的妈妈还重男轻女。妈妈觉得自己生了几个女儿，没有生出男孩来很丢脸，把所有的不满都发泄到了孩子的身上，她想让女儿们给她争光，给她长脸。玲玲是老大，妈妈就把玲玲当成了自己的情绪垃圾桶，说爷爷奶奶对不起她，邻居对不起她，好像全世界的人都对不起她。玲玲听了妈妈的抱怨，就对爷爷奶奶心生不满，妈妈又开始嘲笑玲玲不懂事，不孝顺，反正就是：玲玲说什么做什么，都是错。

1. 一旦开心，就会有不好的事情发生？

最让玲玲痛苦的是，妈妈就是不让她高兴。比如，她想要一双粉色的凉鞋，妈妈偏要给她买男式的凉鞋，说这种结实，不容易坏；她想要一个粉色的书包，妈妈非要她背一个丑丑的布书包；下雨天，玲玲想打雨伞，妈妈非要让她戴斗笠，她求妈妈说"戴那个好丑啊"，可妈妈偏要她戴。还有好多好多这样类似的事情……

有一次过年，家里来了好多客人，玲玲特别开心，忙前忙后帮着端菜。因为很开心，玲玲端着菜都忍不住跳舞，结果一不小心把盘子打碎了，妈妈当着所有人的面打她骂她，说她是"欢喜母鸡打烂蛋"，玲玲当时恨不得找个地缝钻进去。

从此以后，她就不敢开心，觉得一开心就会有不好的事情发生，所以她每天都板着脸，独自努力。只有这样，她才感到是安全的。现在，当看到自己的孩子玩得高兴，玲玲也要立刻制止，因为在她的潜意识里，开心就可能得意忘形，就会有不好的事情发生。

2. 爸爸早逝，是玲玲生命中最深的痛

爸爸的早逝也是玲玲一直放不下的痛。16岁那年，最爱她的爸爸走了，全家人的重担砸到了她的身上。她还能怎么办？只能咬着牙坚持，一直努力，不停地努力。只有努力，才有办法过上好生活。

玲玲认为是妈妈的"不懂事"促成了爸爸的早亡。在她心里，爸爸是最爱她的那个人。爸爸是个建筑工人，能干又善良，每天晚上回来，还要忙前忙后在家里干活，妈妈就在旁边歇着，也不知道搭把手。后来，因为和村民的矛盾对爸爸冲击很大，在玲玲16岁那年，他轻生了。

提起爸爸的事，玲玲对妈妈有很多的怨恨。她把20多年来一直憋在心里想对妈妈说的话终于说了出来："妈妈，你如果当初不那么冷漠，不把什么事情都推给别人，能够跟爸爸分担一些，不让他那么辛苦，在爸爸有很大压力的时候，能够做一个好妻子去开导开导他，他也不会那么早就去世了。妈妈，我不能原谅你。"

从小到大，玲玲觉得自己才是妈妈，不仅要安排家里的所有事，还要教妈妈在外面什么话可以说，什么话不可以说。直到现在，妈妈还像个没有长大的孩子。

"你可不可以温柔一点对我，像别人的妈妈那样，像我对待我女儿那样，不管她做什么，我都接纳她，然后每天都是很开心的，很高兴的。孩子愿意哭就哭，能够抱抱孩子，温柔地对待孩子，接纳孩子。你能不能像个妈妈的样子？"玲玲哭着说出了藏

在心里一直想对妈妈说的话。

故事讲到这里，大家可能都理解玲玲了：为什么她不敢开心？为什么她一定要努力？为什么她对自己很狠？在她过往经历中，只要一高兴就会被打被骂，所以，在她的心里，快乐等于不安全，只有不停地努力，不断上进，才能活下去，只有不断鞭策自己才是安全的。

这个模式影响着她今天对孩子的教育，儿子只能不停地学习，只有取得好成绩，以后才有好生活。如果孩子没有按照她的这个模式走下去，她就会焦虑紧张，有强烈的不安全感。

3. 代代相传的教育模式，有时是代代相传的伤害——创伤的代际传承

看起来玲玲的痛苦，很大程度来自妈妈的教育模式给她带来的创伤。那玲玲妈妈教育孩子的模式又从何而来呢？这就要从玲玲妈妈的童年说起了。

玲玲回忆起，小的时候，外婆也嫌弃玲玲妈妈是个女孩。玲玲妈妈身体不好，两三岁的时候，病特别多，外婆就把她丢到了山洞里，几天后看妈妈没有死，又把她捡回来了。从小外婆就把妈妈当成奴仆来使唤，不停地让她干这干那，呼来喝去，从来没有好好对待这个女儿。

玲玲妈妈的词典里也没有"快乐"一词，就是不停地干活，只有这样她才有价值，才可以活下去，不被丢掉。

妈妈对玲玲的养育模式，其实重演了外婆对妈妈的养育模式。妈妈也是没有被爱过的孩子，她根本不知道该如何爱自己的

孩子。

这个伤害从玲玲的外婆开始，伤害了玲玲的妈妈；玲玲的妈妈，又伤害了玲玲，而玲玲也在用这样的模式继续伤害自己的儿子，这就是创伤的代际传承。

人们历来都注重家族与传承，上一辈的谆谆教诲与优良传统就像传家宝一样会流传下来，指导我们的人生。

可是，很多时候传下来的不只是优秀传统与美德，还有宿命般的人生魔咒：代代传承的家族负担。

做不焦虑的妈妈，培养孩子的幸福力

成绩焦虑，是多少父母的心头之痛，这些问题究竟该怎么解决？我们先要有一个清晰的目标以及系统的路径。通过玲玲和小新的案例，我们要知道如何培养、提升父母和孩子的八项幸福力。

1. 自我负责的能力

我相信父母都是为了孩子好，付出很多，进一步探索会发现，看起来是孩子学习成绩的问题，其实这背后是家长自己内心各种各样的恐惧，害怕孩子不好，害怕自己完蛋，认为孩子成绩好不好、过得好不好是自己好不好的证据和证明。孩子不需要背负父母的期望、面子的负担。家长只需要自我负责做好父母的角色，让孩子学会自我负责的一切，就可以了，孩子的路终究要靠自己走。

黎巴嫩诗人卡里尔·纪伯伦（Kahlil Gibran）的诗《你的孩

子，其实不是你的孩子》(*Your children are not your children*) 告诉了每一个家长应该怎样自我负责。

你的孩子，其实不是你的孩子

他们是生命对于自身渴望而诞生的孩子

他们通过你来到这个世界，却非因你而来

他们在你身旁，却并不属于你

你可以给予他们的是你的爱，却不是你的想法

因为他们有自己的思想

你可以庇护的是他们的身体，却不是他们的灵魂

因为他们的灵魂属于明天

属于你做梦也无法达到的明天

你可以拼尽全力

变得像他们一样

却不要让他们变得和你一样

因为生命不会后退，也不在过去停留

玲玲首先要为自己的人生负责，不能把自己上一辈传承下来的负担强加在儿子头上。把孩子的成绩好坏，等同于自己的人生成功与否，是对自己人生的不负责任，也是对孩子生命的要挟和绑架。因为希望孩子有所成就带给自己幸福，这是希望外界来满足自己的需求，而靠孩子来实现自己的梦想，就会处于一个被动乞讨的位置，处于一个被外界和他人控制的位置。父母首先要

对自己的身体、情绪、思想、行为负责，对自己的人生负责，对自己的幸福负责。在每一个情绪受到搅扰的时刻，不指责、不抱怨、不攻击他人，也不评判、指责、攻击自己，而是能给予自己关怀，去发现从中收获了什么，成长了什么。

幸运的是，玲玲意识到了这一点，她开启了自我探索、自我成长的践行之旅。一个家族只要有一个人站出来就有救了，无论是小新学习成绩的问题还是玲玲的焦虑都会有方法化解，我们一一来破解。

2. 发现资源的能力

很多时候，我们就像坐在百宝箱上的乞丐，坐拥无尽财富却不自知，不管境遇如何，我们身边并不缺乏资源，缺的是发现资源的能力。拥有发现资源的能力可以帮助我们发现内在和外在各种资源，跨越卡点，朝着目标迈进。当玲玲不再仅仅盯着儿子学习成绩的时候，她发现小新身上有很多美好的品质，比如非常懂事，很善解人意，对妹妹有很多的爱。篮球打得好，做事儿很有毅力，持之以恒等，这样的发现，会不会让她重新发现小新的好？

3. 保持相信的能力

一直以来，最令小新难受的是：妈妈不相信他会自觉学习，还总拿他和别人比较。妈妈常说："小新在家都这样贪玩，在学校里肯定就没有认真学习。"小新听了很难受，那妈妈怎么做才可以让小新感觉到来自妈妈的信任呢？我请小新举个例子，他说："首先不要在我想玩的时候这样说我，然后周末在家的时候可以按照约定让我自己安排时间。"

但妈妈听到后，依然对儿子有太多的不相信、太多的担心，害怕出现太多的万一。

万一他一天全部时间用来打游戏呢？

万一他打了一天游戏，还想打呢？

万一他以后打游戏会找很多借口，越打越心安理得怎么办呢？

万一他不执行时间安排表呢？

万一……

小新回应妈妈："约定好的我就不会去违背，我不会把所有时间全都用来打游戏，我也相信自己能够管理好自己。我这么说是因为，我有自己的规划，我的梦想是想上个好大学。"

没有信任的关系，一切教育、引导、交流在孩子的世界里等同噪声。作为父母，尊重孩子，帮助他们获得丰富的生命体验，适应生活的各种挑战，是对孩子最大的爱和最温暖的支持。而最重要的是：要保护好你跟孩子之间的信任、尊重和爱的关系。要做有效的事，就要用对的方法。

父母要做的是相信每一个孩子心中都有一个梦想，相信他会为他的目标去努力，去学习，施展他的抱负。

当你对孩子有过多的要求、警告和批评时，你带给孩子的是焦虑、担心和不信任。孩子本身就像蕴藏了强大力量的种子，当有足够的安全、温暖和支持时，就会成长。只有当家长无所畏惧时，才能给予孩子真正的安全感。当你接纳和鼓励孩子，而不是要求时，孩子才能感到温暖。

神经科学研究表明：当人与人之间产生联结和信任的时候，能使人感到安全、喜悦，使我们更好地生活。相信是一种洞见、判断和智慧。没有相信，就没有成功和幸福。保持相信是我们能够感到生活美好、宁静和谐的一个非常重要的资源，也是一项非常重要的能力。保持相信的能力就是相信自己，相信他人，相信这个世界所有发生的一切都是为了造就更加幸福的自己，相信一切都是最好的安排。

4. 建立安全的能力

在人类的三大核心需求中，第一级就是安全的需求。建立安全是我们整个生命的基础。

玲玲之所以对小新有那么多的限制和不相信，其实也是自己没有安全感的一种表现。她只有紧紧抓住，一直拼命努力才有一点安全感。玲玲的安全感不是建立在小新成绩好、考上名牌大学上，而是需要自己通过成长弥补内心的黑洞。

什么是有安全感？

就是无论做了多么难堪的事情，在多么低落，受了大委屈和误解，犯了多大错误的时候，孩子都可以和你敞开心扉，并且不担心你会雪上加霜，批评、指责、惩罚、嘲笑。

5. 转化情绪的能力

很多时候，我们做父母的也会遇到各种各样的问题，比如家庭不和睦，人际关系不协调，生活艰难，工作不顺利等，这些问题足以让大人们产生焦虑、恐慌、担忧、失望等负面情绪，让他们无法摆脱，纠结其中，并把这些情绪强加给无辜的下一代。

我们在愤怒中无法思考，在恐惧中无法创造，在焦虑中无法快乐，所以我们都要学习化解自己的情绪，最终才能让自己和孩子都不出问题。

每个人都有化解自己情绪的能力，无论是因为什么人、什么事，当你有情绪的时候，不舒服的时候，都可以用"情绪梳理工具箱"来梳理。

我在《不完美，才美Ⅱ：情绪决定命运》一书中介绍了情绪梳理七步法，里面有具体的方法和案例。

6. 放下过去的能力

我们太多过往的创伤没有梳理，就像没好的伤口，会变得敏感。有些行为莫名其妙，自己也不知道为什么，那是因为心理的旧伤被触发，谁碰都会疼。

如果你明明不想被激发，但总是被一件事情引爆情绪，很可能就是内心的创伤在捣鬼。绝大多数人都有创伤，只是有人意识到，有人没有意识到而已。

什么是创伤？如果有一件事发生在三个月以前，至今回想起来还难过、害怕、愤怒、悲伤，就是创伤。没有疗愈的创伤会在你应对各种人和事情中呈现出来。冲突从来不是人和人之间的问题，是创伤和创伤的碰撞，透过创伤看清情绪，才能透过矛盾的现象看到创伤的本质。

（1）放下过去梳理：帮助小新释放挨打的恐惧

我们看到小新和妈妈都有一些过往的创伤需要疗愈，我为他们做了放下过去的梳理。虽然妈妈现在已经不打小新了，但妈妈紧皱的眉头、威严的表情，还有晾衣架依然在小新脑海里挥之不去。

俗话说，"一朝被蛇咬，十年怕井绳"。当一个人被蛇咬过以后，再看到任何类似蛇的东西，比如井绳，都会非常恐慌，这是创伤扩大的反应。

在小时候受伤的那个场景里面，妈妈的神情、眼色、姿势、声音，甚至可能房间的灯光和摆设，都会使孩子紧张和害怕。这种关联不再是一个意识，就像你被蛇咬以后看到井绳，而是自然而然会害怕。这是一个过度反应，会对自己造成很多影响。

我对小新做的梳理，就是帮助他回到小时候感到害怕的场景中，把那个备受惊吓的小小新给解救出来，中断他在生活当中形成的自动反应。

在全程当中他说任何话、做任何事儿、想发泄任何情绪都是正常的，都是被允许的，这些都是为了放下负担所做，让他能够真实真诚地表达自己，完全跟随自己的内心。

在帮助小新梳理了过往的伤痛后，我问小新："那个被打感到无助无望的小小新梳理到现在感觉怎么样？"

令人高兴的是，他说："我感到小小新没有那么恐慌了，甚至有那种一直以来的压迫突然减轻了的兴奋。"他眼睛有了希望，对着我笑。他对自己非常满意，终于把这些话都说出来了。

我问小新："想不想彻底把七八岁的小小新在那个时候感到

身体的、情绪的、思绪的整个负担全都释放掉？把曾经感到被控制、被压迫的情绪全部卸载掉？"小新表示非常愿意。

我问他："你这么多年来感受这种压抑、焦虑、恐惧，还有脑袋里的一团乱麻，想去什么地方卸载这些不必要的负担？"

小新："我想去枫树林。"

我问："这些负担你想用什么方式卸载？"

小新："我想把心中的焦虑给小鸟，让麻雀带着这些负担飞向远方。"

我："非常好，太有创意了！平时学习的时候，你希望脑子处于什么样的状态？"

小新："就像现在这样，特别清爽，感觉脑袋里没有一丝的焦虑，没有一丝的担忧，特别舒适。有点像泉水，不断流动，又特别宁静的感觉。"

当小新卸掉脑袋里的负担后，感到自己大脑里面像一股泉水一样不断流动，很宁静，很清澈，以后在每次感到自己脑子有点乱麻的时候都可以将眼睛闭起来，想象让小麻雀把自己的一团乱麻全都叼走。

小新点点头，很放松的样子，但还有一个问题没有解决：脑袋里的乱麻可以让麻雀叼走，但胸口的负担比较沉重，像石头一样，小鸟叼不动，怎么办呢？

我相信每个孩子都充满智慧和力量，不是我去告诉小新怎么办，而是帮助他继续挖掘内在的智慧。

我引导他说："对啊，胸部像石头一样的负担，你一定也有办法，你希望用什么方式卸载呢？"

小新想了想，突然眼睛一亮："我想把石头放在枫树林里面。"

我："太棒了，石头放到枫树林，还可以成为很多小动物的家，把石头一样的负担放下后，现在胸部的感受是什么？"

小新的眉眼都舒展开了："感觉特别轻松，没有以前那么重的负担了。"

一般来讲，我们身体的负担释放以后，腾出的空间，可以填充一些对自己有帮助的东西，我问小新："你希望胸部这块石头拿掉的地方，需要充满什么东西？"

小新："我想让它充满水底的鹅卵石。"

我："鹅卵石对你来讲意味着什么？"

小新："意味着宁静、舒适，还有安全吧！"

我："那当我们头脑当中充满着清晰、清爽，内心充满着宁静、舒适和安全，现在再去看看七八岁的小小新是什么样子的？"

小新："他特别地高兴，他高兴得跳起来了。"

后来，小新再去面对妈妈曾经拿着晾衣架打他的场景，他觉得自己有98%的信心能够面对和化解了。卸载负担后的孩子眼睛亮晶晶的，闪闪发光。

梳理结束，小新如释重负，他很快总结了这次梳理对自己最大的帮助是：

（1）首先让我把内心里一直积压得比较久和深远的东西，释放出来了。

（2）我感受到了自己当时的情绪和需求，知道我的目标和解决方向。特别是把七八岁的自己带到面前的时候，我感受到了他的不容易，以前受过太多压迫才导致他现在的行为，不是他不好。

说完，小新笑了，小新笑得越来越舒展了。

（2）放下过去梳理：帮助玲玲与自己和妈妈和解

我："如果你看到孩子在玩的话，就会觉得特别焦虑。当你感到焦虑的时候，身体什么地方不舒服？"

玲玲："胸口，胸口疼。"

我："难受程度如果是0～10分的话，你觉得自己胸口的难受程度有几分？"

玲玲："有10分。"

我："很沉重，你接着看你的胸口和肩膀，你接着看，你看到了什么？"

玲玲："我看到我的胸口被一块很重很重的石头压着，我的肩膀这块儿被千万斤的石头给压着。"

我："你看着胸口被一块儿大石头压着，肩膀也被很多大石头压着的自己，你对她的感受是什么？"

玲玲："对她的感受是心疼，特别心疼。"

我："你能不能把你的心疼给到你的胸口和肩膀，对它们说：

我真的觉得你们太不容易了……"

放下伤痛需要从身体入手。

这一部分是在帮助玲玲和自己的身体联结，释放身体里的负担。我们的情绪都会储藏在身体的某个部位。许多时候，发生的事件已经记不清楚，但身体从未忘记，所以放下伤痛需要从身体入手。

我："再接着看胸口和肩膀压着沉重石头的玲玲是什么样子的？"

玲玲："我看到的是玲玲一个人很孤单地蹲在那里，头埋在膝盖上，孤零零的一个人在那里哭泣……"

我："你看到那个孤零零的玲玲当时大概几岁？"

玲玲："五六岁吧。"

我："那你看到五六岁的、特别孤单的小玲玲蹲在地上，头埋在膝盖上，对她的感受是什么？"

玲玲："我觉得好想去抱抱她啊，她太可怜了。"

我："她太可怜了，那你能不能走过去抱抱她呢，亲爱的？"

玲玲："我很愿意去拥抱那个孤单又可怜的小玲玲。"

我："好的，你把她抱到怀里，你要是现在可以的话，也可以拿一个枕头抱着。当她在你怀里的时候，现在是什么样子？"

玲玲："她在哭，她哭得好伤心。"

我："那你可不可以让她哭一下，可以吗？"

玲玲："好像她不敢。"

我："那你会对她说什么？"

玲玲："我会对她说，你想哭就哭吧，可是她说哭太丢人了。"

我："那你听到她这样说，你想对她说什么？"

玲玲："我会对她说，没事儿，你想哭就哭吧。虽然你妈妈不准你哭，而且说你哭的样子好难看好丑，好丢人，但你不要怕，每个人都会哭，每个人难受的时候都会哭，你哭的样子也不丑。"

我："那小玲玲听了以后现在怎么样了？"

玲玲："要好一点了，但就是不敢哭出声音来。因为只要再哭一下，她妈妈就会使劲打她。"

我："那你现在抱着她，你会对她说什么？"

玲玲："玲玲你哭吧，以后我当你的妈妈，我允许你哭，你可以听从自己内心的声音，你想哭的时候就哭，你不用憋着。"

我："小玲玲听你这样说了以后，她什么反应？"

玲玲："她大哭了一场，然后抬起头来，平静很多了。"

能为自己哭泣，是一件非常重要的事。被伤害后，我们一般都会责怪自己：发生这件事情，就是因为我不够好。我太软弱了，我没有力量，我犯了错……我们不喜欢软弱被伤害的那一部分，想推开，看不到这一部分是多么渴望被看见和爱。而允许自己哭泣，拥抱受伤的自己，就是疗愈的开始。

我："那小玲玲有没有什么想对你说的？"

玲玲："她好像说，你真好，我喜欢你。"

我："你看着她，你现在的感受是什么？"

玲玲："我看到她好像笑了，她不像刚刚那么孤单，那么孤独了。"

我："那你会对小玲玲说什么？"

玲玲："我想对她说，宝贝，以后我当你的妈妈，我好疼你好爱你，你想要什么我都给你买。我不会说：你想要什么我就偏不给你买什么，只要是你喜欢的，我都不给你买。你要什么都要不到，你只有靠自己，妈妈什么都不会给你。"

我："嗯，那你告诉小玲玲以后，她是什么反应？"

玲玲："她好像眼中有光。她对我说：妈妈，有你真好，我以后真的不会那么孤零零的，再也不会那么可怜了。我终于感觉到这个人世间还有那么一点温暖，不会像被扔在了一个孤岛上，周围都好冷好冷，只有我一个人把头埋在膝盖上，在那里颤抖、哭泣，还不敢哭出声音来。"

我："嗯，你告诉小玲玲：真的好心疼你啊！太不容易了，你那么小，要哭还不能哭，还要挨骂，还要挨揍，还要被嫌弃。小玲玲听到你说的这些话以后，现在什么样子？"

玲玲："她终于抬起头来看我了，之前她都不敢抬头，她一直就趴在那里，不敢看别人的眼睛，也不敢看任何人的脸，就一个人，她现在敢看我的眼睛了，而且她眼里有光，是那种幸福的光，被温暖的光。"

我："嗯，非常棒，那你会对她说什么？"

玲玲："我说，宝贝，从此以后你不会再孤单了，你不会再是一个人，你不会是想要什么都得不到什么了，以后有人疼你，有人爱你，有人宽容你，你不会那么战战兢兢的，遇到任何事情也有人帮你了，不会是孤零零的一个人。"

我："嗯，小玲玲听到你这样说，她的反应是什么？"

玲玲："她抱着我，说好喜欢我。"

我："你抱着小玲玲，你的感受是什么？"

玲玲："我抱着她，我好温暖，好幸福。"

同样，玲玲做完放下过去的梳理后也如释重负。卸下重负的玲玲看到了自己的不易，真正看到自己疗愈很重要的一步，就是能够看到当时自己的不易，用关怀与爱来拥抱脆弱的自己。

如果我们看到自己的不易，就能看到别人的不易。玲玲也看到了那个已经非常努力的儿子，在自己强压下战战兢兢的样子，和陌生人说话都害怕的样子，充满了心疼。

玲玲也看到了妈妈的不易，她决定原谅妈妈。

玲玲想对妈妈说："过去，你已经尽力了，依照当时的环境，你只能做到那个程度，你对我的要求也是爱的表现。爸爸过世后，你还要撑起这个家，妈妈，你真的很不容易，我原谅你了。"

我："OK，妈妈听到说你原谅她了吗？"

玲玲："嗯，现在妈妈好像笑了。"

我："感受一下你原谅妈妈后整个心里的感受是什么？"

玲玲："好像有一块石头落地了。"

我："OK，现在整个胸口和肩膀的感觉是什么？"

玲玲："放松多了。感觉好像在胸里有蓝天白云，好开阔，好美，我就站在白云下面，敞开双手，好想拥抱一切，我感觉我在蓝天白云下旋转、放飞自己，原来的生活那么美好。我好开心，我可以大声笑了。在我笑的时候，没有人打我，也没有人骂我，我笑起来好美。原来我也可以放松，原来我也可以拥有蓝天白云，原来我也值得拥有一切美好的生活。"

我："嗯，是的，去感受一切的美好。"

当玲玲说出"原谅"的时候，决定和妈妈和解后，之前压在她心上、肩上的大石头一下子放下了。她发现：原来，生活那么美，天空那么蓝，白云那么白，之前竟然都没有时间看上一眼。她的生活不再是拼命工作，拼命赚钱，她值得拥有世间所有的美好。

我们都希望从外界获得温暖、相信、爱，但我们首先要感受到自己的温暖、安全、相信。如果你不能相信自己，你就不能相信其他人；如果你不能相信自己爱自己，你也无法从外界得到爱。

很多有创伤的人都无法接受别人的爱，因为他既不相信自己也不相信别人。我们要打开自己接受爱的通道，才能接受到爱。爱是疗愈一切创伤的源泉。

苏黎世大学大脑研究所教授伊莎贝尔·曼苏（Isabelle

Mansuy）说："我们的发现表明，童年创伤对血液成分会产生终生影响，并影响成年和几代人的身心健康。"

世界知名心理创伤治疗大师巴塞尔·范德考克（Bessel Van Der Kolk）医生说："疗愈创伤最有效的方法之一，是部分心理学。"理查德·施瓦茨（Richard Schwartz）博士在《部分心理学》（*Internal Family Systems Therapy*）一书中提到：每个人内在都有足够的智慧、力量与爱来应对人生中的种种境遇。

"生命中所有的恶龙，都是等待我们解救的公主，等待我们展现美与勇气；所有威吓我们的一切，内在最深处都是万般无助，渴望得到我们的爱。"遭遇创伤后，我们找不到真正的自己，人生被创伤的部分所控制。部分心理学可以分离"真正的自己"和"创伤的自己"，就像发掘被深埋的宝石一样，找到真正的自己。

如果你的生活也有痛，千万不要默默承受，咬着牙硬扛着，这不是一条通往幸福的路。只有成长和改变，才能绝地重生。疗愈一个创伤，幸福一个家族。敢于打破家族负担代际传承的人，就是整个家族的英雄。

7. 调整模式的能力

我们的思维模式、情绪模式、身体反应模式和行为模式以及人生理念很多都来自家族传承和文化传承。有时是从父母甚至往上好几代那里传过来的，最终导致的人生轨迹也会惊人相似。也就是：我们都想活出自己的样子，却一不小心活成了父母的样子。痛苦从这一代传递到下一代，然后再传给下一代，如此循环往复。家族创伤甚至会深入这个家族的DNA中，影响世世代代的生活。而打破家族传承的负担，需要有一个人正视这个问题，勇敢地面对、疗愈过往的创伤，打断家族魔咒的循环。

在玲玲的经历中，可以看到代代相传的几种模式：

第一是思维反应模式：考不上大学很丢脸，没有出息会被别人看不起；打你是为你好；人生来是受苦的，一高兴就会出事儿，只有很累很辛苦才感到安全。

第二是情绪反应模式：当儿子小新或是老公没有达到自己的标准的时候，玲玲一开始会非常生气、焦虑，接下来会感到伤心、委屈、恐惧、担心。

第三是身体反应模式：这种时候，其实她的身体是不舒服的，比如她会感到胸口闷，头痛，肩背紧，但通常情况下，她会选择忽略身体的感受。

第四是行为反应模式：她的身体和精神都高度紧绷，一天到晚，一年到头，像个陀螺一样停不下来，不仅要求自己拼命，也要求周围的人跟她一样拼命。她妈妈是这样，她是这样，她也是这样教导孩子的。

整个梳理做完之后，我们都很清晰：玲玲的担忧和害怕，其实和孩子玩手机玩游戏关系不是很大，而是因为玲玲小时候就不能娱乐，只能不停地做事，一旦停下来，她就会担心因为没有劳动而没有收获，养不活一家人，所以孩子玩游戏就等于不做正事，后果严重。她不敢让孩子高兴。因为童年表达快乐就受到斥责的经历让她认为一高兴就有不好的事情要发生，而她不忍心看到孩子遇到不好的事情，所以提前打断孩子的快乐。最终演化成了"只有一直努力才可以成功，高兴会影响自己人生未来"的信念模式。

这个模式是玲玲从小形成的，就算梳理过之后，也不会一下消失，偶尔可能还会出来。只是现在玲玲在旧模式出现的时候学会了第一时间有意识提醒自己：人生不就是为了快乐而来的吗？否则人生有什么意义呢？

小新有一个心结，就是特别在意别人的看法，别人说他好，他不会相信；别人说他不好，他会深信不疑。即便别人只是开个玩笑，他也会特别在意，内心一直忐忑不安。这是一个家族传承和文化传承的负担，这个模式也需要调整。我问小新这个在意别人的负担有没有形状、颜色，有多大，小新形容这个负担就像脑袋那么大的银色的刺球一样。

我知道，小新的妈妈也是非常在意别人的目光，我认为这个负担很大部分应该是小新从妈妈那儿传承来的，于是引导他把这个"关于别人一说你就感到非常难受"的能量集中装在球里，把这个球还给妈妈，妈妈把球接住，把孩子难受的部分，包括她自己特别在乎别人看法的整个能量也装进球里去，装好了再送给她的妈妈（也就是小新的姥姥），然后让她的妈妈接上这个球，同样的方法送给她的妈妈，祖祖辈辈一直送到整个地球，让它回归到整个宇宙中去。这就是把我们从祖辈那里传承下来的不必要的负担还回去，斩断家族遗传链条的方法。

当小新和妈妈这样做了以后，都感觉很放松。当然，这里面还有专业的梳理方法没有全部呈现，只是想告诉大家，不必要的负担，都有方法可以放下，都不需要负伤前行。

关于在意别人的看法，我还想从认知上帮助大家松绑，我们太多人的人生被别人的眼光、看法绑架。而在你关注别人的眼光时，别人也做着同样的事情，生命变成了一场无谓的茫然。当你的选择是为了向别人证明自己，你就被别人的看法绑架了。事实上，没有人真的有时间在意你如何高尚、怎样做事正确，也真的没有人在乎别人怎样对不起你。你和别人最直接、最有意义的关系是：你是否能够给予别人帮助、温暖和好处。每个人都在忙着让自己的日子过好，所以你首要的任务是把自己的日子过好。路边的花朵，不管你看与不看，都尽情绽放，因为尽情绽放本身就包含着生命最根本的意义。如果你真在乎别人的眼光，也先绽放了再说。

如何觉察是否回到旧模式呢？当作一个选择，带给你的是宁静和喜悦，那就在对的路上；如果带给你的是焦虑和不安，那就回到了旧模式。

调整模式，就是改变阻碍幸福的旧模式，创建利于我们幸福的新模式。改变需要过程，也需要一次次的创建。关系中问题产生的根源绝大多数是思维和行为模式的结果。你用旧有的思维行为方式，只会重复同样的问题，在原地打转，然后，还很困惑："为什么这么努力都无法改变？"想要有不同的生活，就要建立不同的思维行为模式。

8. 创建幸福的能力

玲玲和小新接下来需要重建母子关系，如果你和孩子的关系不到8分，首先要做的就是闭嘴。那他们该如何进一步增强母子感情，往幸福的方向前进呢？

小新：妈妈，请以我希望的方式来爱我

我相信每一个母亲都爱自己的孩子，只是很多父母自以为是的爱，对孩子来说是伤害，最简单的方式就是以孩子需要的方式来爱他，不是我们认为对的方式、好的方式。

我问小新："你希望妈妈以什么样的方式爱你，你可以告诉妈妈。"

小新说："不要控制我太多了，不要发火，不要把你的想法强加于我。哪怕是错了，也给我一个试错的机会。"

听到小新说感觉妈妈从来没有抱过他，我很心疼小新，让妈妈现场抱抱儿子，把想说的话告诉儿子。

小新妈妈流着泪说："儿子，对不起。你真的太不容易了，妈妈对不起你。有了妹妹之后，妈妈把所有犯过的错误都变成了对妹妹的补偿，把所有的爱都给了妹妹。曾经对你没有做到的，都全部在妹妹身上去做到，所以妹妹越幸福，我就越对你有更多的亏欠。对不起。"

小新于是选择原谅了妈妈。

学习成绩的压力，迎刃而解

　　他们现实中最大的搅扰就是小新的学习成绩，其实小新的思路非常清晰，领悟力也很强，尤其是梳理后，他清晰地看到他跟妈妈的行为和思想上有很大的相似：学习上担忧自己的未来，担心同学会看不起，太过于注重别人的想法。他也希望自己能够更轻松、快乐地学习、生活，不必有太多的压力。

　　我问小新："你的压力主要来源于什么地方？"

　　小新说："有一些是源于妈妈吧，妈妈对我的期望比较高；还有就是特别害怕同学看不起我，觉得我不行；再就是在学习上比较困难，成绩是一直处于后面，班上有50多个人，我在40多名以后。"

　　看到小新对自己没有太大信心，我引导他从初中成绩不太好，却还是考上了重点高中这件事当中去让他看到：不仅他的努力是有效果的，他自己也在不断地改善，不断地学习，而且他是完全有这个能力的，只是没有持续在那个状态上而已。当看到这一点的时候，小新说感觉自己有一点开心了，脸上也有笑容了。

　　我再问："你现在学习压力如果是100分的话，你觉得来自妈妈的压力占百分之多少？"

　　小新："我感觉来自妈妈的压力有70%。"

　　我："怕同学看不起占多少？"

小新："剩下的 30% 吧。"

听到我跟妈妈的交流，小新知道每个人想得最多的就是自己的事，连自己的事都忙不过来，根本不会那么在意其他人的事，小新对于怕同学看不起的 30% 的压力已经减一半了。

我继续和小新一起探讨妈妈怎么做能够帮他来减轻这 70% 的压力，小新非常清晰和具体，他希望：

（1）信任我，不给我学习上太大的期望，期望越大，我就越怕自己辜负了这种期望，压力就会特别大。

（2）鼓励我，尤其在我退步时，能更真诚一点，我退步时妈妈的鼓励和进步时的鼓励，态度不一样，感觉是假的。希望妈妈千万不要再拿我去跟别人比较。

（3）抱抱我，希望我放假回来，妈妈多陪我聊聊天，还要多抱抱我。

孩子核心的三个需求：希望妈妈相信他，鼓励他，抱抱他。这是孩子希望爱的方式。

相信我，鼓励我，陪陪我，抱抱我，其实都是孩子内心爱的呼唤，没有了爱，父母和孩子之间就没有关系了。我们最需要教孩子的，不是琴棋书画，不是成绩第一，是教孩子如何爱自己、爱他人。生命中有太多的事情比考试成绩重要。其实，给足了陪伴、爱和支持，成绩是自然的结果。

小新想对所有的爸爸妈妈说：

（1）不要对自己的孩子管理得过于苛刻。

（2）不要以为孩子长大了，就不需要关注了，孩子无论多少岁，他都需要关怀，也需要被理解和被呵护。

（3）家长不需要每时每刻管着自己的孩子，要给孩子一点自由的空间。

孩子可以学习如何管理妈妈

小新发现自从妈妈在海蓝幸福家学习后，现在进步很大，脾气没有以前那么暴躁了，大多数情况下她还是比较温柔的。但有些时候，妈妈很固执，比较强硬。比如小新想买一个睡觉时纠正脸形的仪器，妈妈就觉得没必要，就不愿意让步。

我建议如果小新想买，可以自己挣钱、挣分，想买什么买什么，不用再跟妈妈纠结。像我女儿买各种各样的面膜，我觉得根本一点用都没有，但她是用她挣到的钱买的，所以我尊重她。

在有些问题上，小新和妈妈意见不合，还较着劲儿。

我告诉小新："如果你妈不同意的话，你要创造性想出各种各样的方法来实现你自己的愿望，不要用恐惧、愤怒、对抗来处理问题，你可以在创意上使劲儿，不要在情绪上使劲儿。因为生气的时候，人会进入关闭的状态，很容易回到小时候无助无力的状态。你这么爱学习，相信你一定会想出办法来的。而且，以后也许会碰到这样的领导或者同事，没准还会碰到这样的爱人，你要学一个招，怎么来对待你妈妈这样的人，现在就可以开始练习。"

小新一听很兴奋，眼睛都亮了，马上说："我现在感觉我有方法了。"

我立刻鼓励他:"真是太棒了,你要知道你不再是七八岁的小小新,现在的你充满创意和智慧,我相信你会有各种各样的办法去帮助妈妈,管理妈妈。"

当玲玲又开始因为钱焦虑的时候,小新会开导妈妈说:"没有什么过不了的坎,只要你和我爸身体健康,留得青山在,不怕没柴烧。如果没有健康的身体,一切都没有了,你要多关心我爸的身体才是。"

当小新外婆唠叨,妈妈有些不耐烦的时候,小新会温和地对妈妈说:"老人都是这样的,你多一些耐心吧。"

当玲玲有时候没忍住吼妹妹的时候,小新会提醒妈妈:"停下来,深呼吸,别又回到老模式上去啦。"

当玲玲因为女儿嚷着要买平板电脑非常生气时,小新就说:"妈妈,你不要只看到妹妹要平板这个表象,你要看到她背后要平板是什么原因。你一天忙,我爸也忙,家里又没有人陪她玩,她一个人坐在那里干什么呀?你要抽时间带妹妹到大自然中去看一看风景,或者去给她买点玩具什么的,她有耍的就不会玩平板了。"

小新知道爸爸妈妈忙,他会带着妹妹出去玩儿,给妹妹讲故事,果然,妹妹没有再闹着玩 iPad。

有时候,小新会专门抽出时间来,跟妈妈恳谈一两个小时,帮妈妈分析:"爸爸为什么要那么拼命地挣钱?是因为爸爸内在没有安全感。爸爸为什么内在没有安全感呢？爸爸小时候家里穷。妈妈，也有你的原因，你金钱意识淡薄，还天天买买买，你买买买也是因为安全感不足，才去买买买。妈妈，安全感不是通过买买买建立的，你现在开始学习成长了，这就是对的路。"

玲玲听后流下了感动的眼泪，她真不敢相信，儿子真的不一样了，以前那个哀其不幸、怒其不争的儿子现在怎么如此闪闪发光呢！

孩子的问题绝不是一座孤岛

无数案例再次深刻地表明，孩子出现问题，通常与父母的夫妻关系有关。夫妻关系问题又往往源于个人问题，而个人问题是早年经历、创伤、父母的思维和行为模式以及人生信念和情绪反应等影响的结果。

一个人的思维模式、行为模式、情绪模式以及人生理念，很大程度上会受到童年时期家庭环境的影响。例如，如果父亲要强，对自己和孩子都用高标准严格要求，孩子长大后可能也会对自己和他人同样严格。如果母亲情绪不稳，孩子长大后可能也会有类似的情绪反应。父母如果经常吵架、沟通不当，孩子将来在婚姻中可能也会采取类似的沟通方式。如果小时候因犯错而遭受父亲的暴力，长大后可能也会在教育自己的孩子时出现类似的行为。一个经常唠叨的母亲，可能会培养出一个同样唠叨的女儿。

孩子从来不是一个孤岛，孩子的问题主要取决于家庭环境、学校环境，以及和家人、老师、同学的关系，可以说，孩子的问题是多个系统相互作用的结果，这些系统包括父母因创伤形成的思维和行为模式。如果这些问题得到解决，孩子的问题也会随之减少。真正的问题并不在孩子身上。虽然许多人认为这是父母，尤其是母亲的问题，但实际上，问题根源在于母亲由于创伤形成的模式，这些模式影响了关系，进而影响了孩子的教育。

现在有很多亲子书、亲子课教授给大家各种育儿的技能和技巧，这本身是非常好的。但遗憾的是，当情绪占据上风时，所有的方法往往会被忽略。如果没有解决创伤，关系就无法根本改善。许多莫名其妙的情绪恰恰是由创伤引起的。

其实教育孩子最大的障碍是父母起伏不定的情绪，尤其是来自父母的愤怒、焦虑、担忧、内疚、自责、羞愧等。父母没有化解和释放的情绪以强势讲道理、要求、控制甚至打骂的方式发泄到孩子身上，使原本纯真无邪的孩子有了很多不安全感。

育儿首先是育自己，最好的教育是成为孩子的榜样。再多的工具也不能让我们成为一个好木匠，所以，父母首先要学会成为好木匠。

真正的教育，发生在真正看到、听到、理解、接纳孩子之后。只有先让自己处于一个平静的、关怀的状态，才能真正引导孩子。

小新的案例不是个案，每家孩子具体情况不同，但归根到底，我们需要清晰培养孩子的目标究竟是什么，在亲子关系中具体的卡点又是什么，我们究竟如何培养孩子？我们会通过具体的案例来一一呈现。

梳理后，小新和小新妈的关系如何了呢？下面是小新妈玲玲
的分享：

四月的案例直播课，我跟儿子是在儿子学校旁边的宾馆里
上的。

上完课之后，我送儿子回学校。儿子说想吃什么，我立刻就
去给他买了，整个过程感觉特别轻松。说真的，在这之前他想吃
什么，我就偏不给他买。

下车的时候，儿子跟我和他爸爸说了再见。这和之前他"下
车直接就走，头也不回"完全不同。我特意下了车，抱了抱他。

这是我的第一点收获，和儿子重新建立联结，主动拥抱他，
儿子也给我回应。

那天下着雨，天有一点点凉。和老公回家的路上，我心情
一直很郁闷：我觉得我在直播的时候，表现得特别特别地差。然
后，内心当时就有一个声音跳出来指责我。本来带着儿子去直
播，我希望海蓝博士可以给儿子一些指导，结果，我说了很多废
话。越想越难受，从下直播以后到第二天，我的心里就像堵着一
块很大的石头，压得我喘不过气来，好像这种感受经常会有。比
如我明明很有能力，但是在一些重要场合说话之后，就会有一个

声音指责我搞砸了，我自己特别痛苦。下一次，又是这样恶性循环。

那天我有意识地把我的感受用日记写了下来，写着写着睡着了。晚上睡得还好，但是第二天早上起来心里还是难受。也不知道我哪里来的那么大的勇气，我就在践行生群里发了这段话：

我觉得把自己期待了很久的现场梳理，搞砸了，对自己有各种各样的怨恨。我觉得当时应该围绕着孩子的自主学习习惯来说，或者应该让孩子自己说，但是，恰恰被我带偏了。

昨天晚上回来，我一直处在后悔中，很内疚，很自责。然后我开始写日记，写着写着就睡着了，睡得很舒服。可是今天早上起床的时候我又在后悔、自责，讨厌自己：这么好的一次机会，被自己给搞砸了。在内心深处，我特别讨厌自己那个样子。

然后，我就收到了群里小伙伴们的回复：

"你真是太勇敢了，我是没有勇气来这样敞开自己的。"

"昨天你和孩子都表现得非常棒，你呈现了真正的自己，谢谢你给我带来一个这么好的学习机会。亲爱的，抱抱你。"

"昨晚的课程我的感受是，孩子内心对妈妈是充满信任和爱的，相信孩子也非常感激妈妈带他来参加这样的课程，对他的压力或焦虑是很好的一种释放的途径。"

"你昨天的呈现在我看来非常勇敢，我看到了你身上有很多非常美好的品质，你是无价之宝。"

"亲爱的，抱抱如此自责的你。不是只有你一个人有这样的感受，也不是只有你一个妈妈会犯错，好在我们正在学着'爱'。"

我边看群里伙伴们的回复边流泪，然后我胸口的那一块堵着我的很重的石头就没有了，我一下子就轻松了，好像就卸掉了。这就是海蓝幸福家同伴教育的力量，在这里你会被接纳，被深深地理解和看见。

从那以后，不管是在公众场合的演讲还是会议，我的表现越来越好，甚至还能超常发挥。而且，与人的关系也在一步一步改变，我开始说出我的感受，真诚地交流沟通。我居然可以慢慢接纳不同的声音、不同的意见了，这是我最大的改变。

这是我的第二大收获，我的后悔、自责和内疚被很多的爱托住了。

接下来，再说说孩子的变化。

我的儿子小新学习成绩稳步提升，从雷打不动的班上倒数几名，班名次一下子上升了17名。中途有一次考差了之后，他能够在两节课的时间迅速调整心态，很快恢复过来。我经常和儿子一起听海蓝博士的课，有一次，海蓝博士讲了如何专注于当下，学习就全身心地学习，玩耍就快乐地玩耍，儿子那样做了以后，他感觉学习没有那么累了，有了放松的时间，不再从早学到晚，没有放松也没有与同学的交流，从那以后，他觉得生活好像有点乐趣了。

小新上一次考试回来对我说，之前如果他考试成绩考差了，他心里对自己有很多的批判声音，甚至有一个声音觉得自己这辈子都完了，然后一直就有一种绝望的感觉，导致上课也听不进去，下一次考试会恶性循环。但是这次他不一样。他说海蓝博士告诉他，进步都是螺旋式的，所以，虽然这次考试下降了十几名，他只用了两节课就调整好心态了。

他的第二个改变就是：艳平教练在微信视频里跟他说的："小新，你很开朗，很爱笑，情商又高，你有当领导的天分。"他每次想到这段话就非常有动力，还忍不住会笑。

他以前玩手机总是超时，我们两个人每次都会因为这个不欢而散。所以，他每次一说玩手机，我就特别紧张。"五一"孩子放假回来的时候，我事先跟他说好，玩两个小时不能超时。当还没到两个小时的时候，我就开始紧张。但是后来，有一个声音对我说："你已经学习海蓝幸福家亲子课程这么久了，可以调整一下你的模式了。"

我做了三个深呼吸，之后又大概花了半个小时去做了另外一件事。后来，我下楼的时候，心里还在想：超时了要怎么处罚他。可是，我下楼发现，他早已经不玩手机了，已经在帮着做晚餐了。我的这一次情绪和行为模式的调整，还是起到了作用。

现在，我对16岁的儿子的学习不再那么焦虑，我对3岁的女儿也有了更多的接纳，孩子放假回来，能够按照规则自己约束自己，孩子自己正在发展自控能力和自我负责的能力，我也非常轻松。

小新说："我感觉我的内耗变少了，能够及时地克制住自己的情绪，不会像以前那样特别冲动，又能了解自己内心的真实感受。我对自己的满意程度从之前的3分提升到现在的8分。

"我妈最大的变化应该就是她的脾气变好了，而且我妈妈一直坚持在学习，她把她学到的教会了我，让我可以感受到我自己内心的哪些部分在争吵，并和这些部分做交流，我就感觉我的心里一下就放松了许多。"

几个月后，我们又跟踪了小新和妈妈的情况，妈妈说：

因为小新前期跟老师有过一些交流，在短短的两个月之内成绩直线上升，这一次成绩总分上升了86分，名次上升了67名。而且最开心的是，孩子在学习上用的时间越来越少，用来做家务、用来打篮球的时间越来越多。在暑假中他还学会了炸油条、蒸包子、做红糖糍粑，他现在身心更加自由，人也越来越快乐。还有，我跟小新相处也变得越来越和谐，我对他有很多的信任，有很多的看见，他学习能力真的特别强，然后思维特别清晰，心思也特别细腻，就像海蓝博士说的一样：帅，非常聪明，又超级爱学习。小新最大的一个品质是什么呢？他说虽然妈妈之前管着他去学各种各样的课外活动，比如弹钢琴、画画、打乒乓球，这些虽然让他很累也很烦，但是也有好处，就是他现在学什么都有基础，而且也学得很快。

同时他说，正是因为我对他有一些错误的教养方式，才让我走在了改变的路上。我看到了孩子，他特别地智慧，就算是踩到一坨狗屎，他也觉得这坨狗屎可以当柴烧。我觉得他的一个很可贵的品质就是内在能够从一个不好的事情当中去看到好的一面，这对于他一个16岁的孩子是何等地智慧，因为我在这个年龄的时候不会有那种感觉。现在任何一件事情发生了，我在看到它负面的同时也能够看到它积极的一面，这一点我觉得孩子真的特别有智慧，看得特别清晰。

我还要感恩的是，孩子的生命力太强大了，即便曾经经受了一些创伤，但是他仍然生活得那么好，他仍然能够带着伤前行。说明这个孩子内心足够强大，足够有力量。

一年后，我们再次跟进了小新和妈妈的情况，玲玲欣喜地说：

小新现在高三了，他现在去学体育了，因为他一直喜欢打篮球，之前我觉得有点丢人，体育生有点不靠谱，但现在我不在意这些外在的评判和目光，只要小新喜欢，就让他去尝试。我没那么在乎他的成绩了，更在乎儿子的感受，奇怪的是，他的学习成绩在进一步提升中。

2021年我在海蓝幸福家的成长和改变真的可以用坐火箭来形容，我现在感觉到我的内心更加笃定，更加自由，更加柔软。对以前很多看不惯的人、看不惯的事也能够很快地释怀。我对自己想要什么更加清晰，不再像以前那样，什么都想要，什么都想抓。生活当中80%的时间是处于那种内心宁静和谐的状态。被搅扰的时间越来越少，而且就算是被搅扰，也能够很快地得到恢复。感恩遇见，珍惜身边每一个人。

两年后，玲玲妈妈告诉我们：

小新现在考上了一个还比较满意的学校，比我们预期的效果都要好。高考结束之后，手机、电脑都完全由他自己保管，他一个人住了一段时间，自己调节作息，照顾自己，有时也不自律，但他会自己进行调整。而我呢，就像一个教练一样，在他的背后带领他。看到他有问题的时候，我也不会像以前那样去控制他，去教训他，去纠正他，我会通过提问的方式通过心平气和跟他聊天的方式，带着关怀和好奇去看他没有做到的背后是什么原因，同时呢，会给他一些引领、一些帮助。

儿子在高考结束的那一天，就抱着吉他，当着全班同学的面给自己喜欢的女孩子唱了一首歌，还送了鲜花。小新现在越来越阳光，越来越自信，越来越绽放。他总是知道自己需要什么，然后自己努力去创造。交了女朋友之后，他还知道帮女朋友梳理情绪。他不仅让自己越来越阳光，越来越自律，越来越快乐，而且靠近他的人也变得越来越阳光，越来越快乐。

我的话：

非常为小新和玲玲感到高兴，只要愿意成长，就可以发生改变。他们的收获不是白白得来的，妈妈玲玲加入海蓝幸福家开始系统学习后，非常认真地践行，透过"865"体系，成长得非常扎实。她这两年通过"865"中的方式：遇到问题进行自我探索，持续践行情绪管理，自我关怀，常常通过打卡总结自己的学习收获，并非常愿意去分享，而她的分享又得到了反馈，也激励了她持续践行的信心。当她遇到大的、难以跨越的障碍时，我们团队有不同层级的教练和同伴给予她陪伴支持，让她不再孤独前行，我也会给践行生定期进行答疑解惑，在这样的体系中，让大家互助性地健康并积极地成长，她的成长是很多案例中的一例。

Part

接纳孩子的不完美

每个孩子都是独一无二的，
每个孩子都是天才

第一章　孩子贪玩，不愿意写作业，怎么办？
——如何引导孩子自我负责？

【困扰场景】

参与对象：派派，男孩，8岁，二年级；派派妈，政府工作人员。

问题描述：一直主张把自由还给孩子、给予孩子足够空间的派派妈，最近遭遇了"晴空霹雳"——派派语文考了最后一名，是班里唯一不及格的学生。在看到孩子成绩的那一刻，派派妈瞬间对自己的教育方式产生了怀疑：不知道自己坚持给予孩子的，究竟算是真爱，还是对孩子的溺爱？

妈妈坚持爱与自由，孩子却考了最后一名

父母究竟该如何说和如何做，才能管而不紧、爱而不溺呢？这是非常困扰派派妈的一件事情。

刚刚结束的期中考试，派派的语文成绩是班里唯一不及格的，换句话说就是班里倒数第一。在看到成绩的那一刻，派派妈的心里咯噔了一下，但还是稍稍整理了一下自己的情绪，然后故

作淡定地对派派说："没关系，妈妈依然非常爱你。我相信，你下次一定会考好的，我对你非常有信心。"

但其实在那一刻，派派妈身体的每一个细胞都充斥着对孩子的失望和崩溃的情绪，在孩子语文成绩"啪啪"打脸的现实面前，她开始自我怀疑：是我的教育方式出问题了吗？是我对孩子管教不严，溺爱了吗？

派派妈自己从小学习特别好，作为重点大学中文系的高材生，她真不能理解自己的儿子为什么就学不好语文。在她心里，派派虽然不是特别优秀，但至少也算是在中游水平，从来没有想过儿子竟然会考倒数第一。

派派妈的内心开始了一轮又一轮的自我否定和自我攻击：你看，我就知道我养不好孩子，我不擅长养孩子！别说当一个优秀的、成功的妈妈了，我这个妈妈连合格都算不上！

更令派派妈感到困惑的是——孩子如此不长进，是不是自己的原因造成的？自己给予孩子的爱和自由，到底是"真爱"还是"溺爱"？父母给孩子自由的边界和尺度到底在哪里？

从二年级开始派派语文小测试就经常不及格，班主任语文老师觉得家长对派派的要求太低了，让派派妈一定要提高标准严格要求。

派派妈一方面觉得，应该给孩子无条件的爱和自由，给孩子尊重、信任和接纳；另外一方面又觉得，"不行啊，这样下去他会完蛋的！"老师也好心提醒多次了，再这样下去，孩子长大后也会埋怨自己——在他还不懂事的时候家长没有管教，也没有给孩子正确的引导。

到底是孩子的问题还是家长的问题？"无条件的爱"的定义到底是什么？它意味着我们该无限降低对孩子的约束底线吗？"爱与自由"的真正意义是什么？

为什么溺爱养不出感恩的孩子？

很多父母想不通的是，我们如此爱孩子，为什么我们付出一切，却养不出感恩的孩子？

孩子不感恩不领情，也许问题就出在"付出一切"这四个字。不感恩的孩子，身后都站着过度无私的父母。孩子一要就给，一闹就哄，无条件地满足孩子的任何要求，父母有求必应，孩子予取予求，这就是对孩子的溺爱。

看上去是爱，看上去是让他们得到了情感和物质上无止境的满足，但也让情感和物质的获得变得理所应当。当不需要任何付出就可以得到一切的时候，他们当然不会珍惜。

孩子会觉得，你给的一切都是"应该的"，是不需要感谢、感恩的。当有一天你稍有一点不满足孩子的需求时，他就会不满、愤怒甚至心生怨恨。

其实，溺爱很容易，只要满足孩子的需求就万事大吉了。毫无底线地给予和退让，即是对于他们的任性、蛮横、无理取闹，不去修整，任由其野蛮发展。

可是，当他有一天走向社会后，没有了父母给他造的那个保护壳，他的任性、蛮横会让他在这个世界上碰壁，甚至吃苦头。

社会有它固有的公序良俗，当你的孩子被错误的教育推到对立面时，他就得付出成长的代价。

溺爱和真爱的区别是，真正爱孩子是可以让孩子更好地成为自己，只要没有伤害自己、伤害他人的爱就不是溺爱。

"溺爱"通常是指养育者对孩子在物质和情感方面给予过度的满足和保护。

我问派派妈，她觉得自己在什么地方溺爱孩子。

她举例说，班里同学只有周末才能玩电子游戏，而派派每天都可以玩。睡觉之前，只要派派做完作业就都可以玩，平均每天一个半小时。

每天玩一个半小时游戏，这可是无数孩子的奢望和梦想。可即便如此，派派依然不满足，他希望妈妈把平板的密码告诉他，由他自己决定什么时候写作业，什么时候玩游戏。但玩游戏时一分钟都不能少，而写起作业来却总是讨价还价要打点折扣。妈妈觉得给了派派游戏的自由，而派派却得寸进尺，这孩子太沉迷游戏了。

派派妈对待孩子，听起来更多的是把握不好爱的边界问题。

父母在日常究竟该对孩子怎么说、怎么做，才能既让孩子充分感受到爱和自由，又能温和坚定地培养自己学习生活中的自我负责呢？

"865"分析：妈妈和孩子都需要学会自我负责

摸不透养育的边界，掌握不了"管还是不管"的分寸，这两个难缠的问题之所以悬而未决，就是因为父母自己的认知和情绪。如果总是对孩子的未来充满担忧，对学校和老师的提醒充满恐惧，那么，父母在教育孩子的问题上就会失去健康的边界。

而健康的边界最重要的是要学会自我负责。从"865"体系的八项幸福力来评估，派派妈最需要提升的就是自己的自我负责能力。让孩子成为自己人生的第一责任人，做妈妈的不要过度承担。

在我和派派妈的互动中，我发现了派派妈哪些地方没有自我负责呢？她又该如何学会自我负责呢？

1. 妈妈没有为自己的情绪负责

在我看来，这个案例中派派妈没有自我负责表现之一是没有为自己的情绪真正负责。很多时候，孩子考得不好，家长自己先崩溃了。就像派派妈明明自己内心已经崩溃了，但表面上还装。家长对自己的情绪要自我负责很重要。有了情绪要真实面对，不要去装，去掩饰，去压制，一定要记住，妥协、压抑、委曲求全所带来的平静、相信和爱，不是宁静，也不是和谐，是火山爆发的前奏。

孩子非常敏锐，就像派派妈明明自己很崩溃还假装平静，其实孩子能够真切体会到家长每一个细胞中的崩溃。

真诚地向孩子表达自己的感受也很重要。你不能对孩子说"妈妈相信你"，其实你心里没有相信；如果你有失望，可以告诉孩子。我们表达情绪并不等于发泄情绪，你可以说："妈妈看到你虽然没考好，但没被这个事儿搅扰，妈妈很高兴。可妈妈心里是挺难过的，你全班最后一名，我真的挺失望，你觉得妈妈该怎么办？"交流非常重要，不骂不打不吵，也不讲道理，真实表达自己的情绪和感受，而且一定不要假装。

在亲子教育中，首先父母要先做到自我负责，就是对自己的情绪能够负责，不把自己的担心、恐惧、不满等情绪随意发泄给孩子。我们可以在和孩子相处的过程中，对自己的期待、付出、失望、兴奋进行自我负责。

2. 教养孩子的目标不够清晰

派派妈没有自我负责表现之二就是目标不够清晰。派派妈内心有两个声音：一个声音觉得她把孩子养得挺好的，有想法、独立，遇到什么事都很淡定，很诚实；另一个声音又觉得"用学校的标准"来判断，儿子的学习表现真的是不尽如人意，尤其是语文成绩简直就是拖后腿。

作为父母，为什么习惯用学校考试成绩作为判断孩子教育好坏的唯一标准？因为成绩是孩子成长过程中最显性的存在，而我们心中的疑问和不确定性，需要这样一个清晰的结果来佐证。但如果我们只是用成绩作为唯一的标准来衡量和评价孩子，就已经走进了亲子教育的误区。

派派妈之所以如此困惑，摇摆不定，是因为源于自己教养孩子的目标不够清晰。家长如果遇到派派妈这样的情况，该怎么办呢？

首先，不妨暂时放下"成绩标准"带来的对内心的冲击，做几次深呼吸，认真地问一问自己：

你培养孩子的目标究竟是什么？你想把孩子培养成一个什么样的人？

这是我们在陪伴孩子成长过程中的目标和初心，只要紧紧盯住这个目标，结果就不会偏离。

派派妈的目标是把孩子培养成一个能够自我负责、自食其力、管理好自己的情绪，即便遇到事情依然能够平静淡定的人。但是，她自己依然会因为孩子考试成绩不理想，因为老师的提醒内心充满恐惧，甚至有点崩溃。

培养孩子的关键在于：自我负责，即独立自主、自食其力、幸福快乐。

迷茫摇摆、忘记目标时，要向内寻找答案：我这样做，对培养孩子自我负责有没有帮助？对他将来自食其力有没有帮助？对他感受幸福快乐有没有帮助？如果答案是"有"，就是对的方向、对的路。

我的女儿伊兰25岁，现在已经在读研究生了。我这一生最大的成就是我的女儿，她也是我最多的快乐和喜悦的来源。从小到大，我几乎没有管过她的学习成绩，因为在我看来成绩是她自己的事，并不是我的事。

当孩子感受到父母对她的接纳和允许时，"想要学习成绩好、在班里名列前茅"就变成了她自己的目标，她会为自己的目标去努力，而整个学习过程也是轻松的。而如果孩子已经是在为自己的目标努力了，我相信孩子的成绩就一定不会差到哪儿去。而我更多的关注点在我女儿和朋友、老师的关系上。我每天都会问她："今天在学校过得怎样，班里有没有发生什么事？"

对亲子教育的目标要做到能自我负责，能厘清自己养育孩子的目标究竟是什么，父母的定位和职责是什么？认定孩子日常学习生活中具体哪些环节是父母的职责，就在哪些环节做到自我负责；其次是培养和帮助孩子学习自我负责，认定孩子日常学习生活中具体哪些环节是孩子自己的职责，就在哪些环节培养和帮助孩子学习自我负责，比如按时上学，高质量地完成作业等。

父母需要永远把目标放在自己身上，记住你培养孩子的目标到底是什么，目标清晰了，结果就不会偏离。

3. 孩子成绩不好是因为妈妈不够努力？

派派妈没有自我负责表现之三就是把孩子的成绩不好归责于自己。很多时候，当孩子成绩不好或者在学校表现不好时，家长很容易产生自我怀疑和攻击，觉得自己不是个好妈妈、好爸爸。派派妈总觉得自己如果再努力一点，孩子兴许成绩就不是这样的。

下面是一段我跟派派妈关于"自己是否已经努力做妈妈"的对话：

我问派派妈："你觉得，自己对孩子的教育努力了吗？"

派派妈："我在思想上尽了120%的努力，但是在行动上没有做到。其实我工作挺忙，加班也挺多。我经常想：如果我是一个全职妈妈，下午4点就能接孩子放学，然后带他写作业，那他成绩一定比现在好。"

我："你觉得孩子语文考试成绩不理想的状况，原因等同于是你自己没有努力给到孩子支持；你自己没有努力给到孩子支持，也等同于是你自己不好。你是这样想的吗？"

派派妈："对，我回家之后还是会有休息时间，也就是说，我并没有把自己所有的休息时间全部用在陪伴孩子上。"

我："那派派成绩的好坏，全都由你来决定吗？"

派派妈："那不是。但我觉得如果我自己再尽力一点，派派的成绩多半会比现在好一些，我自己也会安心一些。"

在派派妈看来，只要自己下班甚至是加班回到家依然是有休息、有娱乐的，那就等于自己当妈妈还没有做到百分之百的尽力。

派派妈想，如果自己已经百分之百地尽力了，哪怕儿子语文考了一个良好或者及格回来，她也不会对自己产生这么深的自责。

这是很多妈妈的通病：孩子成绩不理想，妈妈的第一反应是"自己搞砸了"，是"我做妈妈的能力、水平太差"，然后就开始自我攻击。

经过与派派的沟通交流我发现，派派是一个非常灵动、有创造性、目标清晰且特别具有独立思考能力的孩子，更重要的一点是他跟妈妈的关系非常好。比如，派派一回家就把倒数第一这件事告诉了妈妈，非常真诚直白没有任何顾忌，也没有恐慌、害怕，这至少可以说明，他在妈妈这里是感受到了充分的信任和安全的。

单从这一点看，我认为派派妈当妈妈至少已经成功了60%。我们看一个孩子教育和养育得好不好，不是说看他考试考了多少分，而是看他是否具有足够的自信、足够的确定感、足够的创造性；是否可以独立思考问题，可以自己做决定，不压抑自己的天性，这才是亲子教育最重要的核心。

4. 做父母的不要过度承担孩子的未来

派派妈没有自我负责表现之四就是把孩子的未来扛在自己的肩上。

派派告诉妈妈，他以后不想找那种特别好的工作，有一份说得过去的工作就行了，比如做个收银员也挺好的。派派妈很不解，这孩子对自己的要求怎么能这么低呢？相比于孩子的未来，她更害怕的是因为自己做妈妈没有尽力，导致儿子将来一事无成，以至于影响了孩子的一生。

派派妈："要是他长大后找一份非常辛苦的工作，比如自己开个小卖部，或者到处打零工、做收银员或做个小本买卖，不但很累也挣不了多少钱。我最不能接受的是他的视野和层次因此而被限制了，生活会过得很窘迫。"

我："如果派派长大后做了收银员，你觉得怎么样？你会为他骄傲吗？"

派派妈："如果他满意的话，我可能也能接受；如果他自己也不满意，那我一定会非常痛苦。"

我："嗯，你为什么会非常痛苦？"

派派妈："我会觉得他的人生机遇和大好前景就这样被白白地浪费了。派派从生下来那一刻就特别可爱，我也特别特别爱他。可是如果因为我的教育不当，他长大了去做一份非常辛苦的工作，如果在他年龄小，还不明白事理的时候，我没有引导他，那等他长大之后，会后悔自己小时候没有努力，甚至可能也会责怪我们父母没有对他负起教育的责任。想到这里，我就会特别痛心。"

其实，很多父母都会有派派妈这样的顾虑，家长都希望自己的孩子是人中龙凤，孩子对自己要求这么低是不是太没出息。其实，想与别人竞争，想比别人强，是一个人的本性，是与生俱来的渴望。如果孩子说自己不想更好，很有可能是因为家长的要求和标准太高，孩子觉得自己做不到，为了躲开家长的过高期待只能说自己不想。

我曾经跟女儿说过，她如果去餐厅当服务员我也没有意见。

有记者曾经采访林肯的母亲："您培养了一位总统，他为国家独立做出了无可比拟的贡献，您有什么感想？"

林肯的母亲回答说："我为我有这样一个孩子感到骄傲，我还有一个儿子在后院挖土豆，他也是我的骄傲。"

不论生活如何变化，孩子应当从父母处获得的观点是："宝贝，爸爸妈妈非常爱你，你唯一需要做的就是努力去做自己喜欢和擅长的事，并且是对别人有帮助的事。"然后，耐心等待孩子绽放。

孩子就像这大千世界一样，有的是牡丹，有的是杏花；有的是小草，有的是大树；有的是鱼，有的是鸟；有的是狮子，有的是海豚。我们做父母的，需要做的事情永远不是想让孩子成为什么，而是让他做自己，做更好的自己！

妈妈也只需要为自己的人生负责，把自己打造成你想让孩子成为的那个人，做你自己，孩子自然会找到自己的位置，自然也会成为他应该成为的样子。当你真实地做自己时，就会有力量，有力量的爸爸妈妈，才能培养出有力量的孩子。

在我与孩子的关系中，我不是她生命的指挥官，我扮演的是女儿的守护神。在她需要我的时候，我就在那里；在她不需要我的时候，我就远远地望着她。她的生命列车将开往何方，我相信冥冥之中智慧之神在指引。而守护好自己的生命列车，就是对儿女人生的最好加持。

作为父母，我们永远要记住：孩子的成绩、未来不是由你来决定的，而是他自己的功课。

如何有边界地爱孩子，让孩子学会自我负责？

健康的爱一定同时包含爱与边界。

一般来说边界上不设限，标准就是利人利己，最低的底线则是不伤人，不伤己，具体表现在七个维度——父母可以从以下七个方面对照检视：当我这么想、这么说、这么做时，对自己、对孩子、对他人的影响可能会是什么。

思想上，对自己、对孩子、对他人有没有伤害？有没有帮助？

情绪上，对自己、对孩子、对他人有没有伤害？有没有帮助？

身体上，对自己、对孩子、对他人有没有伤害？有没有帮助？

行为上，对自己、对孩子、对他人有没有伤害？有没有帮助？

关系上，对自己、对孩子、对他人有没有伤害？有没有帮助？

学习上，对自己、对孩子、对他人有没有伤害？有没有帮助？

日常生活习惯上，对自己、对孩子、对他人有没有伤害？有没有帮助？

用以上七个维度来评估自己的边界是否恰当和健康，结果就非常清楚了。

维度之内，我们可以进一步完成养育的细化：

（1）在养育孩子的过程中遇到问题时，先问问自己：这是我自己的责任区域，还是孩子的责任区域？抑或我们共同的责任区域？

（2）父母有边界地爱孩子要把握的基础和底线是：不动手打孩子，不用语言责骂孩子，不把自己的情绪发泄给孩子。即不打不骂，把自己的情绪调整好，然后带着爱，带着好奇和理解去靠近孩子。

（3）我们跟孩子相处最重要的三种方式和路径：去爱他，认真学习他，全力帮助他。

1. 最好的爱不是妥协退让，而是清晰的边界

爱是疗愈一切的力量，但爱不是纠结怀疑，不是妥协退让，更不是包办代替。爱孩子需要执行有效的规定，也需要清晰健康的边界。

家长千万不要基于情绪做决定和选择，尤其不要基于恐惧心理的驱动，比如因为害怕得罪老师而责罚孩子，这样你不仅会瞧不起自己，还会因委曲求全而埋怨孩子。最好的母爱不是妥协，而是建立边界。深厚的爱是为了所爱的人宁愿承受痛苦、误解、对抗，甚至指责和攻击，而依然不放弃。

没有边界的爱就是滥爱，滥爱的结果是伤害。即便纵容了他人，委屈了自己，孩子也不会心怀感激。

边界的核心原则是使爱的对象真正而持久地健康幸福，而不是为了一时之快地妥协或纵容。

有边界的爱中，可能包含痛苦、误解和对抗。没有边界的爱，就像没有了边界的细胞，已经走在了消亡的路上。有边界的相处之道，尊重、允许彼此之间的不同，才是真正的自由。两只雄鹰捆绑在一起肯定不能飞翔，合适的距离并不是冷漠，而是为了更好地相处留下空间。当父母好心为孩子做了很多事，孩子不仅不领情，甚至还对抗、抱怨的时候，父母会感到委屈。这一定是什么地方出了问题，这个问题往往不是孩子不懂得感恩，而是你失去了与孩子相处的健康、成熟的边界。这种边界的缺失，阻碍了孩子成长。

有很多家长以"我都是为你好"所做的一切，其实是让孩子感到自卑、痛苦、压抑、愤怒的根源。你的"我是为你好"，对孩子来说可能是真正的伤害。很多家长大包大揽，为孩子做这做那，无形中剥夺了孩子自主做事的能力，也剥夺了孩子为自己人生负责的机会。而对孩子来说，过度的保护、宠爱、关注、包办其实都是负担和限制。孩子需要保护和爱，但时时刻刻的关注和保护让孩子跟自己之间形成一种压抑的关系。孩子失去了自己的尝试和探索的空间。每个家长都不可能替代孩子完成所有的事情，他们需要自己去迎接自己的人生，摔打、磨砺会让他们更强壮。

不要自欺欺人，真正的好是尊重孩子的需求，不是侵犯他的边界。把自己照顾好，在孩子需要的时候去帮助他，这就是我们做父母的最大的帮助和贡献。

让孩子承担自己行为的后果，而不是替他弥补、受过、还债、道歉。舍得让你爱的人受苦，是有边界的爱，是更高层级的爱。

更高层级的母爱是放手，让孩子摔倒再来

1.做妈妈，你需要学会看着孩子受苦

派派妈很怕孩子因为成绩不好，因为自己没有尽到做妈妈的责任，有一天他会吃苦头，其实做妈妈的有时候就是要学会看着你的孩子受苦。每一个当下，回到"我这么说、这么做，到底对孩子有没有帮助"，如果答案是肯定的，那么想到孩子将来能够独自生活，即便你心里非常难受，作为妈妈的必受之苦，也要吃下去。

电影《灵魂歌王》（Ray）中，讲述了美国爵士乐以及摇滚乐人物雷·查尔斯（Ray Charles）辉煌传奇的一生。这是一个真实的故事。雷·查尔斯是一个美国黑人音乐家，影片真实记录了他的闪光与苦难，他出生在美国佐治亚州一个贫穷的小镇上，但贫

困并非他唯一的磨难，7岁时又因青光眼而双目失明。

电影中有一个场景：眼睛失明的小查尔斯在家里到处撞、跑，不停地跌倒、摔跤，痛得实在受不了，他边哭边大声叫着："Mom, mom, help me...（妈妈，妈妈，帮帮我……）"妈妈站在房间的一个角落里，满脸都是泪水，但她只是默默地看着儿子，一言不发。面对孩子的呼喊，妈妈为何装作听不见？

这位妈妈可以说是心上插把刀，看着孩子受苦，她揣着自己的心，站在孩子的身后，默默地看着他跌倒，把担心、焦虑、不信任转化成放手、相信和鼓励，这才是爱！这是真正且更高级的母爱！

因为她知道，小查尔斯将来需要一个人独自面对自己的人生，他要学会在黑暗当中找到自己的位置，找到自己的方向，所以，即便妈妈心里插把刀，也要舍得让孩子受苦。

作为妈妈，我们要承载自己的不舒服，承载自己内心的痛苦，陪伴着他长大，不是帮助他长大，这是对妈妈非常大的考验。被子叠得不整齐，帮他叠好；鞋带系不上，帮他系上；骑车摔倒了，扶他站起来；看着孩子难过，去哄他、抱他……

做一个为孩子遮风挡雨的妈妈很容易，但做一个心上插把刀看着孩子受苦的妈妈非常不容易。有时，我们甚至觉得这样的妈妈非常残忍，怎么可以这样对待孩子？

可是，没有父母能替孩子挡住一生的风雨。有时候，挡住的风雨也许正是练就坚强翅膀的机会。孩子免受了风雨的洗礼，却失去了让翅膀变得坚强的机会。

每个孩子都必须承担起自己生命的责任。我女儿要去国外读书，我想培养她自己学会做饭，不管去了哪里都不至于饿肚子的能力。可是刚开始她宁愿不吃饭，不愿学也不愿做。

看着她这样，我在旁边内心是很挣扎的，但是我想我得熬住，因为我和她爸爸肯定不可能永远陪着她，不可能为她把每顿饭都做好。将来她一定是要自己做的，不仅要学会给自己做一日三餐，而且要做得营养搭配，好吃又健康。

我们都想培养一个具有自我负责能力的孩子。自我负责的能力不是说出来的，是孩子自己练出来和做出来的。而做的过程，开始时做得跟跟跄跄、勉勉强强，然后慢慢地开始熟练，最后才会非常娴熟。

能够自如地安排自己衣食住行的能力，这一定不是保姆能够帮着达到的，也不是爷爷奶奶帮助完成的，更不是自以为很爱孩子的妈妈包办的。

做一个让孩子高兴、自己内心舒服的妈妈是非常容易的。可是，顺风顺水和舒舒服服不会给人带来成长，孩子在跌跌撞撞的体验和经历中，才能逐渐羽翼丰满。因为没有一种能力是纯粹在欢乐和愉悦中产生的，面对风雨的能力都是在痛苦和挫败中培养起来的。

2. 孩子心理上也需要"蹒跚学步，摔倒再来"

每个孩子刚开始蹒跚学步时都会经常摔倒，但我们不能也不应该害怕孩子摔倒，因此就不让孩子学习走路，我们非常清楚孩子以后的路肯定是要他自己独立去走的。

从显性的生理发育层面，大家比较容易接受孩子学步摔倒的现实，但从隐性的心理发育层面，家长有时就难以接受孩子同样有"蹒跚学步、摔倒再来"的成长过程。这是我们很多人不知道、不了解的。有些家庭之所以培养出体格比较健壮，而人格、能力有缺陷的孩子，就是因为父母自己在心理上没有能力和方法陪伴、支持孩子完成蹒跚学步。

真正有能力的妈妈，可以培养出能够承载自己生命责任的孩子。做每一件事，说每句话都要想到，孩子未来要独自面对生活的风雨，培养驾驭跌宕起伏世界的能力，是我们的目标。

为了帮助孩子成长，忍着内心的痛苦，才是更负责任的一种母爱。

3. 让孩子成为自己的第一负责人

派派妈与其担心孩子吃苦，害怕孩子未来不尽如人意，不如去相信孩子，赋能孩子。你要知道，孩子是他自己世界的专家，在孩子碰到问题的时候，应该让他成为解决这件事的第一负责人。

举个我女儿的例子，她在上小学一年级的时候，有一天回来跟我说自己明天不去上学了，我没有大吃一惊，反倒是很好奇，问她为什么。

她说："学校有一个老师，像个巫婆一样，特别地坏，她说我不好。"

我问："你做了什么，让她说你不好？"

女儿说："我不过就是上课跟小朋友说话，下课的时候没有交作业而已。"

我问："那老师对哪些小朋友不像巫婆一样，而是像天使呢？"

女儿说："他们上课不说话，下课按时交作业。"

我说："宝贝，你有没有办法把老师变成对你也像一个天使一样？我相信你一定可以。"

她说："妈妈，我没有什么办法，小孩是改变不了大人的。"

我说："小孩也可以改变大人，妈妈相信你一定有办法。你要是把老师搞定，就可以得到你最喜欢的玩具。"

她一听礼物非常高兴。我跟女儿说："你要什么都可以，但前提是你要自己挣。"

我肯定不是一高兴就给孩子买东西，她一定要自己挣。但是我们现在家长什么都给买，所以小孩根本没有欲望。别什么都给，哪怕你家有几千个亿，也别让他以为可以随便买。你们家有多少钱是你的，不是他的，他得自己挣。

女儿想了想说："妈妈，我已经有办法了！第一，我上课不说话；第二，我按时交作业；第三，我帮老师擦黑板。"

我说："好，你试试，妈妈觉得你这么有办法，非常棒！如果这一招还不行，咱们再想别的招，妈妈相信你一定有办法把她搞定。"

过了几天，女儿放学回来时特别兴奋："妈妈，我是魔术师，我把一个巫婆变成了天使！"

我们家长太多的时候要不给孩子讲一大堆道理，要不就直接告诉他方法和步骤，孩子这一次或许按部就班地去操作，可以完成得很好。但他再次面对同样的事情时，会一次又一次寻求帮助，更不敢自己独立做主。只有是孩子经过自己的思考、探索、尝试运用过了的方法，才会是对他自己适用和有效的方法。

任何事情激发孩子的内在动力很重要，孩子要有发自内心的意愿，并且付出努力才能做得到。每一个孩子，都要为他自己的目标努力。也可以问问他：下次你是不是有更好的方法使努力更加有效？让孩子自己思考，在孩子独立思考的基础上，父母再帮助孩子一块儿来拓展，动力一定是来自他自己的，不是来自家长。

所以学习自我负责的第一步是让孩子自发自愿。如果不论大小事务家长总是给孩子包办代替，那孩子永远没有机会学习自我负责。第二步是要有内在动力。激发内在动力需要具备三个要素：

其一，孩子可以把控这件事；

其二，孩子有能力完成这件事；

其三，每一次的小进步，都成为孩子继续前行的动力。

成熟的母爱，就是学会恰当地放手。作为家长，把自己的担心、焦虑、不信任转化成相信、放手、祝福和鼓励，站在孩子的身后默默地看着她去尝试，去体验，说不定超出期待的事就会发生。

案例追踪：妈妈改变后，派派有什么新变化？

梳理之后，派派和妈妈发生了什么样的变化呢？下面是来自派派妈的分享：

参加完梳理，我感觉自己从头到脚充满了相信的力量，有对自己的相信，也有对孩子的相信。我自己的变化主要有三个方面：

1.重新定义游戏

曾经我认为自己是个比较开明的妈妈，毕竟身边没有几个家长同意孩子在工作日可以玩游戏，更多的是直截了当地禁止孩子玩游戏。

但我内心对孩子玩游戏还是有一点焦虑和不接纳的，看到他周一到周五期间挣到游戏时间快乐玩耍的时候，也纠结是不是自己溺爱了，这么做对不对？

跟海蓝老师交流后，自己尝试把游戏和琴棋书画等特长一样看待，只要不是伤人伤己，只要派派通过自己挣到了游戏时间，就接纳他去玩。这样一来，感觉跟孩子之间的关系轻松了很多，自己也放松下来了。

2.开始放过自己

作为一个要强的职场妈妈，一边工作一边带两个孩子，确实挺辛苦的，而这份辛苦我之前是看不到的。

我只会关注自己在工作中还不够拼命，某项工作表现不够优秀，回家陪伴孩子时间太少，对孩子学习不够上心……对自己的诸多指责和不满，化作面对孩子的黑脸和不满，一次次在指责训斥孩子后又流泪自责，觉得自己不是一个好妈妈。

梳理后，我开始相信自己已经做得足够好了，开始在每一个疲惫的瞬间停下来，回到自己的身体，感受身体的疲惫和不舒服，用静观自我关怀的方式对待自己。

我发现当我首先把自己照顾好的时候，我对孩子们的耐心和爱就多了很多，跟他们的相处更加平静有爱，对孩子们不合情理的要求也能温柔而坚定地说"不"，然后平静而好奇地陪伴着孩子们哭闹耍赖。久而久之，他们也慢慢清晰和接受了我划定的边界。

3.时刻回到目标

我前前后后参加过好几次亲子课堂，逐步清晰了自己的目标：培养一个自食其力、能够管理好情绪、发现并发展自己长才的孩子。但这个目标更多地停留在了我的思想层面，每当遇到外界搅扰时，往往会忘记了自己的目标，被老师、同学家长或者朋友的几句言语带走，又回到习惯性的好成绩、好高中、好大学……这条路上。

当我再一次探索了目标后，感觉自己清晰了很多，内心有了方向。在这段时间与孩子的相处中，每当自己内心有情绪起伏的时候，我总会尝试停下来，回顾一下，感受一下，我培养孩子的目标究竟是什么？评估一下当我对孩子这么说、这么做时，究竟是离目标更近了，还是更远了？

4.真实真诚地表达

作为看过很多育儿书的妈妈，我一直努力成为自己理想中的好妈妈，尝试多给孩子爱和鼓励。所以当派派告诉我他的期中考试语文成绩没及格的时候，虽然我的内心是崩溃的，但仍然条件反射般地告诉他，妈妈永远爱你。

而海蓝老师非常清晰地告诉我，当时你身体的每一个细胞都会传递出内心的崩溃，可以真实、真诚地对孩子表达你自己的感受。

所以在接下来的生活中，当派派做了糟糕的事情时，我尝试告诉他：宝贝，妈妈非常爱你，但你做的这件事仍然让我感受到不舒服，此刻妈妈需要自己待一会儿。我发现，在我真实、真诚地表达后，派派完全可以接受，而且我们母子二人感觉心的距离更近了。

最近的这次期末考试派派的数学成绩得了优，而且是班里的第三名，语文也得了良，全家人都很高兴。派派自己研究了一会儿成绩单告诉我："妈妈，我发现只要我把忘记带书的一门小副科变成优秀，下学期我就可以参选三好学生啦。"

那一刻我的内心是被触动的，虽然用成绩这个单一的标准来衡量孩子可能算不上班里最优秀的学生，但他内心对自己是相信的，也有很强的上进心的。我很好奇也很期待，愿意用更多的爱和耐心陪伴他，看一看这颗种子会开出怎样的花。

两年后，派派的妈妈告诉我们：

时至今日，我的儿子还是在玩游戏，但是我已经没有那么焦虑了，游戏也是生活的一部分，不是吗？

我们做了大体的约定，玩游戏需要自己挣游戏时间，工作日不玩游戏，时间可以攒到周末一起玩……基本按照这个规则运行了，偶尔到点关电脑时，也会有哭闹。哭闹就哭闹吧，哭闹也是生活的一部分，不是吗？哭一会儿，自己冷静了，又会开始考虑怎么才能挣到游戏时间。

这几年，在一次次的不舒服的时刻，我慢慢地看到我和孩子的边界，看到我和这个世界的边界。我感觉，自己活得越来越真实，也对自己，对孩子，对这个世界，有了更多的看见、接纳和相信。

我看到，我的儿子就像一株小麦苗，一点一点地萌芽，抽穗，长大……在不知不觉间，他自己负责自己的作业，自己负责自己的学习，自己安排自己的生活。他有的科目很优秀，有的科目还会考不及格，但他总觉得自己挺好的，没问题，我也觉得他挺好的，没问题。

感谢缘分，我有幸能参与他人生的前半程，亲眼见证他从懵懂幼童，一天一天长大。愿他能成长为顶天立地的男子汉，心存正念，所向光明。愿他能自食其力，还能尽自己所能去帮助他人。我觉得，这就是教育成功了。

养孩子确实是一场修行，感恩这场修行，我感觉，自己正在参与一场生命的奇迹。

第二章　孩子自卑、爱哭、缺乏自信，家长怎么办？

——如何引导孩子发现资源？

【困扰场景】

　　参与对象：冬冬，男孩，11岁；冬冬妈，大学老师。

　　问题描述：冬冬爱哭不自信，妈妈出口伤人不自知。

男孩哭是软弱、差劲的表现吗？

　　11岁的冬冬是班上的班长，看上去阳光自信，但妈妈发现儿子很"玻璃心"，胆小，爱哭，不够自信。有一次朗读课文时冬冬感情不太到位，妈妈就帮他纠正了一下，但他竟然哭了。

　　"又哭！我家没有爱哭鬼！"妈妈的情绪一下被激发了，冬冬的哭是妈妈情绪的一个引爆点，因为妈妈觉得男孩哭是软弱、差劲的表现，她无法接纳一个男孩子动不动就哭。

　　其实，能够哭的孩子是健康的，不会哭的孩子反倒是压抑得太多，出不来的眼泪会变成更多的情绪，甚至是身体的疾患，成人和孩子都一样。会哭，说明孩子的情感是流动的，哭是一种释放，更是一种疗愈。我们能够感受到冬冬的情感流动和内心的能量。

然而，在冬冬妈觉得男孩子爱哭是软弱，情绪爆发的时候，收到了冬冬给她写的一张小纸条："妈妈，我好想去死呀，我觉得我好没用啊！"

这一张纸条，让冬冬妈意识到了问题的严重性。她才开始真正思考，自己和冬冬相处的问题。

1. 每当妈妈批评，拿我和别人比较时，我就很难过

冬冬说，每当妈妈拿他跟别人比较，说他笨的时候，他都很难过，妈妈的话让他在心里种下一颗自卑的种子。虽然妈妈说话不带脏字，但有阵阵寒意。

我问："妈妈说什么，让你有这种感受？"

冬冬学着妈妈的口吻说："'你成天捧着iPad什么意思呀，你肩膀上长的是什么？是脑袋吗？如果是脑袋就用它来思考，它不是石头！'听到妈妈这么说，我很难受，甚至想过不活了。"

很多父母都很关心为何孩子不够自信，认为批评使人进步，就用各种指责、控制、评判、比较、讽刺的方式希望帮助孩子变得更加聪明、自信。如果不奏效，就焦虑，发泄情绪，而结果往往是适得其反，让孩子变得越来越自卑。

为什么家长越操心努力，孩子越不尽如人意？

冬冬的爸爸妈妈都是高知，名校博士毕业，在高校工作，对儿子的培养可以说是极其用心。用妈妈的话说："自从有了他，我就决定科学养孩子。我非常努力地看各种育儿书，目的就是更好地培养儿子。我带他去早教中心，去学习艺术特长；每个假期都安排国内外旅行，开阔他的视野，就是不想让他做一只苦读书、高分低能的井底之蛙。"

可是，孩子连作业都不能自己完成，更别说什么高分了。"我越认真，孩子就越马虎；我越上心，孩子就越令我伤心；我过度的热情、过度的努力、过度的用心，居然成了儿子成长之路的绊脚石！"

冬冬妈超强努力的付出和孩子不尽如人意的表现，让她非常困惑不解，也很崩溃。和她进一步交流后，我发现她很多时候并不是用"心"培养孩子，而是以"我是为你好"的名义，用着急、恐惧、焦虑、否定、批评、指责的语气训斥冬冬。

其实，冬冬妈过度努力、追求完美、超强控制欲的背后，藏着超出一般妈妈的育儿焦虑。

1. 凡事过度，必有缘故

冬冬妈在儿子3岁时，离家去读博士，一走就是两年，她最怕听到的话就是：你为了自己的事业，不管孩子；孩子胆小爱哭是因为缺爱。这些话像是魔咒，更像头顶悬的一把剑，催促着她像只八爪鱼一样，拼命做兼顾家庭的好妈妈、好妻子。

无论学业压力多大，她都基本保证两个月回家一次，几乎每天给儿子打电话，甚至打到冬冬都烦了：正在家里开心地玩，或者正享受美食，电话铃一响，奶奶说"快去接妈妈电话"，孩子就不得不停下正在做的事接电话。我们可以清晰地看到：每天给儿子打一个电话并不是儿子的需求，是她想证明自己是个负责任的好妈妈。

冬冬再大一些，妈妈总喜欢给儿子提建议或意见，语气中会透露出：听妈妈的就是对的。如果孩子没听她的"智慧指导"尝到苦头，她就会说：现在知道了吧，听妈妈的就好了，是不是？孩子内心常常在说：妈妈，你对我的要求太高了，我好有压力啊；学校的作业太多了，我完不成啊；你不要大声斥责我了，我受不了！……然而，这些心声，妈妈从来没有听到。

当孩子顶不住压力哭出来的时候，她认为儿子是"玻璃心"，作为一个男子汉，怎么就这么胆小爱哭呢。

2. "说谎"式的鼓励，是控制

冬冬妈博士毕业后到美国做访问学者，她决定把10岁的冬冬带在身边。访学期间非常忙，她常常把冬冬往图书馆一扔，希望儿子浸泡在知识的海洋里。但她发现冬冬开始出现了焦虑情绪，而且一直都诚实乖巧的儿子开始说谎，比如不懂装懂。

她说刚到美国的时候，发现冬冬的英语提升非常慢，她真的很着急、焦虑。虽然表面上不说什么，但孩子可以真切地感受到。

冬冬问妈妈："你为什么总是说我不好？"

冬冬妈："宝贝，妈妈对你的鼓励远远多于批评吧？妈妈什么时候说过你不好呀？"

妈妈觉得自己是一个重视鼓励教育的妈妈，但人与人之间的交流93%都是通过表情、眼神、语音、语调和姿势交流的。几个月大不会说话的孩子都会准确地知道和感到周围人对他的态度。孩子会精准地知道：家长哪些鼓励是由心而发的，哪些是带有其目的的。冬冬能清晰地感到：妈妈嘴上说，你好棒，其实心里想的是：你这么差劲可怎么办呀？

冬冬知道，妈妈说他不好时，是真心的，而所谓的鼓励都是为了催促他继续努力而已，是一种变相的控制。

孩子究竟是怎么变得自卑的呢？

我从未见过一个自卑的宝宝。你看刚出生到3岁前的宝宝，饿了就哭，难受了就喊，有需求就表达，不想吃的东西，喂进去给你吐出来，要不头摇得像个拨浪鼓，喜欢的就去拿，就去要，像是这个世界的公主和王子。

自卑不是先天的，是后天产生的，是孩子在成长过程中被父母与周围人忽视、批评、指责、要求、比较、打、骂、嘲笑、霸凌、贬损中产生的，是孩子严重缺乏无条件的支持、温暖、鼓励和爱的结果。

我曾在海蓝博士微博上调研：父母的什么言行会导致孩子自

卑，没有自信。我收到很多留言，总结起来就是：

（1）没有得到父母的肯定、赞赏和鼓励。

（2）打击式批评与打骂，冷言冷语冷暴力。

（3）拿我与其他孩子比较。

（4）父母喜欢包办代替。

从与冬冬和妈妈的交流中，我看到了冬冬的自卑是怎么产生的。

1. 冬冬经常被否定，被批评

冬冬问妈妈："你为什么总是说我不好？"

妈妈的回应是："宝贝，妈妈对你的鼓励远远多于批评吧？妈妈什么时候说过你不好呀？"

从冬冬的问话中可以看到，这是孩子经常的感受。而妈妈的回答首先是反驳，不承认，完全没有感到孩子的感受，而且否定了孩子。传达的是：我说鼓励你了就是鼓励你了，你怎么看、怎么感受不重要，也不算数。相信冬冬被否定是和妈妈互动的常态。

冬冬学英语，妈妈觉得儿子在美国待了两年，怎么发音这么不标准；冬冬朗读课文，妈妈觉得感情不够饱满；冬冬参加话剧排练，妈妈觉得表情不到位。总之，妈妈总是会看到冬冬表现不尽如人意的地方，不断挑错挑刺，以为这种挑剔是为了孩子好。实际上，这些否定、被批评是孩子自卑的来源。

读到这儿的你，有没有这样对待过孩子？

2. 冬冬经常被比较

冬冬说："妈妈会经常拿我跟别人比较，人家安迪哥哥怎么样怎么样，皮特哥哥怎么样怎么样，每句话，一字一句地叠加，就像针一样一次次扎在我心里，然后我的心就像玻璃一样有了裂痕。"

每次妈妈这样说，冬冬不会反击妈妈，而是自己给自己再射一箭：对，我确实不够好。

父母拿孩子做比较的初衷都是为了激励孩子，让他更加有动力、更加优秀，但事实上这会让孩子感到自己不如别人，对自己的能力和价值产生怀疑，觉得自己不够好。被比较也是孩子自卑的主要来源之一。

3. 冬冬难过时，妈妈情绪失控，被妈妈训斥

当冬冬因为事情没做好，难过流泪的时候，得到的不是妈妈的理解和抚慰，而是妈妈的愤怒："又哭！我家没有爱哭鬼！"因为妈妈认为男孩哭是软弱、差劲的表现。冬冬觉得自己怎么做都不对，所以给妈妈写了一张小纸条："妈妈，我好想去死呀！我觉得我好没用啊！"当孩子难过的时候，不仅没得到家长的关怀反而遭到训斥，孩子会觉得自己不够好，非常没有价值，连活着都没有意义了。

4. 妈妈喜欢包办代替，为冬冬做选择和决定

冬冬妈总喜欢给儿子提建议，而且让孩子感到：听妈妈的就是对的。就像在冬冬小时候，冬冬妈几乎每天给儿子打电话，冬冬都烦了，也得停下正在做的事接她的电话。

还有，如果冬冬没听她的，遇到困难，她就会说：现在知道了吧，听妈妈的就好了，是不是？冬冬心里常常想：妈妈，你对我的要求太高了，我好有压力啊；学校的作业太多了，我完不成啊；你不要大声斥责我了，我受不了！

妈妈的所为和冬冬的心声让我们看到：孩子的需求没有被看见，也没有被尊重，孩子需要满足妈妈的各种需求和要求。孩子也没有自主思考、选择、决定的机会，一切都得听妈妈的安排和要求。一个没有被尊重，也没有独立自主思考、选择、决定、试错机会的孩子，自信从哪里来？

5. 原来是妈妈自卑

从冬冬和他妈妈的故事中，可以看到冬冬自卑，冬冬妈也自卑。可能你会说，妈妈都博士了，还自卑？自卑和是不是博士没有太大的关系。

冬冬妈说："我小时候，妈妈几乎没有夸过我，也从来不说我漂亮，只让我学习。而且我妈妈和婆婆都认为，女人就应该为家庭幸福牺牲。如果老公和孩子好，就证明你好；老公和孩子不好，你再优秀也没用。我妈和我婆婆都是以相夫教子为己命的人，有好东西，先给家人，在吃穿方面，总是委屈自己。她们总是打扫餐桌上的剩饭剩菜，我也是经常打扫餐桌去吃爱人和孩子的剩菜剩饭。"

我说："所以你非常担心冬冬的成绩和状态，因为孩子的状态代表着你是不是个好妈妈、好妻子、好女人，是吗？"她默然地、深深地点点头。

冬冬妈从未被父母真正地无条件地爱过、欣赏和赞赏过，小时候的价值是学习好。成年后，她是不是好女人，主要是看老公和孩子好不好，孩子不好就是自己不好。一生以他人的眼光确定自己的价值，所以活得诚惶诚恐，充满焦虑自卑。

记得之前有一个孩子的妈妈说："我这辈子没有过优越感，光是让自己不自卑，就已经用尽全力。我以为只要变优秀，变有钱，变漂亮，那种自卑感就会消退，所以无论何时，我都不敢停止努力。可找到了满意的工作，嫁了个好老公，过上了别人眼里的好日子，那种焦虑、自卑的感觉依然没有减弱。我才终于明白：自卑不光是头脑中的认知，更是身体里的恒久记忆。"

一个自卑的人会像一个被抽的陀螺一样，过度努力停不下来，自己却不知道为什么。我上面说过：凡事过度，必有缘故。这个缘故就是冬冬妈深层自卑的体现。过度努力本身就是自卑的表现。

当孩子的状态成了证明家长好坏的标准时，孩子就成了父母实现自己价值的工具，所谓的教育就成为控制，父母控制不了的时候就会感到焦虑、愤怒和羞愧。而被控制的孩子，为实现父母期待而努力的孩子，很难有自由、自主、自立的机会，没有独立自主当然也不可能有自信。

除此之外，父母的控制和高期待常常也是孩子自卑的另一个来源。家长必须知道：孩子是独立的人，他一定有自己的个性和人生道路，你的任务是帮助他成为独一无二的存在，成为孩子自己希望活成的样子，不是成为你想象中的样子。不理解这个真相的父母，只能做3岁以下孩子的父母，因为在孩子3岁以后的路上，他们会与孩子展开一系列战斗。

我一直认为：没有叛逆的孩子，只有跟不上孩子成长的父母。

"865"分析：发现资源是疗愈自卑的良药

那我们怎么帮助冬冬告别自卑，获得自信呢？

在这个案例中，我们发现，冬冬的自卑是因为他自己看不到自己的好，妈妈也看不到他的优点，还对他有很多批评、指责、要求、否定，与人比较和包办替代，还有妈妈也自卑。从"865"体系的八项能力来评估，自卑的孩子最需要的是从八项幸福力中发现资源的能力。

获得自信的最重要的路径是发现自己的好、他人的好、世界的好，善于得到他人的帮助，善于发现可以利用的资源成就梦想，以上我称为发现资源的能力。

那么，究竟应该如何培养发现资源的能力呢？我来给大家分享以下四点。

1. 妈妈要学会发现自己的资源

不断学习的妈妈就是优秀的妈妈

世界上没有完美的妈妈，不管我们怎么努力，尽心尽责，想把孩子培养成优秀的孩子，我们都会犯错，都会或多或少地伤害到孩子。犯错和有意无意地伤害到孩子就是做妈妈的一部分，就像天要下雨一样自然。

无论过去发生了什么，相信在彼时彼刻的环境、背景、条件下，在自己有限的养育孩子的知识、能力、经验的局限下，已经尽了最大的努力做了认为对孩子好的一切。每个妈妈都无法要求自己做超出环境及自己认知和能力之外的事情，努力了就是好妈妈，不断学习就是优秀的妈妈。冬冬妈是个优秀的妈妈，因为从孩子出生一直到现在，她一直在探索学习如何更好地教育冬冬。

亲爱的，过去的错不是你的错，所以不要在后悔中消耗时间精力。生命没有上一刻，没有下一刻，只有此时此刻。此刻开始发现自己的好、孩子的好、世界的好，一切就会越来越好。未来由你掌握，每个当下做好发现爱、发现美，充满感恩，就掌握了未来。

亲爱的，也给读这本书的你点大大的赞！

做自己的主人，不让他人定义自己够不够好

冬冬妈一直被他人的评论和观点所控制和裹挟。

她最怕听到的话就是：你为了自己的事业，不管孩子；孩子胆小爱哭是因为缺爱。她妈妈和婆婆都认为，女人就应该为家庭幸福牺牲。如果老公和孩子好，就证明你好；老公孩子不好，你再优秀也没用。

相信很多家长都有被他人的评论和观点控制和裹挟的经历。

我们毕竟都是在"别人会怎么看，别人会怎么说"的文化里长大的家长，我们的父辈、祖祖辈辈都在这样的文化中长大成人，这种观念深入骨髓，像一只无形的手，控制着许许多多的人，控制着人生命中许许多多的时刻。

可能你有同感，但要知道，其实你一点都不孤单，许多家长和你一样，终其一生生活在别人的评论、观念和要求之中。所以有了许多人临终时，对自己人生最大的遗憾就是没有听从自己的内心，做自己喜欢做的事，成为自己喜欢成为的人。

我们在寻求自己独特生命的价值和意义中，不得不与来自文化、他人、家人的各种观点和评论而平衡和抗争着，就像蛹变蝴蝶、荷花出污泥绽放的过程一样。只是有的人最终化为蝴蝶，成为出淤泥而不染的绽放莲花；而有的人终生为蛹，置于泥土中没有绽放。

冬冬妈已经走在追寻自己生命的价值和意义之路，走在绽放自己、化蛹为蝶的路上，挣扎是必然的过程，面对那么强大的来自文化、妈妈和婆婆的影响，还能坚持努力、奋斗，就可以为自己骄傲。剩下的就是彻底看清这种搅扰，坚定地做自己。

我曾被周围无数的人说过：不安分、不守女人的本分。甚至有人笑言，世界上有三种人：男人、女人、女博士。然而，作为一名女博士，如今我62岁了，我无比确定地知道：

一个人最大的本分就是成为理想中的自己！

一个女人最大的本分就是活成喜欢的自己！

最好的妈妈就是成为孩子的榜样！

如果仔细想想自己每天的生活，就知道，人绝大多数时间都在想自己的事，做自己的事，或者想自己的家人、自己的孩子、自己的工作、自己的亲戚朋友的事，哪有时间想别人的事，对他人的评论，也就一闪而过而已。即便是父母、公婆、岳父岳母，和他们在一起的时间也是短暂的，这一生唯一和我们永世相随、24小时在一起的只有我们自己。自己开心才是真正地不负此生。

别人的评论和观念之所以会影响我们，是因为我们受本能负面关注的影响，自己无意识地扩大，在内心反复思考的结果。也就是我们把自己生活的责任交给了对我们不负责任的人，此刻是不是觉得很冤？

几十年过去了，当初评论你的人，许多人早已忘记自己说了什么，没有忘记的会惊叹和羡慕你这么多年"不安分"地为坚持自己梦想的努力和结果。父辈也会因为你的绽放改变他们当初的观念和观点。

你永远不会让所有人满意。无论你怎样做，都会有人挑三拣四，这就是人和社会发展的规律。认清真相，做个让自己满意的人，满意的妈妈。自己对自己满意了，就是自信了。每个人都喜欢和对自己满意、自信的人在一起，因为一个对自己满意的人，也容易对他人满意，在他人身边会感到安全、舒适。成为这样的人，孩子就会感到安全、舒适。

努力，但不要过度努力

冬冬妈说自己总是过度努力。一切的过度努力都有填充自卑的成分。过度努力意味着超过自己身心能力的努力，是一种对身心的滥用。

过度努力有对自己不接纳、讨好他人之嫌。因为把孩子好坏当作衡量自己好坏的标准，冬冬妈也在不知不觉中，把这种过度努力，用要求孩子的方式转嫁给冬冬。所以冬冬会说：妈妈，你对我的要求太高了，我好有压力啊；学校的作业太多了，我完不成啊；你不要大声斥责我了，我受不了！

过度努力对身心都是消耗。人为什么会这样做呢？是因为想填补内心深处的自卑、不值得，怕被抛弃、被嫌弃。

如果你不知道自己为什么过度努力，追求完美，现在就可以停下来，想一想，感受一下，每个感到自己不值得、不够好，害怕被嫌弃、被抛弃的背后，其实都有一段或几段没有被看见、被尊重、被欣赏、被爱的经历和伤痛。

这些伤痛需要被疗愈，也可以被疗愈。

你有没有发现，特别自信的人，都特别有魅力。要知道，得到别人的喜欢和尊重的第一步，就是我们要尊重和喜欢自己。尊重自己的核心是尊重自己的身心需求，不过度努力。

人需要努力，努力带来的是接近目标的喜悦、兴奋和成就感。

过度努力带来的是：自己和孩子的身心疲惫和挣扎。

我们人和人之间的交流，90%以上都是非语言交流的。当你充满自卑，感觉自己不值得，不尊重自己的时候，别人也会不尊重你，忽视你。看不见自己的人，也不会被看见。过度努力填不满自卑的黑洞。

来到这个世界上的每个人都是奇迹，你是，孩子也是。不需要向谁证明自己的价值。你之所以拥有价值，是因为你是你自己。如果你失去了自我，也就失去了对他人的价值。就像玫瑰，失去了玫瑰的特色，也就失去了它的价值和意义。你永远满足不了别人的期待，每个人的期待都需要自己去满足。你需要更好地做自己。

2. 将伤害转化为自信

善用"三明治法则"

如果孩子说："你为什么总是说我不好？"

妈妈可以回应："那你希望妈妈怎么说呢？妈妈怎么说、怎么做，才不会让你难过，让你感到受鼓舞呢？"

妈妈可以用"三明治法则"给孩子反馈和回应：

上层面包片：先说孩子做得好的地方，夸赞，表达欣赏、认可。

中间肉片：说出你希望孩子需要提高的地方，真实、真诚地提出意见、建议、期待。

下层面包片：表达鼓励、信任和感谢，相信孩子未来会更好。

就像有的人给孩子的药，外面包了一层糖，这是"三明治"法则。这样不仅不会挫伤孩子的自尊心和积极性，而且孩子还会积极地接受你的提醒，并改正自己的不足方面。

记得一个8岁的男孩，听到"三明治法则"后说："我听懂了，就是前面说点好听的，后面说点好听的，中间放上想说的缺点和建议。"孩子的总结堪称精辟。

比如我女儿打扫完房间，在我看来颇有糊弄之嫌，我会说："哇，宝贝主动打扫房间了真棒！要是能把这个角落也弄干净就更好了。妈妈喜欢行动起来的宝贝！"

你估计这样的互动会不会让孩子更愿意做好？

从与他人比较到产生向他人学习的意愿

冬冬说妈妈经常拿他跟别人比较，每个妈妈都想让自己的孩子出类拔萃，想用与他人比较激励自己的孩子是许多妈妈惯用的方法，只是这种方法激发的往往不是紧追猛赶的斗志，而是孩子的对抗和自卑。怎么做可以激发孩子产生向他人学习的意愿呢？

激励孩子四部曲：

（1）清晰定位是帮助孩子实现他的愿望，不要嫌孩子不如他人。

（2）了解孩子的需求。

（3）表达妈妈爸爸愿意帮助你的心愿。

（4）尊重孩子的选择。

记得我女儿语文成绩开始的时候很差，我问她是否希望提高自己的语文成绩，她说当然。我问她班里谁的语文成绩好呢，她说谁谁谁。我问女儿知道她的语文为什么好吗，女儿说那位同学的拼音好，自己不会拼音（女儿小学一、二年级没有在国内读）。我问女儿准备怎么办呢？女儿说自己想补习拼音。我问女儿我需要帮助她做些什么？女儿说让我帮她买拼音书，不好意思自己去买，因为那是一、二年级小朋友学的东西。于是，我帮她买了学拼音的书。

激发孩子内在动力的关键是了解孩子的需求，帮助孩子实现他的愿望，不是让孩子实现你的愿望。尽管很多时候你和孩子的愿望是一致的，从你的愿望出发给的就是压力，从孩子的愿望出发给的就是动力。有句话说：鸡蛋从外打破就是毁坏，从内打破就是成长。是不是很有道理？

当孩子没做好，难过流泪的时候，要安抚孩子

冬冬说："当我事情没做好，难过流泪的时候得到的不是妈妈的理解和抚慰，而是妈妈的愤怒：'又哭！我家没有爱哭鬼！'"

首先，孩子在24岁以前，从神经科学的意义上说都是孩子，因为负责认知、判断、选择、把控自己的大脑前叶在这个年龄刚刚长好。不到24岁的男孩，也是孩子。用对男人的标准要求一个十几岁的孩子本身就是错误的。男人不应该哭的观念更是错上加错。哭是最健康的疏导情绪的方式。一个不允许男人用最健康的方式疏导情绪的社会，就会在男人积郁成疾、重病难愈或者轻生时，泪流成河。这不是危言耸听，而是现实。

记得不知多少次，在人前无限风光，充满力量、阳光，令人仰慕的大人物、大老板对我说："就想你帮我哭一场。因为我没有地方可哭，家里不行，朋友面前不行，公司的员工面前更不行，都快憋死了。"男人哭吧哭吧，不是罪。我们要让男孩学会哭，成为男人后他们才能够灵活运用这个上天赐给每个人的疏解情绪的法宝。

孩子难过的时候，特别是能够当着父母的面表露难过的时候，家长们要感到非常欣慰和高兴！为什么呢？因为说明孩子的情绪有疏解的通道，说明孩子对你还有信任。当孩子故作坚强什

么都不告诉你的时候，说明孩子心已冷，失望，无助，有时是绝望，你与孩子已经有了心墙，孩子的抑郁和焦虑也就会随之而来，厌学和失学也就顺理成章。

孩子难过的时候，父母能够给予关怀和抚慰，是孩子感到爱、感到自己值得、感到自己被珍惜的证明，因而感到自信，也是我们与孩子心贴心的绝好良机。

那怎么做呢？如果我女儿告诉我她感到难过，我会这样做：

（1）我会立刻放下手中进行的一切，女儿的难过对我来说就是超级头等大事。

（2）全身心地倾听，不管是面对面还是视频交流，都无比专注，此时我不接收任何人的信息，找一个不受打扰的环境。

（3）听她讲完全部的故事，不打断，不建议，不评价。

（4）如果在身边，我就把她搂在怀里，抚摸她的头或背；如果是视频，就告诉她：妈妈此时此刻想把你搂在怀里亲亲。孩子绝大多数时候不需要你帮助解决问题，只需要一个安全温暖的地方释放自己难过的情绪。情绪释放了，她自己对很多问题就有答案了。想想做家长的自己，是不是很多有情绪的时刻，也只需要一个能够倾听和温暖我们的人，并不需要解决方法，有时候他人的建议反而让人心烦，是不是？

（5）然后问她是否需要妈妈做些什么，孩子会让你知道她需不需要你帮助。

从包办代替到让孩子自己选择决定自己的事情

家长的包办代替，替孩子做选择和决定是使孩子自卑、缺乏自信的重大原因之一。冬冬妈喜欢包办代替，几乎为冬冬做全部的选择和决定。孩子的自信是在自主选择和决定中建立的。家长的包办代替会剥夺孩子自己分析、判断、选择、决定的机会和能力。

我们养育孩子的目标是希望孩子和我们在一起学会能够独立自主生活的能力，不是一个学习机器，ChatGPT和现代科技的发展，挑战了以知识和记忆逻辑为主的教育系统，如果家长跟不上发展，就会白费工夫，耽搁了孩子的成长。

你会说，孩子什么都不懂，他怎么选择，选错了怎么办？

我想说：

（1）孩子懂得比你了解的多得多。

（2）无所谓选错。就像美国发明家托马斯·爱迪生（Thomas Edison），当人们说他都失败了一万次了，他的回答是他并没失败，他只是发现了一万种不成功的方法。

我有个学生，他的女儿1岁多，他给孩子买了一套厨房玩具，里面有刀，还有各种实际上预先已经切好的水果。宝宝拿好刀，准备去拿橘子，妈妈在旁边说橘子太大了吧，孩子理都不理她，毫不费力地把橘子拿好；爸爸在旁边说，太大了切不动吧，孩子依然不理，拿起刀来就把橘子一切两半了。然后，宝宝骄傲地看着爸爸妈妈，孩子的自信就是在一次次自我选择、自我实践、自我挑战中逐渐形成的。

亲爱的家长，相信你自己或者在观察中都看到过，一个孩子在没有他人帮助下，成功挑战自己完成一件事情的喜悦和自傲，这就是自信的来源。也相信你看到过一个孩子在没有请求帮助的情况下，被干预、被帮助的愤怒反抗，因为你的担心、替代和干涉，损害了他获得自信的机会和能力。

家长的担心、替代和干涉，会损害孩子的自信！只要孩子的选择不伤人伤己，就让孩子去选择，去尝试，错了也就是发现了一种不成功的方式。以你认为的结果的好坏、对错来衡量孩子要不要做一件事，本身就是井底之蛙的思考。孩子的世界无限宽广，他们的未来，你我无法想象和预测，也正因为如此，世界才会不断发展。最重要的是：不要让家长的狭隘和局限，限制和捆绑了孩子。

孩子在自由自在的探索中，发现自己，创造世界；在实践中拓展和锻炼自己的生存能力，获得幸福的能力。

放手让孩子去闯，去探索，去试错，我们只需要鼓励、陪伴，在孩子让我们帮助支持的时候给予帮助支持。

3. 给孩子真诚地道歉

我在前文的"不让孩子受伤——做错了就给孩子道歉"这一节详细讲解了为什么和如何给孩子道歉的理论和方法。

在这里，我们通过冬冬妈的道歉，看到对于孩子关系和自信建立的影响。

冬冬妈非常真诚，在案例梳理现场跟儿子很认真地道歉：

"宝贝，妈妈以前太低估你了，很抱歉，我以前说了很多不应该说的话。"

妈妈刚说到这里，冬冬很慷慨地说："没事儿，妈妈。"

我提醒冬冬什么也不用说，看着妈妈的眼睛，收下妈妈的道歉。因为欣然接受，收下妈妈对他的看见，是他从自卑走出来的第一步。

冬冬妈继续说："妈妈也有很多的缺点，妈妈也是第一次做妈妈，可能因为妈妈对自己挺狠的，所以对你也有点狠。你这么小，妈妈就转给你担不了的担子，总是对你有很高的期待和要求，没有尊重你的节奏，妈妈非常抱歉。"

听着妈妈的道歉，冬冬脸上洋溢着被看见、被理解、被尊重、被疼爱的满足和释然，这是自信升起的样子。

4. 妈妈要学会去发现孩子的资源

冬冬的成长过程，妈妈通常看到的是孩子不够好的地方。妈妈说到冬冬哪儿不够好时非常自然，话根本停不下来。

有许多家长对我说，我的孩子很自卑。我一般会问："你的孩子都有哪些优点长处？"这些家长的回答是："我实在找不到我孩子身上有哪些优点。"

亲爱的，你是一个找不到孩子优点的家长吗？如果是，你就知道孩子的自卑来自什么地方了。

孩子自卑的第一大原因就是父母看不到孩子的优点长处。父母对孩子的不确定、不相信、不认同，看不到孩子的优点和长处是孩子感到自卑的第一大原因。所以，要帮助冬冬建立自信，妈妈需要学会发现他的优点和长处。

我让冬冬妈试着发现和表达孩子有哪些优点，开启发现孩子美好之旅，最好能够持续100天。因为100天持续地发现和创造美好的感受能够持久地改变大脑神经回路。

那么，如何帮冬冬发现资源，也就是优点和长处？

数点孩子的优秀品质

冬冬有很多看似普通的优点，这些优点一直被妈妈看成理所当然，没什么好夸的。许多家长对夸赞都不以为意，直到孩子自卑得萎蔫了，还经常纳闷，不理解为什么孩子有吃、有喝、有住、有穿还自卑？因为家长不知道：夸赞对一个人的生命就像阳光雨露对花草植物一样重要。

经过进一步引导，冬冬妈发现冬冬身上有很多优点，比如：善良、乐观、坚持、感恩、宽容、勇敢、诚实、幽默，对世界的好奇和兴趣……

冬冬妈决定用写信的方式，坚持100天，每天给冬冬写一封发现他优点的信。不仅如此，妈妈还主动问冬冬的老师同学，冬冬有哪些优点，并搜集起来发给冬冬，增强他的自信心。

作家三毛在《一生的战役》中写道：我一生最大的遗憾不是没有赚得全世界，而是请你欣赏我。而这个你，就是她的父亲。直到父亲当面对她说出"为身边有你这样的小草而骄傲"时，三毛泪流满面哭诉道："这句话我等了一生一世，直到你今天亲口说出来，才抹杀了我在这个家庭永远抹不掉的自卑与心虚。"

不仅仅是冬冬妈和三毛的父亲，每个家长都会本能地关注孩子的缺点和不够好的地方。因为人类的本能就是关注自己、他人和周围环境，过去的不好、现在的不好和将来可能的不好，心理学称之为关注负面偏好的本能。

家长们跟着自己的本能，盯着孩子的不行、不能、不好，结果越盯越多。所以，我们得将本能变成本事。什么是本事呢？就是学会用一万种方式发现孩子的好，并表达给孩子，也就是练就自己的"夸功"！

好好练"夸功"——夸出孩子的自信

夸孩子不是虚情假意，不是阿谀奉承、讨好、拍马屁，也不是控制孩子的手段，是对孩子的品质、努力由心而发地看见、欣赏，真情实意地表达。

夸奖、鼓励孩子有四个原则：

第一，真实、真诚，由心有感而发。

第二，夸奖孩子的意愿，夸奖孩子的努力。

第三，夸奖孩子表现出的优良品质和能力。

第四，要有具体的场景、时间和事件。

我认为孩子最大的资源是具备八项幸福力，所以要在孩子生活、学习、与人相处中，用各种各样的方式鼓励和发现孩子的八项幸福力。

（1）夸孩子自我负责的能力

决定孩子人生幸福最重要的能力是自我负责，就是做生活和学习的第一负责人。鼓励孩子做事不依赖别人，不等待别人，不指责、不抱怨、不攻击他人，也不攻击伤害自己，积极主动管好自己的生活、学习。比如，对年龄小的孩子，衣食住行，鼓励孩子自己完成，完成后，马上鼓掌表扬：哇，你会自己吃饭了等。一旦孩子自己会做了，就不再帮忙。对年龄大的孩子说：宝贝，你不用妈妈提醒就把作业做完了，真好！

（2）夸孩子发现资源的能力

在看到孩子遇到困难的时候，能够寻找到所有资源来帮助自己解决困难，就赞赏孩子。像我女儿去图书馆找资料帮助她学习写作文，我就说："宝贝，你能够去图书馆找资料帮助自己克服写作文的困难，真是太棒了。这可不仅仅是借了一本书，反映的是你能够发现资源的能力！"

（3）夸孩子保持相信的能力

当孩子遇到困难和失败时，能够相信一切都是最好的安排，就不会被困难和失败吓倒。记得女儿大学转学失败时，她虽然沮丧，但很快就对我说："妈妈，我相信一切都是最好的安排。也许上天认为我不转学对我是最好的。"我说："转学失败，你能够认为这是上天对你最好的安排，妈妈太为你骄傲了。有这样的信念，比转到你现在就想去的学校重要多了。"后来新冠疫情暴发，不管去哪个学校都是网课，而我女儿因为转学失败，用三年时间就完成了四年的大学学业，现在也成功地进入了她心心念念的大学。我和她再一次回顾锚定：不管发生了什么，一定相信一切都是最好的安排，不在失败的情绪中陷入，积极努力继续向目标挺进。

（4）夸孩子建立安全的能力

当孩子感到不安全的时候，会觉得这个世界上充满着各种各样的敌意和危险，他一定是不快乐不幸福的，也不会有创造力。当孩子感到安全的时候，整个人是放松、自由、安定、踏实的，所以我们要帮助和引导孩子从小就自己给自己建立和提升安全感，自己给的安全感是雪中送炭，别人给的安全感只是锦上添花。有一个孩子因为父母离异3年没有见到妈妈，但他依然健康长大了，回到妈妈身边的时候，妈妈无比骄傲地说："儿子，你可真棒，妈妈不在你身边的时候，你依然把自己照顾得很好，健康、快乐，成为这么有安全感的宝贝真了不起，妈妈真为你骄傲！"

（5）夸孩子转化情绪的能力

当你的孩子面对不如意或与同学、老师发生矛盾冲突的时候，能够管理自己的情绪，不失控，能够平静地表达自己的感受和需求，还能够理解对方的难处，看到事情积极的一面。你要好好夸夸你的孩子，他具备非常重要的能力，那就是转化情绪。

（6）夸孩子放下过去的能力

有一个妈妈听老师说孩子在学校跟她最好的朋友闹掰了，情绪不好，妈妈见到女儿的时候发现她情绪一点没受影响，问及此事，女儿说："对呀，我和朵朵吵架了，当时我真的非常生气也很难过，因为她误会我了。不过呢，我放学后去运动场跑了几圈后就想通了，我想她肯定不是故意的，一定有什么误会，第二天我主动找她把这件事说开了，我们就和好了。"妈妈赞赏地说："宝贝，你真棒，你知道吗，你具备一种非常非常重要的能力。"

女儿大声地说："妈妈，我知道，就是你在海蓝姥姥那里学习的八项幸福力，其中一项叫作放下过去的能力！"

（7）夸孩子调整模式的能力

15岁的冰冰和爸爸看展回来搞得不愉快，因为冰冰性子急，没有耐心，走马观花，爸爸希望儿子能够静下来去品鉴。如果爸爸提醒冰冰慢一点，冰冰还会气呼呼地不高兴。有一天爸爸抓住了机会，他发现冰冰在莫奈（Monet）的《睡莲》面前站了很久，爸爸赶紧趁机夸奖说："儿子，看得出你的审美很高级啊！你知道，关键的是你能安静下来了，不着急了，这就是最重要的一种能力——调整模式，从着急的模式调整到观察的模式。"

（8）夸孩子创建幸福的能力

父母和孩子在每一个当下，说每句话、做每件事都能够做到利人利己就是创建幸福。过春节的时候，雪晴远在加拿大留学的女儿给爷爷奶奶准备了一份特别的礼物，把爷爷奶奶年轻到年老的照片做成了电子相册，每一张照片都配了文字，还自弹自唱了一首歌作为背景音乐。奶奶看了热泪盈眶，爸爸妈妈激动不已，赶紧跟女儿视频电话，狠狠夸："宝贝，你真的太有心了，奶奶太喜欢这个礼物了，因为你的这个礼物，我们全家更加幸福，你这就是妥妥地创建幸福的能力呀！"女儿在视频另一边也笑开了花。

学会爱上自己

我想对所有自卑的你说几句话，无论你是大人还是孩子，最重要的是你要学会爱上自己。

第一，你要知道，每个人来到这个世界都是奇迹，每个生命都无比珍贵。你是独一无二的存在，你不需要在任何地方比别人强更多，你只需要成为更美好版本的自己。所以，当我们自己能够把心定下来，向内看，看到自己的价值的时候，外在世界才会改变。

第二，当你自卑无助的时候，你要知道那不是真正的你，是你没有疗愈的伤痛，遮住了你看见自己珍贵的双眼。当你被自卑的想法包围时，一定要记得，这只是一个想法，不是事实。每个人在生命的不同时期都会有自卑的时刻，我们能够做的是温柔地陪伴自己，用正确的方式帮助自己。

真正的你是充满智慧、力量和爱的，你不需要跟任何人相比，你不需要在其他地方跟任何人相比。每个人都是智慧、力量、爱俱足的，就像是路边的野花，并没有因为没人关注它、欣赏它，它就不绽放了；也不会因为遭遇过暴风雨，它就不再成长了；即便它凋零了，也会重新发出新芽，再次孕育绽放。

第三，你要学会与自己和解。内心没有疗愈的伤痛，谁碰都疼。所以在被触痛的时候，你不要纠结于谁触痛了你，不要问他人为什么这样对你，也不要嫌弃、憎恨自己。当你看到了自己，与自己和解后，你就会与他人和世界和解。你的幸福密码在你的心里。记住，感到被伤害的时候对自己说：感恩触痛我的人和事，让我有机会探索内心的秘密。

静下来，问问自己：我为什么被触痛？伤痛背后的秘密是什么？我怎样才能让自己疗愈？

静下来，每个人都会知道自己的痛苦来自哪里，每个人也都知道疗愈之路在哪里。我们在化解伤痛、在通往幸福的路上同行。

自卑其实是提醒我们比想象中更美好。

这么多年，我遇见很多自卑的人：有人因为青春期被同学嘲笑，格外在意自己的身材和长相；有人因为自己性格内向，朋友不多，而觉得自己不被喜欢；有人因为常被父母批评，永远都觉得自己很没用。

生活中，自卑的人比夏天树上的叶子还要多！很多人或多或少都有过自卑的经历，几乎每个人都有自卑之处！自卑也不是普通人才有的，很多名人也曾被自卑困扰。但没有一个人生来是自卑的，这些都是后天习得的。在成长的过程中被批评、指责，然后开始慢慢认为自己不值得被别人关注、尊重和爱，对自己有深切的不认同。

父母在孩子童年和青少年时期，对他们说的话，会成为孩子成年后内心的声音，影响着他们或自卑或自信。遗憾的是，太多的父母，对孩子的责怪、指责和要求，远远多于温暖、支持和鼓励，这是很多孩子感到自卑的原因。

案例追踪：妈妈做对了什么，冬冬变得更自信阳光了？

我们一起看看冬冬妈妈的分享：

那次梳理课上，让我最震撼和获益匪浅的是海蓝老师太善于精准地看见孩子的优点了，她太会发现孩子的资源了。我家孩子之前不容易接受别人的夸奖，而她对冬冬的夸奖是发自内心的，所以他接收到了。

我记得起初海蓝老师说："冬冬，我觉得你真的太棒了，你真的是天才。"冬冬马上本能地摇头。

她继续说："我真的太喜欢你了，你不仅智商高、情商高，还特别幽默，幽默就是智慧的表现。你不仅能看见自己，还能看见妈妈，看见彼此都处于一种怎样的情绪状态，而且还有自己的解压方法，你表达能力也特别强。"

我能感受到孩子心里已经静静地开了一朵花儿了。她不仅觉得孩子非常智慧、清晰、可爱，也不忘为妈妈赋能，夸赞我非常有勇气、非常勇敢，敢于自己揭短。她无论是看我，还是看我的孩子，眼睛里都充满了怜爱。

课程结束后，冬冬觉得好像有点抹黑我，心里有点过意不去。他说："妈妈，如果我们还有机会上课，我一定和叔叔阿姨说，我妈妈没有那么糟糕，我妈妈还是挺好的。我的同学都很羡慕我有一个这么好的妈妈。"

我说："宝贝，你没有抹黑妈妈，是妈妈自己说自己不好的，而且确确实实犯了很多错误。我应该正视这些错误，只有正视它们，我才能找到这背后的原因，改变自己，提升自己。我也非常感谢老师和叔叔阿姨他们这么爱我，看见我，心疼我。"

课后我开启了"100天发现孩子美好之旅"，这对孩子重建自信非常有帮助。虽然由于种种原因，到目前为止还没有不间断地完成这个100天发现之旅，但是前前后后进行了好几轮，我想一定还会坚持下去，不仅仅是100天，而是一生一世。我要用一生和孩子深情且真实地述说："你是天才，你在我眼中极其宝贵。"

目前我已经给儿子写了几万字的鼓励日记了，这对孩子帮助还是蛮大的。他开始慢慢地接受我的和别人对他的表扬了，最近又在《小狗钱钱》这本书的影响下开始和我一起写成就日记。我们每天晚上都会复盘今天做对了什么，哪怕事情再小，想想也都觉得挺有成就感的，觉得是比昨天有进步的，我们都会一起记录下来。冬冬也越来越表现得从容淡定，再也不是那个不敢接受别人表扬和受不起夸赞的孩子了。

我还惊喜地发现，儿子之前在我对他不满的时候也会向自己放箭，现在变成了能及时叫停别人向他射箭了。有一次，我不小心又"口无遮拦"地说他不够好了。他大声说："妈妈，你是不是想抄写《部分心理学》了。"（因为老师和冬冬约定，如果妈妈再说一句扎心的话就惩罚妈妈抄写《部分心理学》）

我心底为孩子这个变化喝彩，我及时鼓励了他："宝贝，你真的很勇敢，也非常智慧，你能及时保护自己不受伤害，你就是你以后幸福的第一责任人呀。"我夸完他以后，我看他态度缓和很多了。

我问他："妈妈已经知道错了，还需要抄写《部分心理学》吗？"

他说："那你去书房一下吧，我想自己静一静。"

当我愿意去纠正自己的言行并真诚道歉时，孩子是愿意原谅的。孩子真的非常智慧，他还懂得拉开距离。我们给了彼此时间和空间，时间不用多，几秒钟而已；空间也不用大，一个房间而已。然而，美就这样产生了。

"冰冻三尺，非一日之寒。"我给自己一个"一万小时"刻意练习的目标，同时也对孩子说："妈妈过去做了一些伤害你的事情，妈妈必须承认错误，并勇于改正，妈妈也在成长的路上，请给妈妈一点时间。妈妈会通过不断的学习，尽量减少我们彼此之间的折磨，我们都做自己情绪的第一责任人，做自己幸福人生的第一主人。"孩子认真地点点头。

我觉得这次案例梳理收获非常大，非常值得。我知道自己还有很多问题，不是上一次梳理课程就能彻底改变的。我愿意往后余生，努力践行幸福的方法。

两年后，我们收到冬冬妈妈发来的消息：

现在，冬冬无论在身体上、爱好上，还是学习上都取得了突飞猛进的进步，在自信方面更是上了一个台阶，他的内心非常充盈，有足够的空间让智慧流动，他能分辨出很多以前混沌的东西，比如他能分辨出哪些是他内心真正的渴望，哪些是别人对他的期待；他能分辨出哪些是真正有价值、有意义的，哪些只是一时之需，而这些其实成年人都未必分辨得出来。虽然在校成绩不能说明一个人心灵的成长，但作为一个佐证，我想也可以略提一下，他进入初中后，期中和期末考试都是班级第一，年级第二。正是因为我的焦虑降低了，学会了适度放手，孩子的自主意识越来越强，生命开始绽放，心灵得到滋养。

我知道未来的路还会有很多挑战，但我想我已经慢慢摸索出一条一起磨炼意志却不伤害心灵的成长之路。他各个方面的进步超出了我的所思所想，我想我从冬冬身上得到了某种自由，他越来越滋养我，让我有时间和空间做自己、爱自己，这也让冬冬从我的手里得到更多的自由和信任。放手并不容易，但是放手才能让孩子在自己成长的过程中步步为营获得更多的自信。这是父母都应该做的抉择，只有这样，孩子自己上的一个个台阶才能变成坚实的信心。这种信心是谁也夺不走的！祝福我的孩子，祝福天下的孩子。愿天下的父母和孩子都能爱自己，爱人如己！

第三章 孩子考了倒数第一，无法走进孩子的心里，怎么办？

——如何去相信孩子？

【困扰场景】

参与对象：行行，女孩，7岁半，一年级；行行妈妈：工程师。

问题描述：行行考了倒数第一，改错态度不好；行行妈很崩溃。

孩子数学考了全班倒数第一，还顶嘴

7岁半的行行是个很可爱的小姑娘，平时和妈妈关系不错。但有一天，行行妈动手打了行行。

行行妈说，她平常很注重与孩子的沟通，努力做到倾听、赞美、鼓励、引导。她希望女儿成长得好，不走岔路，不误入歧途；希望女儿和自己像朋友一样相处，没有任何负担，不论女儿在外面做了什么错事，都可以告诉她，她会和孩子一起面对。

那行行妈为什么还会动手打行行呢？

那天，行行数学考了全班最后一名，一开始妈妈还压着自己的情绪，说："你把错题先改正了。"行行气鼓鼓地说："老师没说让改错。"妈妈当时感到胸口堵，气血上涌。一方面感到非常生气，同时又为自己培养了一个倒数第一名的孩子感到很羞愧。

妈妈想的是：数学都考了倒数第一，怎么还不自知呢，都考这么差劲居然还有理由说不改错，而且还说得这么理直气壮。顿时气不打一处来，直接拿着竹板子上去就是一顿抽。

妈妈越想越气，觉得自己的心血都白费了，边打边说："你考这么差劲，都倒数第一了，你还有理了？"

行行已经被吓住了，满脸的恐惧害怕，也不停地求饶："妈妈，我错了，我改，我改。"

这时候，妈妈停下动手，但是嘴巴依然没有停："考这么差，谁说的老师不说改错，你就不能自己主动改错？！"

如果你遇到孩子考砸了的情况，孩子还知错不改，犟嘴，会不会和行行妈一样揍孩子？

过后妈妈也很自责，想和行行沟通一下，但行行已经关闭了心门。妈妈根本无法走进孩子的心里？那么，究竟该怎么办呢？母女之间的问题究竟出在哪里？又该如何打破僵局呢？

为什么妈妈无法走进孩子的心里？

最好的答案是问孩子，听孩子怎么说。行行给我的答案是：我觉得妈妈不爱我了。

我问行行："宝贝，数学考倒数第一，你心里的感受是什么？"

行行说："这不是我想考的成绩，我很难过，特别难过。"说着，孩子低下了头。

我："抱抱你，宝贝，我知道你非常难过，每个考试没考好的孩子都会很难过。你难过的时候需要妈妈做什么呢？"

行行："我当时很需要妈妈的安慰，但是她没有安慰。其实，我不想当倒数第一，我很想当第一。可是没有考好，我心里难过极了。"

我："妈妈当时做了什么？"

行行："妈妈责怪我，发了很多脾气，她发火的时候我非常害怕，她让我改错题，我没改，就打我了。"

我："那你为什么不改错题，还顶嘴呢？"

行行："可是老师没有布置要改错题呀。"

沉静了一下，行行又说："其实我内心也知道该改错题，但我当时心情很不好，不在学习状态。所以我态度也不好，我就跟妈妈大声嚷嚷，妈妈就更生气了，就打我了……"

我问："那妈妈打你的时候，你害怕吗？"

行行："我特别害怕，我觉得妈妈不爱我了，妈妈很生气，声音越来越大，我很害怕妈妈会继续打我，把我打得更疼，说话声音也很小，我已经哭得停不下来了。"

我："你当时是什么感觉？"

行行："当时的感觉就是开心的事全都不在我的身边了，我觉得生活都没有意思了。"

我:"还有吗?"

行行:"我肚子不舒服,肚子疼;头很晕,脸会发热,手上冒汗。"

接下来我问行行妈:"孩子成绩不好,你为什么生气?为什么打她呢?"

1. 孩子没考好,是因为妈妈没有教好?

行行妈说:"我之所以会很生气,是因为认为她没有认识到自己没考好,让改错还不改,态度不好。"

我继续问:"孩子不改错,态度也不好,对你来讲意味着什么?"

行行妈:"我担心她成绩下滑,越来越差,考不上初中高中,以后发展受影响,活得很累,工作、生活、收入、家庭各方面都会受影响……"

我:"一次没考好,就担心孩子一生都失败了?"

行行妈的眼泪夺眶而出:"如果她成绩不好,将来过得不好,就是我没有教好,做得不好。我不是一个好妈妈,也会担心别人认为我不是好妈妈。"

我:"那你打她可以解决孩子成绩的问题吗?"

行行妈:"当然不能,我一直希望给她幸福、快乐的童年。她不听话还顶嘴,一下激怒了我,我失去了控制就打了她,过后我也非常心疼、后悔。就是不知道怎么能够走进她的心里,让她知道我的用心。"

原来对于行行妈来说，行行考了倒数第一，等于"我不是个好妈妈"。

行行妈看上去是在生孩子的气，其实更是在生自己的气。当我们有情绪的时候，首先要探索的是自己，而不是孩子。

2. 冲孩子发火有时是父母内在恐惧的投射

对一件事情如何解读是我们情绪的根源。对行行妈来讲，她的解读是：成绩考倒数第一，又不努力，孩子将来就是彻底失败，孩子的失败就意味着她作为一个妈妈的彻底失败！所以，她会有那么大的情绪。

我们的情绪有时候是自己内在恐惧的一种投射。我记得有一年冬天，我们一家人去台湾省旅行。有一天晚上我们准备去一个小吃店，我女儿很开心。过马路时，她就蹦蹦跳跳的，我当时一把抓住她的手，非常严厉地不让她跳。她当时特别懵，不知道我为什么会生气，直到现在想起这件事情，印象都很深刻，她说那一瞬间感觉到妈妈不是妈妈的感觉。

其实很多时候，我们发火从来不是冲孩子，而是我们自己内心恐惧的一种反射。我当时看到女儿在车来车往的马路上蹦蹦跳跳，我脑子里想的是：绿灯以后马上就红灯，有车过来就可能撞倒她。所以，为了她的安全着想，我变得很严肃。我忽然严肃的状态，确实把她吓到了。冷静下来之后，我跟女儿说了我的感受，真诚地道歉，她也原谅我了。

3. 孩子为什么不愿意沟通？

原来，父母只是认为孩子做了错事还不知道改正，但他们未曾真的去了解孩子真实的内心世界。

对于行行妈来说，最想不通的是，行行考了倒数第一，不仅不改错还顶嘴。

对于行行来说，第一，老师的确没有布置这个作业，是妈妈让做的；第二，她当时已经很难过，需要妈妈的安抚，她自己的情绪也需要一个缓冲。

其实，这个时候最需要的是理解孩子的情绪，而我们家长总是很"功利"，给孩子讲道理，希望孩子赶紧做事，要求孩子按照自己规定的来。

行行妈事后也后悔，着急地想和孩子沟通，但行行不给她这个机会，妈妈更加不知道该怎么办了。

很多人以为，把自己想讲的话讲了，想发的脾气发了，这就是沟通。就像行行妈一样，孩子考差了回来，跟她讲道理，让她改错，这是沟通吗？

许多父母因为孩子冷漠，抗拒沟通，感到很苦恼。其实孩子不愿沟通的大多数原因有以下四种情况：

（1）说了，也没用；

（2）说了，父母不是着急担心，就是恼怒上火；

（3）说了，父母听后就是指责批评；

（4）说了，日后成为被父母攻击、评判的把柄。

人不做事的原因很简单：没好处、不愉快。这就是孩子不愿沟通的原因所在。行行妈最大的问题，其实是她没有和孩子真正建立信任。

"865" 分析：相信的力量

行行一次数学考了全班倒数第一，成了引爆母女关系的导火索。妈妈因为担忧而没有办法关注到孩子的感受，行行感受到不被妈妈相信、理解，母女关系被激化。行行妈看到行行考了倒数第一，还顶嘴不改错，对孩子非常生气，甚至动手；行行在妈妈的愤怒之下被指责甚至被打骂，感觉所有的好事都离开了她。妈妈的愤怒，孩子的绝望，究竟该怎么办？最核心的解决办法是什么？我们来看看整个案例是怎样的一个过程？下图反映了行行妈妈的心路历程。

首先我们回看一些行行妈妈的情绪状态，当她知道行行数学考了最后一名的时候，给孩子讲道理，让孩子改错，看起来没问题，但其实行行妈妈是有生气、失望、羞愧在心里的，但这些让"我为了你好"诸如此类堂而皇之的理由给遮盖了。当行行犟嘴的时候，妈妈一怒之下打了她，这个时候行行妈妈明显是处于对抗状态，想去控制孩子，让孩子听自己的，当行行没有按照自己说的办，就采取打的方式进一步想要压制。

这些行为和情绪还是冰山之上的，随着探索发现，其实行行妈很怕孩子没考好，成绩下滑，害怕自己不是个好妈妈，对抗下面其实是行行妈妈的脆弱和无助，生气、愤怒之下，往往掩藏着恐惧和担忧。

那从"865"体系八项幸福力来评估，妈妈和孩子最需要提升什么能力呢？

行行妈无法走进孩子心里，很大原因是妈妈在行行难过的时候，不能真正理解孩子，但核心的原因是彼此间的信任出了问题，随着交流，我们发现：

行行不相信自己；

妈妈不相信行行；

妈妈不相信自己。

培养孩子核心的是提高孩子的八项幸福力，妈妈跟孩子发火，说明转化情绪的能力需要提升。行行妈妈自身看不到自己的价值，需要提升发现资源、建立安全等能力，但就上面整件事情而言，行行不愿意对妈妈敞开心扉，行行和妈妈最需要提升的是

"保持相信"的能力。

1. 行行为什么不相信自己?

当我对行行说"你是个小天才，每个孩子都是个小天才"的时候，行行眼中是迷茫的，是不相信的。她说妈妈从来不会这样跟她说。

在行行的生活中，同样充斥着妈妈对她的挑剔、批评，久而久之，孩子对自己失去了信心，不相信自己可以做得很好。

每次写作业，当有同学说她做错了的时候，她会立刻"哦"一声，就觉得是自己写错了，自己没做对，怀疑自己；考试的时候，明明自己做的是对的，但是总是怀疑自己是不是做错了，结果对的就被改错了。

行行妈妈被爸爸否定，批评长大，她成长的经历中没有人鼓励她，欣赏她，她也不会鼓励和欣赏孩子，她虽然深受其害，但还是在用爸爸对待她的方式在对待着行行。

2. 妈妈为什么不相信行行?

你可能会说，都考倒数第一了，还不愿意改错，拿什么去相信呢? 如果行行努力学习，哪怕考了倒数第一，回来能认真改错，妈妈就不会那么生气去动手打她了。

行行妈工作非常忙，回家还要带两个孩子，确实很不容易，常常会忙到焦头烂额，疲惫不堪。即使在这样的情况下，行行妈依然在努力学习，成长自己，竭尽全力地给孩子支持，希望可以把孩子培养好，希望孩子不受伤害，给孩子一个幸福的家，而当看到行行数学考倒数第一的时候，一瞬间大脑就已经编了无数个故事：倒数第一，还不改错题，顶嘴，态度这么不端正，这将来怎么办啊？成绩这样滑下去，越学越差，可能考初中或者是高中都考不上，就只能上职高了。以后面对生活，工作各方面，收入、家庭都会受影响，她的一生都失败了。是我没有把她教好，我不是一个好妈妈。

说到相信，其实生活中妈妈还是有很多不相信行行的地方，行行妈说：

"她说作业写完了，我会让她拿出来给我检查，甚至打电话去问老师；

"明明已经刷完牙了，我也要喊过来看看嘴巴，闻闻口中的气味，看看是否真的刷牙了；

"上舞蹈课练基本功太痛苦了，我每次都会告诉孩子：'妈妈知道你很疼，我们再坚持坚持就好了，如果下一次课程你上完还不行，我们就不学了，妈妈相信你的选择。'"

就是这样一次又一次地哄骗、不相信，让孩子一点点崩溃，真的放弃了学舞蹈。

而这一切反映了背后的真正原因是：妈妈不相信自己，也看不到自己的好。

3. 妈妈为什么不相信自己？

原来，在行行妈小时候，她爸爸对她要求非常严苛，动辄打骂。

行行妈回忆说：

"我从来没有得到过爸爸的相信和肯定。只要有人在爸爸面前说我做了什么，即使我真的什么都没干，我再怎么解释，他也不会听，对别人说的话深信不疑，却从来不会相信我说的话。

"记得我刚参加工作那年，放假回家，爸爸在我家对面的医院上班，有一天我去医院里，迎面碰到一个医院的员工，她是我高中同学，但因为多年不见，我压根没认出她来。我俩也没打招呼，我感觉她不是很开心。

"哪想到她走了之后，爸爸就开始吼我，让我滚出去，还质问我为啥对他的同事瞪眼？说我那么不礼貌，让人家那么生气。

"我感到极度的愤怒和不理解，回到家中，爸爸又开始吼叫，指责，问我干了啥，干吗要瞪别人。

"而其实我完全没认出她来，至于她为什么不高兴，我更不知道了。

"我所有的委屈，愤怒，不被尊重，不被看见，不被爱全部喷涌而出，我也对着他大吼：我没有瞪她，我啥也没干，要是我真瞪了她，出门立刻被车撞死。

"听到我这样说，爸爸才停下来。

"我真的想立刻马上离开这个让人难过的家。我也才发现原来我在爸爸眼里连一个外人都不如，他为了毫不相干的人，居然可以把自己的亲生女儿逼到发毒誓才勉强相信。

"放暑假，同学来家里玩儿，他们学习成绩都特别优秀，爸爸就当着他们的面说我成绩为什么不能跟他们相比，把我从头到尾说得一无是处。我当时恨不得有个老鼠洞钻进去。

"类似的事情还有很多……

"我非常清晰地明白不被父母相信的那种感受，我也曾暗自发誓：我一定不能用爸爸对待我的方式对待我的孩子，我一定不会让她重复我的这条路。

"自那时起，我就不断怀疑和质疑自己，不相信自己有能力做好。我仿佛永远徘徊在一个认为自己不值得、无价值的深渊中。不论我有多么出色，我的内心深处总住着一个极度自卑的小女孩，她无法看到自己身上的闪光之处。"

我们用试错的方式对待孩子，给孩子带来的不是动力，恰恰是最深的伤害。长时间的积压变成了创伤，形成了孩子对世界、对自己的错误认知，认为世界是不安全的，自己是不好的。很多人也像行行妈一样，无论自己多么优秀，内心总有一个声音认为自己不够好，还可以更努力，还可以更好，以至于几十年都活在自卑中，活得非常累。

如何做到真正的相信？

1. 父母要相信自己

给行行妈做了梳理，在一层层的抽丝剥茧后，她终于看到了自己身上的很多很棒的地方，比如小时候的自己有很强的与人联结的能力，而且特别善良、宽厚、真诚，很多人都愿意和她交往。长大后的她也在通过学习改变自己的家庭，影响家中其他的人，而且也开始助人。

她也进一步理解，其实爸爸当时那么做并不是想伤害她，只是认为这样的方式可以让自己的孩子变得更好、更优秀。而她从小就是爸爸的骄傲，她在家里几个孩子里，是最懂事的，爸爸其实也最心疼她、关心她。爸爸偶尔在别人面前也会表扬她，只是从来不会在她的面前说。

很多父母是不是也是这样？看到孩子的优点，内心也很开心，在别人面前也会夸两句，但几乎从来不在孩子面前表扬孩子。看到孩子做得不好的地方，就会像拿着放大镜一样放大无数倍，反复地提醒孩子做得不够。

看到这儿，亲爱的朋友们，想不想从自己做起，每天发现一点点自己做得好的地方，给自己一个微笑，给自己点个赞？

2. 父母要放过自己

我相信每一个父母都是爱孩子的，不管你认为自己做得多么糟糕，其实你都已经竭尽全力了。不管过去做得怎么样，都已经过去了，放过自己，从今天改变就可以了，因为我们不可能做一个十全十美的妈妈。

想对所有的妈妈说，当你责怪自己，无法放过自己的时候，不相信自己的时候，亲爱的你可以这样做：

（1）告诉自己，过去无论做过什么，发生了什么，都是那个时刻你所能做的最好选择，亲爱的，请放过自己；

（2）总结发生的一切，如果时光倒流，我怎样做才能够是利人利己的；

（3）我从中学到了什么，从今天起我应该怎样做，才能让自己不留遗憾；

（4）制定不同层级的目标，如果感到资源和力量有限，就从不留遗憾做起；如果觉得有资源、有力量，就多做令自己和他人都满意的事。

不管对人，还是对己，最有价值的事情就是对彼此的生命有所贡献。过度的悔恨和沉溺于过去，其实是一种深度的自私和自我放纵，因为沉溺比改变容易得多。作为妈妈，无论你觉得自己有多糟糕，都不需要再浪费光阴怪罪自己。相信你已经在自己拥有的环境、背景、资历、经验、能力和学识中，竭尽全力地努力过了。没有人生来就会做妈妈，也没有人在亲子教育中不犯错误，放过自己、原谅和接纳一切的不完美。

我们教育孩子的方式很多都是从父母对待我们的方式上习得的，这是我们祖祖辈辈遗留下来的，这种无知无识对于我们的行为所带来的影响，是从来没有意识的一种习惯性的反应。所以，不管过去做得怎么样都已经过去了；不论你现在做到什么程度，其实都不是你的错，甚至不是你父母的错，父母也有自己的局限。不管你认为自己做得多么糟糕，其实你都已经竭尽全力了，那就放过自己，也放过自己的父母。

3. 相信每个孩子都是天才

我见到行行时，跟她说的第一句话是："行行，你知道吗，所有的孩子都是小天才，即便你数学考倒数第一，你也是天才。"

行行眨巴着眼睛，我看出了她的疑问，最后一名还是天才，这怎么可能呢？

我说："每个人都是天才，只是在很多时候体现的地方是不一样的。"

行行迟疑了一下，说："我妈妈不会告诉我这个。"

我说："海蓝姥姥认为，你就是小天才。"

行行的眼睛亮了，高兴地说："听到这个，我感觉心里很开心，充满了能量。"

我们做父母的要发自内心地相信你的孩子就是天才，相信是一种力量，一个人相信什么，他未来的人生就会靠近什么。你相信什么，才能看见什么；你看见什么，才能拥抱什么；你拥抱什么，才能成为什么。

从心理学角度来说，涉及心理学概念——安慰剂效应，实际上就是通过潜意识的自我暗示来影响自己的意识，再由意识影响现实。潜意识是在自己的意识内存在的一种潜藏的神秘力量，意识与潜意识具有相互作用，意识控制着潜意识，潜意识又对意识有重要影响。潜意识具有无穷的力量，它隐藏在我们心灵的深处，甚至能够创造出奇迹。

在1910年，法国心理学家爱弥儿·柯尔（Emile Coue）利用潜意识，发明了一套简短有效的"柯尔疗法"。他要求那些因为萎靡不振而出现各种各样身体状况的患者，每天早晚闭上眼睛，坐在（或躺在）安乐椅上，让全身肌肉放松，然后小声地念出一句话："每一天，我生活的各个方面都会变得越来越好。"这段话必须早晚重复20遍。

柯尔指出，在说出这段话的时候，人们的潜意识会把它们记录下来。这时，不要让任何具体的事情侵扰自己的思想，不论是疾病还是在生活中的麻烦，它们必须变成一个被动的受体。只保留这个"一切都变得越来越好"的愿望，从而让身体真的慢慢接近最好的状态。

柯尔的这种治疗方法，是心理学——安慰剂效应的一种现实运用，也是"相信相信的力量"的理论基础。在日常生活中，心理暗示所拥有的力量，有时大到超乎我们的想象。你相信你的孩子是个天才，他就会是个天才，你相信你的孩子是个废材，他真的会变成一个废材。

2022诺贝尔物理学奖获得者阿兰·阿斯佩（Alain Aspect）、约翰·克劳泽（John Francis Clauser）和安东·塞林格（Anton Zeilinger）的"量子纠缠"也验证了相信的力量。用通俗的话来说，就是这两个量子之间存在着心灵感应，能够得知对方的想法而做出改变。所谓念念不忘，必有回响。

多元智能：每个孩子都有天赋异禀

很多父母认为孩子只有考全班、全年级甚至全校、全省第一，才是天才，自己的孩子都考倒数第一了，怎么可能是天才呢？

实际上，即便你的孩子有时候成绩考倒数第一，他也依然是天才。研究发现人有七种智能，每个孩子都有不同的天赋。

七大智能又称多元智能，由语言文字、数学逻辑、视觉空间、身体运动、音乐韵律、人际关系和自我认知共七种智能构成。

语言文字智能（Verbal/Linguistic intelligence）：语言理解及表达能力。律师、演说家、编辑、作家、记者等是几种特别需要语言文字智能的职业。

数学逻辑智能（Logical/Mathematical intelligence）：运用逻辑和科学的方式思考的能力。数学家、税务、会计、统计学家、科学家、电脑软件研发人员等是特别需要数学逻辑智能的几种职业。

视觉空间智能（Visual/Spatial intelligence）：能准确地看到周围形象，并留意细节的能力。向导、猎人、室内设计师、建筑师、摄影师、画家等是特别需要视觉空间智能的几种职业。空间智能强的人对色彩的感觉很敏锐，喜欢玩拼图、走迷宫之类的视觉游戏；喜欢想象、设计及随手涂鸦，喜欢看书中的插图，学几何比学代数容易。

身体运动智能（Bodily/Kinesthetic intelligence）：具备良好的肢体运动及身体、大脑间的协调运动能力。演员、舞蹈家、运动员、雕塑家、机械师等是特别需要身体运动智能的几种职业。

音乐旋律智能（Musical/Rhythmic intelligence）：对音乐的敏感性及表达音乐的能力。作曲家、演奏（唱）家、音乐评论家、调琴师等是特别需要音乐旋律智能的几种职业。

人际关系智能（Inter-personal intelligence）：与外界交往理解以及沟通能力。他们在人群中感觉很舒服自在，通常是团体中的领导者，他们适合从事的职业有政治、公关、推销及行政等需要组织、联系、协调、领导、聚会等的工作。

自我认知智能（Intra-personal intelligence）：理解自身，并学会对自己的生活负责的能力。自我认知智能强的人通常能够维持写日记或睡前反省的习惯；常试图由各种的回馈管道中了解自己的优缺点；经常静思以规划自己的人生目标；喜欢独处，他们适合从事的职业有心理辅导，等等。

1. 动物王国的故事：每个孩子都有自己的长才

我给大家讲一个故事，动物王国开了一所学校，学校里面有蛇，有鸭子，有兔子，有老鹰……学校开设四门课程：跑步、爬行、游泳、飞行，小动物们都被送来学习，每个小动物都必须参加三门课程的考试。

兔子在跑步课表现特别突出，成绩总是遥遥领先，爬行课却表现平平，考试也是勉强及格。游泳课第一次下水，差点被水呛死，现在它只要一见到水，全身就直打哆嗦。飞行课兔子没有翅膀，只好跑到一座房子的顶上，往下一跳，希望能找到"飞"的感觉。不过仅仅是一瞬间，它就落在地上，摔断了两根腿骨。现在兔子连跑步课都上不了，只好休学在家。

鸭子是游泳课上的佼佼者，鸭子在水里的功夫甚至比老师还出色。在飞行方面，它虽然长着一对翅膀，却并不能飞，只能扑闪几下翅膀而已。跑步的成绩更是惨不忍睹。因为它跑得太慢，每天放学后，鸭子都要被老师留下来，练习跑步。它那有蹼的脚被路上的有棱角的石头戳破了，还遭到路上一些动物的嘲笑。因

254

为它走路的样子实在太难看了，肥屁股一扭一扭的。鸭子自卑极了，它恨自己不能像兔子跑得那样快，恨自己不能像鹰飞得那样高，恨自己不能像蛇爬得那样快，恨自己长得太难看。

蛇的爬行成绩在班上名列前茅，游泳成绩也不错。可是因为它没有脚，也没有翅膀，跑步成绩和飞行成绩可想而知，这令它很没有面子，天天不开心，没多久就患了抑郁症。另外一条没有上过动物学校的蛇来安慰它："你本来就是一条很棒的蛇，你为什么要去学跑步和飞行？如果蛇可以跑步，可以飞行，那不是一件挺可笑的事吗？"但是，上动物学校的蛇说，如果它的跑步成绩和飞行成绩还不及格的话，就不能从动物学校毕业。这条郁郁寡欢的蛇钻到地底下去，从此，没有谁再见到过它。

鹰是做一只飞得更高、飞得更快的鹰，还是做一只会跑步、会爬行、会游泳的鹰？

正如每个动物都有自己的特长一样，每个孩子都有不同的天赋和擅长。有的孩子擅长数理化，有的孩子擅长唱歌、跳舞、体育、画画，有的孩子擅长解决问题、与人交流等。要清楚地知道，你的孩子就是天才，一定不要用成绩来衡量自己的孩子到底是不是天才。

再说一次，每个孩子都是天才，即便他是班里的最后一名，也是天才。

2. 父母要帮助孩子发挥天赋

我们现在教育孩子存在很大的误区，比如有的孩子擅长语言文字，但逻辑不太行，数学学不好，就好比兔子不擅长游泳一样。家长很焦虑，晚上周末继续补"游泳"，结果可想而知。我们很多时候对孩子是缺乏了解的，你的孩子可能就是一只"兔子"，他最擅长的是"跑步"，但是我们却让他把很多时间放在"游泳"上，最后的结果是什么？他还能跑快吗？天赋全都被埋没了。

就比如朱自清，他语言文字方面特别厉害，但是数学当时考了很低的分。莫扎特数学考得也不好，但都不影响他们成为自己领域里顶尖的人。

孩子到底是一只鹰、一条蛇、一只兔子，还是一条鱼？作为父母要搞清楚。不要硬要求蛇去飞，鹰去爬，鱼去跑，兔子去游泳。不然会得不偿失。

作为父母，我们要帮助孩子找到自己的兴趣所在，发现自己的喜欢和擅长的地方，然后把他擅长的那门课发挥到极致，让他遥遥领先。有的家长担心这不就偏科了吗？你要相信如果孩子有一门功课，在班里遥遥领先的话，他会有成就感，也会有自尊自信，短板的地方也会慢慢跟着一块上来。

我们对孩子，一定不要用学校里面的成绩来衡量他，做家长的，要帮助孩子去发现他的天赋长才，帮助孩子实现自己的梦想。我们要做孩子的助梦人，而不是拦路虎，更不能变成一个加害人，扼杀孩子的梦想和天赋。

从今天开始改变，一切都来得及。哪怕你70岁开始学习，人生也充满希望。相信自己，相信孩子，相信一切都是最好的安排，相信明天会更好，带着这样的信念。

如何走进孩子的内心？

1. 什么是真正的沟通？

当你全神贯注地倾听孩子的心声，感受孩子的感受，理解他，尊重他，然后核对你是否真的理解，孩子认为你听懂了，这才叫沟通。

沟通的三要素：

（1）了解孩子的想法、愿望和需求，不是急于让他知道你的需求，不要发泄你的不满，更不要批评、指责。

（2）全神贯注从孩子的角度倾听和感受他为什么那样想、那样说和那样做，给予理解和温暖，而不是伺机反驳。

（3）为了增进你和孩子彼此的和谐和亲密，不要去证明谁对谁错，因为家是讲爱的地方，不是讲道理的地方。

在行行的案例中，我问行行："妈妈非常希望能走进你的心里，如果再回到那天的场景，如果想帮助妈妈不发脾气，走进你的内心，你觉得自己可以做什么？"

行行非常清晰与智慧，她很快总结出来：告诉妈妈我的心情，没有考好，我也很难过。希望妈妈能温和地跟我说话，安慰安慰我，别发火，别打我。把错误找出来，请妈妈帮我一起改正。我希望妈妈能够相信我，即使我这次没有考好，我会努力的，争取下次考好。

"如果妈妈生气，对我发脾气，我就对她说：你对我生气，我可能也会对你生气、发脾气。希望我们两个都能平静下来。

"如果妈妈还生气，现在我就能得到补偿的1小时自由时间，我想干什么就干什么。"

听了行行的表述，我认为孩子非常智慧，也非常宽容。

我说："如果妈妈打你一次，除了道歉，还需要补偿你4个小时的自由时间，如果打第二次，补偿8小时，第三次补偿16小时，可以吗？"

行行笑开了花："哇，那时间更长了，妈妈就更不会打我啦。"

最后，我问行行："你想对所有的爸爸妈妈说什么？"

行行说："如果孩子考最低分，先不要生气，因为这也会影响孩子的情绪和脾气，会让他们的学习状态更不好。"

家长要对自己的情绪负责，当你把情绪宣泄在孩子身上，我们就已经失去了走进孩子内心的机会。

2.沟通三部曲：事前，事中，事后

培养孩子，核心的是培养孩子的幸福力，有了幸福的能力，就有了抗挫力。走进孩子心里其实就是跟孩子建立联结，而跟孩子建立联结包括三个部分：事前、事中和事后。

事前：创建关系，和颜悦色、柔声细语、搂搂抱抱。做到这些，和孩子关系想不好，都难。

我常常对女儿说："宝贝，你是妈妈这个世界上最重要的人，也是妈妈最爱的人，妈妈一生的成就都无法与能成为你的妈妈相比。妈妈怎么这么幸运，有你做妈妈的宝贝。妈妈非常非常爱你，怎么爱你都不够，你是妈妈的甜心宝贝。"然后，我一般会经常亲吻女儿的左右脸颊、额头和鼻尖。爱需要流动，藏在心里孩子怎么能感到呢？

早上醒来，看着女儿熟睡的脸庞，那样安宁，秀美白皙的皮肤、弯弯的眉毛、长长的睫毛、微微上翘的嘴角，似乎永远都在笑！禁不住亲吻了她的额头和小脸，生养女儿，是我一生中最享受、最骄傲的过程！

事中：当孩子难过时，当孩子生气时，先把自己的情绪调整好再尽可能安抚孩子。如果不知道如何做，就问孩子："妈妈特别想帮你，你可以告诉妈妈如何说、如何做才能帮到你吗？"

事后：如果你做错了，找机会去弥补，真实、真诚地道歉很重要。

下面我举个例子，会更加生动，容易理解。

有位妈妈刚到厨房，孩子光着脚，战战兢兢跑出来对她说："妈妈，对不起，昨晚我没写完作业，你能帮我请假吗？"

她一听，顿时气不打一处来，感觉头昏脑胀，很想给儿子一巴掌！

她忍着怒火对他说："我感到生气！我不能帮你请假！"

一瞬间，各种想法就像过电影一样，在这位妈妈脑海里纷纷闪过。

有担心：我如果帮他请假，会助长他不写作业的习惯，因为一不写他就可以请假。

有羞愧：感觉没面子，我这么努力学习成长，结果自己的孩子出问题了。

有自责：自己没能足够信任他能及时完成作业！

这位妈妈边做饭边觉察自己的情绪，深深地做了几个呼吸，安抚自己的情绪，关怀自己。

当她平静后开始想：自己到底要做什么样的妈妈？并进行换位思考：如果我完不成作业，我希望妈妈为我做什么？

答案是：我需要妈妈帮我先解决眼前问题，再帮我看清，是什么原因导致我没有力量完成作业！

于是她端着三明治来到儿子的房间跟他道歉："对不起，儿子！我一下蒙了，没有处理好自己的情绪！现在你想让我为你做点什么吗？"

孩子依然希望妈妈帮他请假。

妈妈爽快答应了。孩子软了下来，对她说："妈妈，我好自责啊！我为什么不能控制自己少玩一会儿，我为什么不能早写完作业呢？"

妈妈和儿子商量好，先写完作业，晚上有空再探讨不写作业背后的原因。

大概两个多小时后，孩子写完作业，自己骑车上学去了。

- **案例追踪：行行对妈妈打开心扉了吗？**

梳理后，行行和行行妈怎么样了呢？下面是行行妈的分享：

我是一个非常爱孩子的妈妈，但我不知道如何走进孩子的心中，如何去表达我的爱，如何正确地引导和教育孩子。回想过去我的父母对我的教育除了说教、批评、指责、比较之外，我好像找不到什么可以让我借鉴的好方法来教育我的孩子，那个时候我是迷茫的，困惑的。

一直以来我培养孩子的目标就是孩子能和我相处得像朋友一样，孩子面对妈妈的时候轻松自在，有什么说什么，可以全然袒露真实的自己，然而我却离我的目标越来越远。

当海蓝老师带领行行梳理的时候，女儿说妈妈打了她以后，好像快乐的事情都不在了，天空都很灰暗了，好像活着都没有意义了。老师说这就是孩子抑郁的开始。我如五雷轰顶，浑身开始冒冷汗。

老师告诉行行，她是一个小天才。当行行听到老师这么夸奖她、肯定她的时候，我看到了行行久违的开心的笑容。

当老师带领我和行行梳理后，我感受到了孩子从未有过的轻松和快乐，走路都是带着韵律跳动的，就像一只快乐的小鸟一样，飞过来飞过去。那种被老师深切看见，深切理解之后的开心快乐。她真的就像航行在大海中指引方向的灯塔一样，指引着我的脚步和成长方向。

梳理完的第二天，我第一次正式组织开了家庭会议。根据老师带领行行提议的挣取自由时间的奖惩方法，确定我们后期践行成长过程中的积分制度。行行每天都很积极地在各种事情上赚取积分，比如洗碗、拖地、洗自己的衣服、独立完成作业、在学校帮助老师做事，和同学友好相处等。

只要是正向的积极的事情，我每天都会记录，给予孩子一定的积分奖励，当然，表现不好，做错事情的时候也会扣除相应的积分，比如不守时，写作业磨蹭，偷懒等。

对于行行的数学成绩，我们有一个非常有效的沟通，通过"目标—卡点—资源"来解决行行数学成绩的问题。

孩子会非常主动地问我："妈妈，那以后我的数学怎么办呀？"

我："宝贝，你觉得你的数学成绩问题出在哪里呀？"

行行："我觉得有些题目确实是粗心了，有一些是题目没读懂，还有的是真的不会。"

我："那你觉得接下来该怎么办呢？"

行行："妈妈，我以后能不能这么做？做题的时候细心一点，不懂的题目多读几遍，你觉得怎么样？"

我："哇，你怎么这么棒呢！都自己知道怎么解决卡点了，我的宝贝超级棒！你觉得你是不是像海蓝姥姥说的那样，是个小天才呀！妈妈真觉得你就是一个天才，非常智慧和聪明，你都知道你的问题出在哪里，而且还很清晰地知道该怎么解决问题，真的特别棒！"

行行："（孩子非常开心温暖地笑，之后开始质疑自己）妈妈，那我如果按刚才说的做了，还是做不对怎么办呀？"

我："宝贝，你再仔细想想，如果发生做不对的情况，我们该怎么解决呢？妈妈相信，你一定有办法解决，你想想看！"

行行："（孩子犹豫，想办法）我可不可以问你和爸爸呢？"

我："当然可以呀，有不懂的，当然可以问妈妈和爸爸，在学校你还可以去请教老师和同学呀！"

行行："（会心一笑）那好吧！"

我："那我们再总结一遍，以后面对数学中的困难该怎么做？好不好！

第一，不懂的题目多读几遍，最少读三遍；

第二，读题过程中勾画重点信息，提醒自己；

第三，做完题目要检查。如果还是不懂，我们再重复第一步和第二步；

第四，要是前三步都做了，还是不会，那就请教老师、同学、爸爸或者妈妈。"

行行："妈妈，我觉得这样可以。"

以上是我和行行利用"目标—卡点—资源"制定的改善数学成绩的步骤。（目标：提升数学成绩，达到90分以上；卡点：粗心，不愿读题，真的不会；资源：自己能解决的部分，运用自己的方式解决，自己不能解决的部分求教外援、老师、同学、爸爸和妈妈。）

实践证明很有效，孩子的数学成绩确实在每次的测试考试中一点点地进步，让我特别欣慰的是，行行在期中考试中数学考了96分，她还鼓起勇气去问数学老师自己进步大不大。数学老师给了孩子认可和肯定，让行行对数学的学习信心更大了。

感恩老师对行行的带领和关怀，让孩子有了突飞猛进的成长，行行最近的进步非常大，让我再次感受到老师说的，每个孩子都是天才，孩子是离真理最近的人。而且我也深信不疑，行行也是一个天才！

当父母情绪稳定，温柔、淡定而平静地面对孩子情绪搅扰的时候，孩子也会一步步回归宁静和谐，这就是生命影响生命的力量。

面对孩子，当父母真的做到真实、真诚的倾听、陪伴，让孩子感受到被接纳、被理解、被看见、被关怀、被温暖的时候，一切问题都会迎刃而解，这也是增进亲子关系，增加感情储蓄的最佳途径和方法。

两年后，我们对行行进行了回访。行行妈说：

行行这一年多的变化特别大，我现在基本上不怎么管理行行的学习了，有意地锻炼行行的自我负责能力，我所做的就是去相信孩子，我常常对行行说的一句话是："行行，你没问题，妈妈相信你。"

孩子确实挺棒的，这一年多学习都是自我负责，成绩还算不错，数学成绩现在基本上都是95分左右，而且每次学习后的作业都会在学校自己主动完成，今年放假之前，班主任老师打电话反馈，说行行从之前那种心事重重的样子，现在变得很放松。学习积极主动，而且在学校特别喜欢助人，喜欢帮助老师去做一些事情，比如帮助老师打扫卫生，同学有情绪不好了，孩子也会去关怀，特别的善良和温暖。

在选心理委员的时候，孩子自己主动去参加选拔，以最高票通过，竞选成功班级的心理委员，而且这个事情都是孩子自己去参加、竞选，我毫不知情，直到结果出来孩子才告诉我事情的经过，真的有了特别大的改变。

孩子还在持续进步中，虽然中间还会经历很多磕磕绊绊，但我相信，在我坚持不懈地学习成长之下，孩子一定会朝着更好的方向去走。我对自己目前的状态也特别满意，持续深耕自己，勇敢地去接纳真实的自己。

第四章　孩子总要长时间哄睡，怎么办？
——如何帮助孩子建立安全感？

【困扰场景】

　　参与对象：眠眠，女孩，11岁，五年级；眠眠妈妈：医生。

　　问题描述：眠眠每天要求超过1小时的长时间哄睡，妈妈很焦躁却又无能为力。

很长时间才能哄睡女儿，妈妈感到被绑架

　　眠眠今年11岁了，依然要求哄睡，这让眠眠妈非常困扰。其实之前眠眠已经可以自主入睡了，只是在9岁的时候，又开始要求哄睡。从那开始，一发不可收。眠眠不仅不能按时入睡，而且需要爸爸妈妈超过数小时的长时间的陪伴才能睡着。

　　每天看着久久无法入睡的眠眠，眠眠妈逐渐感到焦躁，心里也开始对女儿有一些不满和评判："孩子这么大了，不应该再让爸爸妈妈哄睡了啊。这孩子太不独立了，我平时陪伴她的时间也不少了，为什么她还不能按时自主入睡呢？"

　　女儿无法按时入睡和需要长时间哄睡的两座大山让眠眠妈头

疼不已，常常感到很烦躁。她最大的心愿就是女儿晚上九点半能够按时睡觉，如果能够不让人陪、自主入睡就更好了。

我对这个案例有两个重要的点非常好奇：一是孩子为什么不能自己睡而非要陪；二是妈妈为什么会对这件事如此心烦。

我先问眠眠妈："眠眠晚上九点半不按时睡觉和需要爸爸妈妈哄睡，哪个更加让你不舒服？这两者各占的百分比是多少？"

眠眠妈妈："哄睡让我感觉更不舒服。九点半不按时睡觉占20%，需要爸爸妈妈哄睡占80%。"

我："孩子需要爸爸妈妈哄睡，对你来说意味着什么？"

眠眠妈妈："意味着孩子不独立。她都11岁了，应该可以自己睡了呀，为什么一定要我或者爸爸陪着去睡觉？陪就陪吧，可她又说睡不着。我就在想：你睡你的觉啊，你怎么这么多事儿，而且我还有自己想做的事呢。"

我："还有吗？你还有什么感受都可以表达出来。"

眠眠妈："我觉得我陪她半小时应该差不多了，而眠眠一直让陪，感觉没完没了。她睡不着，我也走不了，干不了自己的事。"

我："如果眠眠睡了，你想干些什么呢？"

眠眠妈妈："如果孩子能独立睡觉，我还能有些属于自己的时光，比如练习静观，或者看看书、刷刷手机等。"

我继续问："眠眠不睡，你就干不了自己的事儿，有种失控、被绑架的感觉，是吗？"

眠眠妈："对，很对。"

我："那再看看，孩子让哄睡这件事，让你不舒服和感到烦恼的原因中，孩子不独立占多少比例？打乱你的生活占多少比例？被绑架了占多少比例？"

眠眠妈："孩子不独立占20%，打乱我的生活占30%，失控、被绑架的感觉占50%。"

到这里，我明白了这位妈妈烦心的核心因素。其实最搅扰她的并不是孩子不够独立，而是感受到自己的生活节奏被打乱，有一种失控和被绑架的感觉。

哄睡可以实现孩子的安全感、满足感和联结感

眠眠为什么需要爸妈哄睡呢？

交流之后才发现，原来在眠眠1岁的时候，眠眠妈去国外待了两年，所以眠眠一直非常留恋妈妈的味道。眠眠希望妈妈哄睡是想跟妈妈更加靠近，用她的话来说："妈妈哄睡，我感觉蛮温暖的，这种方式可以表达爱，拉近我和妈妈之间的关系。"

其实，从生命的本能出发，人需要满足三种基本需求：安全感、联结感和满足感。这些需求被满足后，我们会感觉良好，会觉得这个世界是有意思的，自己活着而且被深爱着。

很多家长认为让孩子单独入睡可以培养孩子独立自主的能力，这是非常错误的。哄睡的过程其实是满足了孩子的三大核心需求。当孩子这三大需求得到满足就会有更多的创造力和自主

性。很多父母都希望孩子独立入睡，学习不让人操心，等等，但忽略了这一切的前提是孩子基本需求得到充分满足。

和颜悦色，柔声细语，搂搂抱抱，这是一个人最原始最核心的感受爱的方式。而很多妈妈听从所谓"专家"意见，孩子生下来为了培养独立自主就母婴分离，这种决定和行为，往往是觉得孩子干扰了自己随心所欲的需求，所以就硬生生把孩子分开。

哄睡是孩子得到爱的一种途径或渠道，因为孩子和妈妈身体接触的时候，会产生很多亲密素，很多话都不用说，母子之间就有很多的默契和懂得。你跟孩子关系有多近，就看彼此身体有多近，因为身体一近就会自然产生很多的亲密素，可见肌肤接触是多么重要，所以妈妈搂着孩子睡觉是非常美妙的事。

父母陪伴孩子睡觉是一段非常美妙的时光，这样的时光非常有限。等孩子将来上了大学，有了恋人成家以后，父母想陪都陪不了。

我女儿回忆说："小时候还挺想让妈妈陪着自己睡觉，睡觉的时候就可以回顾一天的事儿，和妈妈一起讨论哪些是对自己比较满意的，哪些是可以再继续努力的，或者听妈妈分享一些人生的感悟，听妈妈向我表达她对我的爱，感觉挺好玩。"

跟孩子关系有多近，就看彼此身体有多近，身体有多近，心就有多近。

我们和孩子在一起的时间，究竟有多少？

哄睡有那么多的好处，为什么眠眠妈却为此焦躁呢？为此，我想通过以下问题让眠眠妈换一种视角看待这个问题。

我问眠眠妈她每天能陪伴孩子多少时间？她仔细回忆日常的每一天：早晨忙着做早饭，送孩子上学；下午接孩子回家，孩子做作业她做饭；吃完饭，孩子继续做作业，好像孩子唯一能跟妈妈沟通的时间，就是晚上睡觉之前。眠眠妈若有所悟："这么算下来，我陪伴她的时间其实很少。女儿是需要我陪伴，但是我看不见她的需求，我和她之间有隔离的感觉。"

很多父母都懂得陪伴孩子很重要，也认为自己花了很多时间在孩子身上，基本可以底气十足地说："我都陪了呀！"所以，有非常多的家长疑惑：为什么在孩子身上花了很多时间，依然走不进孩子的内心呢？

孩子需要的是有效陪伴，是爸爸妈妈真的拿出专属时间倾听自己、看见自己和自己深度交流。但是，家长很多时候往往把吃饭、睡觉、玩手机等，只要是和孩子待在一个空间里的时间都归为陪伴。这就是出现问题的关键原因。

眠眠妈认为，陪孩子睡觉会影响自己的静观和读书。其实，跟孩子在一起，跟孩子交流，是特别好的静观。随时随地都可以静观，每时每刻注意到我们听到了什么，看到了什么，感受到了什么，都是静观。

静观的英文是"mindful living"，就是带着觉知去体验生活，用心过好每个当下。静观其实有千万种形式，打坐静观只是其中一种。

关于孩子打扰自己看书这件事，我的感受其实是不一样的。

每个孩子都是一本最好的书，比任何其他的书都要珍贵。对于我来说，最好的一本书就是我的女儿，她的内心世界多么美妙，她本身就是一本书。很多妈妈不知道的一个真理是：孩子最需要的是妈妈的怀抱、抚摸和陪伴，不是大房子，也不是玩具。

一般来讲，家长能和孩子在一起有相对比较多的时间，是在孩子18岁之前。然而这个时间也只是相对较多，因为除了睡觉和上学，家长每天陪伴孩子的时间也就一两个小时。

下面这个公式大家可以跟着算一算，你真正陪伴孩子的时间到底有多少天。

我们和孩子在一起究竟有多少时间？

[（18-孩子现在的年龄）× 365 × 2 小时]/24

以眠眠为例，她现在11岁，距离18岁只剩下7年，按照每天陪伴2小时算：[（18-11）× 365 × 2 小时] / 24 = 212天。

眠眠妈算了一下，很吃惊，只有212天。是啊，212天。培养一个能够独立自主、自食其力、幸福快乐的孩子，留给我们的时间其实挺短的。昨天还是一个刚刚出生的小baby，转眼他就大了。

我女儿躺在我怀里吃奶的情景仿佛在昨天，可是今年她已经是20多岁的大姑娘了，时间真的会过得非常非常快。现在，一大部分时间，她都不需要我陪，因为她有属于自己的世界了。相反，她会觉得我需要"被陪"。

人生没有比教育孩子更重要的事儿，没有一种成功能够替代教育孩子的失败。我们这一辈子不管在什么行业忙碌，其实都逃不开教育孩子这个课题。我们教育孩子，其实是为了孩子可以成长得更好，为了孩子的人生能够幸福。而孩子感受到幸福的方式之一就是陪伴，父母与孩子的聊天时光，是感受爱、传播爱、分享爱的时刻，是家的核心。

孩子需要的其实是父母在教育孩子中最应该去面对的课题。父母要多听听孩子的想法，听听他们想要什么。

眠眠对爸妈的需求是：多陪陪我，多抱抱我，多鼓励我。

看到孩子这么清晰的需求表达，不应觉得疑惑，眠眠妈只要按照孩子的表达去满足孩子就可以了，为什么会苦恼呢？

其实，我在案例中发现，很多家长在日常生活中多次听到了孩子的需求表达，却完全没有"真正"听到。这其实是家长需要做的课题。

孩子有时候是最好的老师，所以在孩子有一些需求的时候，不妨先满足孩子，这是爱孩子的最好路径。

"865"分析：孩子没有安全感该怎么办？

眠眠的案例核心原因是安全感出了问题，从"865"体系的八项幸福力来评估，我认为眠眠妈妈最需要做的就是帮助女儿提高建立安全的能力。眠眠妈妈希望孩子独立入睡的背后其实是希望孩子能够养成良好习惯，而眠眠希望爸爸妈妈哄睡其实是源于没有安全感。

1. 孩子为什么缺乏安全感？

孩子缺乏安全感的核心原因之一就是缺乏陪伴。长期和父母分离的孩子容易感到焦虑，没有安全感，就像眠眠一样，在她最需要妈妈的年龄，妈妈远在异国他乡，虽然家里老人也给了很多的爱，但妈妈的爱是无可替代的，如果妈妈回来后在陪伴孩子的时候依然充满不耐烦，会进一步加剧孩子觉得自己不被爱、不可爱的感受。

无论多大的孩子都眼巴巴盼望跟亲密的人建立亲密的关系，这个最重要的联结对象就是妈妈爸爸。这个世界上只要有一个人能带着爱来对待他，相信他，很多问题就不会出现，孩子整个内心就是非常富足的田野和花园。

孩子缺乏安全感的另一核心原因是父母对孩子有太多的评判。太多的时候，我们怀疑孩子，批评孩子，拿他跟别人比较，一看孩子就是一身的毛病。当我们用这样的眼睛去看孩子，你的眼神和整个身体透露出的信息就会带着一种否定。

孩子家里如果失去了基本的安全感，孩子出现的问题一定会越来越多。有个小孩，他做作业的时候，手一直动，停不下来。他的妈妈总是一直在批评他，孩子经常被批评、被指责、被要求，觉得这儿不对，那儿不对，但是也不知道如何表达，说不出来，身体就会有各种反应。当你对孩子有过多的要求、警告和批评时，你带给孩子的是很多的焦虑、担心和不信任。如此循环，孩子的安全感就被破坏了，你和孩子的亲子关系也被破坏了。

这两点归根结底就是孩子和父母是否能建立稳定的亲密关系。除此之外，父母之间是否温暖有爱，家里是否充满宁静和谐，父母情绪是否稳定，父母自身的安全感是否具足，都决定了孩子安全感的多少。

如何帮助孩子建立安全感？

培养孩子良好的作息习惯，提升孩子的安全感是父母们的共同心愿，但说易做难，很多父母会感觉在这方面有点不知所措，不知从哪一步开始入手。

要建立和提升孩子的安全感，我们可以从这几个方面去努力。

1. 多陪伴，增加和孩子的亲密度

建立安全感一个非常重要的路径就是多陪伴，和孩子拥有亲密的亲子时光。很多孩子并不缺乏物质享受，却从来都感受不到父母的爱，与父母之间有强烈的距离感。他们有一种错觉，之所以感受不到父母的爱，是因为自己不够"好"或不够"完美"。也因此，他们可能会变成完美主义者，以离谱的高标准来要求自己以及自己身边的人。

被父母忽略的孩子常常在意别人对自己的评价，习惯让别人告诉自己应该怎么做，缺乏自信与主见，也容易情绪低落。他们可能会发展出冲突的自我认知，经常会这样想：我现在是这样，但我本应是另外的样子。有时候，他们甚至也看不见自己真实的需求，每天生活在焦虑当中。

前面我们知道，眠眠总是要爸爸妈妈哄睡其实就是对父母的依恋，渴望和最亲密的人多一点时间，再多一点时间在一起，就好像如果你小时候没有吃饱，总希望多吃一点，再多吃一点。眠

眠妈妈洞悉了孩子内心的需求，能够怀着海洋般的耐心去哄睡，相信她会越来越享受和女儿在一起的美好，眠眠也会从妈妈高质量的陪伴中得到真正的满足。我身边一位孩子给爸爸打了120分，因为爸爸无论多忙，他都不会错过孩子的任何一个节假日，提前做好时间规划，不错过孩子成长的每一个瞬间。

在我看来，陪伴孩子是一件非常幸福的事情，我非常享受和女儿彼此陪伴的亲密时光，我们会有很多心灵上的交流、身体上的簇拥和语言上的滋养。

有一天早上起来，外面大雨滂沱，女儿告诉我她想独自到雨中走走，我说好。半小时后她回来了，我问她雨中漫步的感觉如何，她说很好。过了一会儿，女儿问我："妈妈，你说别人会不会觉得我很怪异？人有了想法是不是就可以去做？"我说："宝贝，决定一件事是否可以做的最基本的标准是对人对己有没有伤害，没有就可以做。"

有人会说，让雨淋感冒了怎么办？我想说，春天出门可能有花粉过敏，夏天出去可能晒黑晒伤，冬天出门可能会滑倒会被冻着，走路、坐车也可能出事故，那是不是就让孩子永远在家里？难道为了所谓的安全，就要剥夺了孩子体验生命的历程吗？能力和韧性是在体验中获得的，人固有的恐惧已很多，父母需要帮助孩子具备的是敢于面对生活的勇气和能力，不是恐惧。

女儿雨中散步回来后，画了一幅画，表达了她的心情，她说本来是想画一幅灰蒙天际中，透射出阳光的画，结果弄砸了，就改成画中的样子了。

青春萌动，会有各种心情，做父母的不必追问，不必猜测，只要陪伴和欣赏就行了。有孩子真好，透过她也仿佛回味了自己青春年少时梦幻般的时光。

疫情防控期间，有一点让我无比感恩的地方。那就是在家读书、学习、探索，还有宝贝女儿陪在身边。

春天到了，雪后几天，春花满园了。外出散步在野地总会有不一样的发现，那天我和女儿散步的时候，我惊喜地看到了有野葱，天然、有机又美味，我十分兴奋，一边拔一边对女儿说："我拔的不是野葱，是宝贝爱吃的饺子。"女儿说："妈妈，你拔的不是饺子，是对我的爱。"哈哈哈，我女儿格局不一样啊。

我早上给自己美美地做了一碗西红柿炒鸡蛋面，女儿没吃早饭。和女儿在田野中散步时，她说有点饿了，我立刻有点愧疚涌上心头，告诉女儿："妈妈怎么觉得有点愧疚呢？"女儿马上说："妈妈，你愧疚，那能不能给我做顿饭？"我说："当然不能。"她一脸失望。我说："不过我要自我探索一下，为什么不给女儿做煮饭婆就心有内疚？我怎么这么喜欢自虐呢？"

女儿哈哈大笑。在自我隔离、保持社交距离的日子里，有宝贝在身边，有蓝天白云、繁花绿叶的陪伴，很奢侈啊。

我还想起一件事，有一天早起，我本打算静观，女儿说肚子疼，看到女儿的样子，我就又陪她躺下了，随即想到这是个多么好的静观体验。

我问女儿："宝贝，你希望妈妈做点什么才能好受些？"她说希望脚暖和些。于是，我坐起来，把手搓热后，搓捏女儿的双脚，用心感受着她柔软、冰凉的皮肤在我的手中慢慢变热，心中充满温暖。

在那个非同一般的春天。春天外的世界，几多感伤。然而作为一个母亲，在春天里的世界，我有许多触及心灵的美好，许多静谧温暖的时光。

留出时间，全身心地陪伴孩子，听听他的故事和想法，也听听他的梦想和愿望，和他一起完成他想做的事情。孩子的世界十分奇妙，在陪伴他们的过程中，也会让我们对世界有新的了解。

如果父母关系和谐，每天对孩子有足够的高质量的温暖陪伴，孩子可以感受到和爸爸妈妈彼此的心是相连的。这样的孩子内心会非常强大，做任何事情都会有底气。孩子的安全感特别足，生命力也就特别旺盛。

2. 少批评指责，多鼓励表扬

很多父母遇到孩子不尽如人意的时候，第一时间会批评他：你这个孩子太贪玩了，一点都不懂事；你看看别人家的孩子……其实，让人改变的不是一条鞭子，而是一个"吻"。比鞭子更管用的是带着理解、相信、支持、关爱的心，善待自己、善待孩子。

眠眠妈之前是出名的"三高"妈妈：高标准、高要求、高管教，而女儿呢，非但没有像期望的那样变得很优秀，反而表现出来的是"三低"：低自尊、低自信、低安全感。

比如眠眠和同学出去玩儿，妈妈就会不断打电话催促她回家，回到家后也会数落孩子：就知道玩儿！你们班成绩好的同学有几个像你一样成天惦记着在外面玩儿？

　　每当妈妈的话暴风骤雨般袭来，眠眠总是羞愧地低下头去，一言不发。

　　我们还是孩子的时候，总觉得大人不懂我们的心。我们换位到孩子的视角，没有一个孩子不喜欢玩儿，没有一个孩子喜欢被批评，没有一个孩子不想进步。

　　很多家长觉得和孩子交流困难，你要看看自己对孩子是不是有太多的怀疑、批评、指责、说教和自以为是。

　　只要有真心的倾听、关切的目光、鼓励的语言，孩子就会吐露真心。眠眠妈妈现在能够看到更多眠眠的好，发现孩子身上的闪光点，倾听女儿的心声，也渐渐成为眠眠的最佳盟友。当眠眠意识到"妈妈是懂我的，欣赏我的""不管做错了什么，爸爸妈妈都会永远爱我"的时候，就会慢慢放下戒备，愿意和妈妈靠近。

　　每个父母都要学会鼓励和赞扬孩子，也要去感恩孩子、欣赏孩子、帮助孩子，让孩子看到自己的好，能够知道自己是美好的，同时帮助孩子养成欣赏他人、感恩他人以及帮助他人的习惯。很多父母花很多钱、时间和精力为孩子创造良好的居住、饮食、学习环境，殊不知孩子最需要的是充满理解、接纳、尊重、欣赏、鼓励和肯定的情感环境。

　　孩子在面对批评、指责、训斥、纠正时，只会想着对抗，更不可能把事情做好。只有在被理解、被尊重、被接纳、被认可、被信任、被支持和鼓励时，孩子才会积极行动。

这个世界不缺乏批评、指责，缺乏的是对自己、他人和世界的欣赏和赞美！

夸奖孩子，成为孩子的赋能师。改变，从现在开始。

3. 少发泄情绪，多关怀自己

教育孩子最大的卡点是父母自己阴晴不定的情绪，有的父母动不动就在孩子身上发泄情绪，这对孩子是非常大的伤害。因为你起伏不定的情绪，是对孩子最大的伤害，让孩子无法信任你，让孩子惶恐不安，无法靠近你。一般来说，家长脾气暴躁，情绪不可捉摸，一部分孩子更容易自卑、敏感、脆弱、小心翼翼，另一部分孩子表现为叛逆、暴躁、多疑、为人苛刻。

眠眠妈想起来女儿前几年经常会对她说：

"妈妈，你别皱眉！"

"妈妈，你开心点！"

"妈妈，你笑一下！"

"妈妈，你生气了吗？"

"妈妈，我又做错了吗？"

……

孩子在妈妈面前变得小心翼翼，如履薄冰。

当自己有情绪时，你所说的所做的，已经没有教育可言，只是发泄自己的情绪而已。

作为父母，生而为人，有情绪也是人之常情，无论什么时候有了情绪，先要回到自我关怀上来，先安抚情绪，再处理事情。

一个在情绪稳定的家庭里长大的孩子，他的安全感差不到哪儿去。

那遇到着急上火的时候，或者冲孩子发了脾气该怎么办呢？

你可以试着自我关怀，把手放在胸口，温和对自己说：亲爱的，我知道，你也不愿意这样，任何一个妈妈，遇到这种情况，都会有急躁的情绪，愿你能够谅解自己，就像对最好的朋友一样对待自己！

带着觉察去看自己的情绪，释放自己的情绪，转化自己的情绪，并站在孩子的角度去理解孩子，共情孩子。妈妈自己不是一个炸药桶，也不能把孩子当作情绪的垃圾桶，当妈妈温和、平静的时候，就会有很多智慧出来，带着这份智慧、力量和爱去管教孩子，既可以让孩子乐意接受，也不会破坏母子情感。

眠眠妈这两年通过对自己的爱与关怀，更多地看见自己，心疼自己，情绪也稳定多了，自己成了这个家的定海神针，因为自己改变了，老公也不再是一点就燃，婆婆也没那么不受待见了。眠眠现在很喜欢靠近妈妈，给妈妈聊天。

父母情绪稳定，家就是孩子安全的港湾，情绪起伏不定，家里就失去了安宁和温暖，孩子也就失去了基本的安全和对生活的希望。

起伏不定的情绪就像是颗不定时炸弹，让周围的人感到不安全、惶恐不安。很多人做了很多好事，但一个情绪起伏就会将所做的一切一笔勾销。

当我们真正能够给自己留时间去梳理内心起伏不定的情绪，

让自己平静下来的时候，我们就会深切地懂自己、懂他人，就会与自己、与他人、与整个宇宙有了温暖相连的空间；这个空间会使我们有更多的创造力，更能够善待他人，善待自己。

除此之外，对孩子最好的保护是爱你的家人，彼此和睦相处，建立温暖的家庭环境，在这样的家里长大的孩子想没有安全感都难。

孩子需要安全温暖的环境，他们本身就像蕴藏了强大力量的种子，当有足够的安全、温暖和支持时，就会成长。只有当家长对孩子有海洋般的耐心陪伴，无条件地接纳，对孩子充满欣赏、信任时，才能给予孩子真正的安全感，孩子才能感到温暖和爱。

● 案例追踪：眠眠妈面对哄睡要求，现在是如何应对的呢？

眠眠妈妈哄睡的烦恼解决了吗？下面是眠眠妈妈的分享：

我之前一直不明白女儿为什么一定睡觉前需要我陪伴，哄睡1小时还不够，还要继续陪，而且不知道要陪到啥时候。

下面我从情绪、身体、想法和行为分享一下梳理之前的心路历程。

想法：

（1）已经11岁了还要哄睡，就不能独立睡觉吗？既然要培养她独立就该让她自己睡觉。

（2）她这样会影响我的正常作息时间，我还有自己的事情呢。

（3）她放学后我不一直陪在身边嘛，她做作业的时候我做饭，也是陪伴啊。

情绪：我会感到烦躁、着急又不知道该怎么办，很无力。

身体：两边太阳穴发紧，头疼伴随而来。

行为：

（1）我告诉她：妈妈在你身边看书，你睡觉，好不好？但是她还是睡不着。

（2）我告诉她：要不然你自己睡，你可以自己睡觉的。她会说：我难受，睡不着，需要妈妈陪伴抚摸。

如此循环往复，结果是什么呢？晚上11点多她还是不睡，我很烦躁，觉得她事儿多。我不得不放下所有的事情全心全意陪她，她才能入睡，但是我的内心很不情愿。

到后来，她需要我哄睡，我假装听不见，这样一来，和女儿之间的距离越来越远，也越来越不了解女儿。

老师带我梳理后，有了很多的发现和收获。

第一，实际上我没有真正听见眠眠的心声，她在表达的时候，我心里在想我要做的事情，她是感到被忽略的。这像极了我小时候，妈妈总是忙于家务活而听不见我说话，我哭着找妈妈，妈妈总是说：我在忙，等我忙完了再去找你。当妈妈忙完，其实我已经哭着睡着了。我小时候被陪伴的需求没有被满足，久而久之我也不知道自己需要什么。妈妈在我小的时候忽视我的需求，我现在也忽视女儿的需求，这就是代际传承。但我现在也理解了我的妈妈，她在那个时期已经尽了最大的努力，没有一个妈妈不想做一个好妈妈。

第二，我以为在孩子身边就是陪伴，我现在才知道陪伴是全身心地去沟通和交流，不是在她身边，心里想着自己的事，耳边听着她的话，实际上却没有听。

第三，我看到了女儿其实比我更清楚她自己需要什么，她已经清晰表达她需要妈妈的陪伴和抚摸才能入睡，喜欢和我讲白天发生的事情，老师问我平常这个时间不陪女儿的时候做什么事情？我的回答是看书或者刷手机，然后静观。老师说："你陪伴女儿就是最好的静观。"让我恍然大悟，原来静观是活在当下，和女儿沟通陪伴就是最好的静观，女儿的内心美妙会让我像读一本书一样美好。

第四，我认为事情比人重要，我把我要看书学习看得比女儿重要。觉得是女儿阻碍了我的学习成长。我还是觉得自己不够完美，其实是对自己高要求高标准，也是对孩子高要求高标准，忽略正常需求。梳理结束后，心灵豁然开朗，也感到很轻松。现在，只要女儿说："妈妈陪我睡觉。"我会第一时间放下所有的事情去陪伴她，和她交谈学校一天的事情，同时抚摸她的后背，给她安全感，我自己也非常享受这个美好时光。女儿也记住了老师说皮肤接触可以产生亲密素，经常跟我说："妈妈，来，我们产生一些亲密素。"她一边说还一边摸摸我的胳膊或者让我抱抱，我们非常享受母女的二人世界。

感恩自己选择幸福家学习，自己的觉察能力提高了，疗愈和陪伴小时候的自己让自己越来越轻松，切断代际传承，让自己轻松前行，其实养育孩子也是成长自己。

两年后，眠眠妈妈再次发来信息：

之前，对于女儿的爱带着恐惧和羞愧，我不敢靠近她。担心她有情绪有要求都要我去满足，我怕我做不到就觉得自己不是个好妈妈，很自责。同时，为了讨好女儿，我会满足她的物质需求，没有边界，也不敢有边界，对女儿有情绪不能表达或者不敢表达出来，也想要躲着她。回顾一下，对于女儿的养育还是处于4~5岁的样子，其实她已经13岁了。我老公、婆婆呀、妈妈，他们都是非常关心和爱我的，但我就是感受不到。因为产后抑郁，我特别绝望，陷在情绪的泥潭里面拔也拔不出来。

现在我的新变化是：

第一，和女儿之间的变化：对于女儿的控制减少了80%，面对女儿需要陪伴的需求，我不会再躲了，我现在特别喜欢听她晚上和我讲的各种分享，我和她的关系也近了，女儿对我也更加信任，看到我有情绪的时候也敢于和我表达出来。我也敢于和她制定规则和边界。女儿出门我不再一次次带着恐惧看她电话手表定位，孩子也会和我说她一天的安排，和小伙伴出门也会告诉我回来的时间。

第二，自己的变化：我对自己的接纳增多了，疗愈了自己的羞愧和恐惧。

同时我的身体发生了明显的变化，以往有情绪的时候不想吃东西，其实是从小妈妈情绪不稳定，我觉得她做的饭有毒一样，拒绝吃。现在食欲非常好，即使现在这样热的天，我也吃得进，非常喜欢吃。之前一直消瘦是因为情绪的累积，身体承载了太多的情绪在胃肠道里面，现在慢慢释放了，每天练习身心修炼十二式后会有很多气排出来。

第三，和老公的变化：源于对自己过去的了解，对于自己的相信，同时也容易理解老公，和老公之间信任安全提高，他愿意和我呈现他的脆弱。以前我和老公出去散步，最后不欢而散各自回家，现在两个人出去散步，我就带着好奇去倾听，偶尔回应他，确认他的感受，慢慢的这样练习倾听，我和他的关系更近了。以前我不敢也不愿意和他表达我自己工作上的事情，担心被他说，现在工作上的调整，我真实、真诚地表达出来，他没有像以往说我，反而帮我分析和安慰我，他现在也敢于对我说，因为对于我的信任他才敢说出来，而且我也会说出来他想听的，这样一个正向的循环，越来越好。我和他关系好了，女儿就更加安定了。

第五章 孩子难管，总是被学校请家长，怎么办？

——如何帮助自己和孩子化解情绪？

【场景描述】

参与对象：壮壮，男孩，10岁；壮壮妈妈：中学老师。

问题描述：壮壮和老师不断发生冲突，总是被请家长，孩子不服管教，壮壮妈的情绪备受搅扰。

如果你总是因此忍不住发脾气，我们一起来看看问题出在哪里，如何解决？

孩子种种"劣迹"在告诉我们什么

壮壮妈感到很烦，她家的"问题少年"又惹麻烦了，她不明白儿子为什么总和老师发生冲突。

10岁的儿子壮壮一点也不让人省心，让她非常头疼。这一天，壮壮妈又接到了班主任老师的电话，让她去学校把壮壮领回家。班主任还特意给壮壮妈强调，让她把壮壮教育好了再送回学校上课。

究竟发生了什么呢？

壮壮在课上讲话，老师点名提醒也不理会。老师就让他站起来，他站起来伸了个懒腰，打了个哈欠。老师火了，让他站到讲台上去，他大摇大摆走上去了。老师让他去走廊上，走给老师看看，他就真的走给老师看看。老师很生气地拉他，他暴怒，说："别对老子动手动脚的，你再抓，老子……"

最后，老师让壮壮写检讨。可是德育处认为，壮壮的检讨没写到位，不够深刻。班主任只能让家长领孩子回家。

壮壮妈妈难过地说，儿子从学前班到五年级，每一年都会跟老师发生冲突。前段时间跟刚换的数学老师、英语老师有一些摩擦，上个星期跟体育老师也发生了冲突。她多么希望，壮壮可以控制好自己的情绪，不再和老师发生冲突，也不再惹麻烦了！

很多家长看到这个案例，是不是也很抓狂，这是什么孩子啊？！典型的熊孩子，给父母惹麻烦的孩子！不省心不省事的孩子！

（1）上课说话，不专心。

（2）老师都点名了，还不收敛。

（3）老师罚站，他还嬉皮笑脸，伸懒腰，打哈欠，走路大摇大摆。

（4）老师拉他，他还爆粗口，出口成"脏"。

（5）让他写检查，不深刻，不真诚，没有真正意识到自己的错误。

但我知道上述的情节只是冰山一角，一定有全相，需要了解背后的故事。没有不好的孩子，孩子的表现，一定事出有因，接下来，我们就带着好奇，逐一去"破案"。

受到情绪搅扰时，99%的人走本能之路

1. 孩子为什么上课讲话，开小差？

我们需要真正走进孩子，听听孩子的心里话。

让我非常意外的是，我见到的壮壮是一个非常可爱的10岁小男孩，虎头虎脑，机灵活泼，有一点小小男子汉的模样了。

我怀着好奇心问他："宝贝儿，你能不能告诉我，你在课上说话，当时老师已经提醒你一次了，为什么还要继续说话呢？"

壮壮："因为我当时没有控制住自己。"

我问："为什么管不住自己呢？"

壮壮："因为讲话比上老师的课有意思啊。"

孩子的回答总是让人出其不意。

很多老师和父母觉得孩子上课就应该专心听讲，在走神的时候经常被老师和家长批评甚至打骂。其实走神、开小差是学习的必然和自然的过程，对于学习新的知识和信息来讲非常关键。

科学家发现：在学习新知识之后，有几分钟走神的时间，记忆力才会大大加强。走神会加强大脑的记忆力，换句话说，走神是大脑的创造性过程的一部分。

我并不是在为孩子上课讲话开脱，是希望让大家看到这背后

的科学依据。

家长和老师之所以生气，是因为觉得孩子对自己不尊重，影响课堂秩序。实际上，孩子只是本能表现而已，不把孩子的行为看作故意地针对自己，老师、家长受的搅扰就会少一些。

2. 孩子为什么骂人、说脏话？

我继续问他："那后来，老师让你站起来的时候，你为什么打哈欠，伸懒腰呢？你当时是怎么想的？"

壮壮："老师叫我站起来的时候，我心里就有点不高兴。因为我看到其他同学也在说话，老师却只点了我一个人。我心里有点不服气，所以我起来，就伸了个懒腰，打了个哈欠。老师很生气，让我走到讲台上去，我更生气了，所以我的步子是大摇大摆的那种，就像上台领奖一样。"

我听了壮壮的描述，觉得这孩子真是太有意思了。我问孩子当时的感受是什么？他说其实被老师点名有点不好意思，但看到其他说话的同学都没有被点名，心里不高兴，感到老师不公平，就有点愤怒了。

我问壮壮后来发生了什么？为什么会骂老师？他说老师看到他这个样子很生气，去抓他衣领，他觉得自己的尊严受到了冒犯，就爆粗口，说了"老子"。

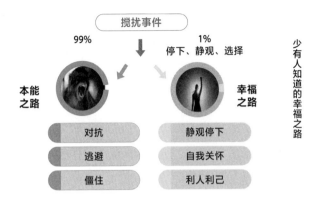

人在受到情绪搅扰的时候，99%甚至100%都是走本能之路。

什么是本能之路，也就是当人碰到不顺心、不如意事情的时候，感受到被指责、被批评、被攻击的时候，会有三种本能反应：

第一种是对抗，也就是对着干；如果对抗不了，就会逃避；逃避不了，就会僵住不动，而僵住不动、不知所措其实是最严重的情况。

对抗、逃避、僵住，无论哪种方式，这种时刻负责理性思维的大脑基本停止工作。所以，当人被冒犯的时候，会本能地去对抗。谁愤怒、生气的时候会有好听的话说？一般都会捡最难听的话说，就像很多人在抓狂的时候会说："你去死吧！"

英国剑桥大学的神经科学家彼得·琼斯（Peter Jones）研究认为，人类大脑并非很快就成熟了，而是一个缓慢、循序渐进的过程，差不多要到25岁左右，才会达到成人的状态。他认为，在18岁时人的大脑仍在经历巨大变化，20岁之后也非常容易受精神障碍的影响，而这个问题到了30岁左右就会得到解决。大脑有自己的"发育时间表"，大脑的成熟程度会影响人们的行为以及心理状态。没有成熟的大脑，意味着对自己情绪的把控能力有限。

对壮壮来讲，他认为不只我一个人上课讲话，凭什么只批评我，他感到不公平，不服气，所以他伸懒腰，打哈欠，走路大摇大摆，是在用行为跟老师对抗。准确地说，是在对抗老师的"不公平"的对待。孩子核心的部分是有尊严，当老师抓他领子的时候，他非常生气，他觉得自己的尊严被冒犯了，脱口而出的就是难听的话。

壮壮对老师的冒犯是因为自己感受到被冒犯，没有被尊重、理性脑失控，形象地说，就是脑袋盖被掀了。揪壮壮衣领的老师也是情绪失控、脑袋盖被掀的表现。

孩子大脑空白和吓呆，不容忽视

一个叫雯雯的小女孩写作业出错，她的爸爸非常生气地让她改，在这种情况下，她改了还会再错；这时她爸爸就会怒火万丈，大声吼叫，甚至打她，然后让她继续改，她还会继续错，然后她爸爸就更火了。她和她爸爸一起来问我是怎么回事，该怎么办？我问孩子，当爸爸生气喊叫的时候，你的感受是什么？孩子说：我的脑子一片空白，呆住了，爸爸说什么我都听不到了。当孩子大脑空白，呆住了，是因为受到了很深的伤害。

许多父母对训斥、打骂给孩子带来的伤害非常无知。当孩子被训斥、打骂开始脑子空白，呆住的时候，说明孩子的心理受到了重创。人在受到伤害时，有三种本能的反应：对抗、逃避或僵住不动。人有力量、有能力抗衡的时候会对抗、反击；当没有力量和能力时，无法对抗和反击时，会选择逃避或逃跑；当无法对抗还击又无法逃避逃跑时，就会陷入绝望和绝境，出现大脑空白和呆住的状态。当孩子被侵犯时，受创伤的程度，取决于孩子的反应状态，能够对抗，创伤就会轻一些，能够逃避逃跑，会重一点，最严重的就是既不能对抗，也不能逃跑，吓呆住了，也就是雯雯的状态。

遗憾的是，许多父母和老师对孩子大脑空白和吓呆的状态一无所知，不知道这种状态是孩子心理受重创的自然反应，误认为孩子不听话、不以为然、故意不回应，就会更生气了，用更严厉的责吼，甚至打骂对待孩子，结果雪上加霜，给孩子造成更深的创伤，使孩子处在惊恐之中，无法学习，失去学习的动力，也与打骂自己的父母、老师距离越来越远。

如果你的孩子能够像壮壮一样，老师抓他，还能对抗的话，我觉得你应该感到特别的高兴，因为他有力量。对抗，证明孩子还是有很强的尊严感。如果孩子已经被压抑得只能是逃避或僵住，那么孩子很容易自卑，长此以往，会经常处在焦虑、恐慌之中，可能导致抑郁。

如果你的孩子敢于跟你对着干，从某种意义上讲，你应该感到庆幸，说明他很有尊严，有自信，有力量。

总是听话的孩子，并不健康

老师和家长都喜欢听话的孩子，但孩子总是听话，并不是健康的表现。有人的地方就有矛盾和冲突，有人的地方就会有误解和无知，真理一定不会总是在老师和家长一边。如果孩子对老师和家长所说所做的，不辩驳、不反对，只能说明：也许孩子太害怕了，不敢对抗；也许孩子被压制得太厉害了，早就失去了交流、反驳、争辩的愿望，选择了放弃；也许孩子因为无助无望，已经麻木了。更多的时候，所有没有化解的情绪都埋在身体中和心内，成为身体的疾患，或者有一天家长们突然发现，孩子变得极度焦虑、抑郁甚至暴躁。事实是焦虑、抑郁和不想读书的孩子越来越多。

某大学一年级新生当中，40.4%的学生认为活着和人生没有意义。

根据北京大学副教授、临床心理学博士徐凯文2016年11月5日在第九届新东方家庭教育高峰论坛的主题演讲《时代空心病与焦虑经济学》（首发于《中国网教育频道》），报告了对某大学一年级新生调研结果，其中30.4%厌恶学习或认为学习没意义，40.4%认为活着和人生没有意义。

根据2020年版《中国国民心理健康发展报告》，小学阶段抑郁检出率10%左右，中重度抑郁的检出率为1.9%～3.3%；初中阶段抑郁检出率30%左右，重度抑郁检出率7.6%～8.6%；高中阶段抑郁检出率40%左右，重度抑郁检出率10.9%～12.5%。

看到这些数据，你有什么感受？总以为孩子焦虑、抑郁、自杀发生在别人家，其实这些情况存在于许多家庭，也许就存在于你的孩子身上。

我们不需要听话的孩子，需要健康的孩子。

3. 为什么说了很多遍，孩子都不听？

很多父母无奈地说，打也打了，骂也骂了，道理也讲了，可是孩子屡教不改。你知道为什么说了很多遍孩子还是不听吗？因为孩子不是听你怎么说，而是看你怎么做。

壮壮妈妈进一步探索梳理后发现，平时壮壮爸生气的时候就是咬牙切齿，怒目圆睁，紧握拳头，嘴里还会说"老子给你一巴掌"。壮壮妈恍然大悟，原来儿子都是从他们这里耳濡目染学到的。哪怕你再苦口婆心对孩子说，不要惹事，不要说脏话，不要跟老师对着干，但你的所言所行，早就刻进孩子脑海里。

每个你不喜欢或讨厌的孩子的行为，都有你的影子，也都是你参与的结果。

你想让孩子成为什么样的人，你就先成为什么样的人。孩子只看你怎么做，不是听你怎么说。镜像神经元理论告诉我们，父母是孩子的镜子。

华盛顿大学的安德鲁·梅尔索夫（Andrew Meltzoff）教授通过研究发现，刚刚出生仅几分钟的婴儿，在看到大人伸出舌头时，就能做出同样的动作。和其他灵长类动物一样，儿童都喜欢模仿。科学家发现，人脑中有一种叫作镜像神经元的细胞在起作用。也就是说人不是通过概念推理，而是通过直接模仿理解他人的行为、意图或情感的。这个发现帮我们找到了身教重于言教的科学依据。教育孩子的核心，不是你说了什么，而是孩子看见你做了什么。

老师和家长平时的面部表情、待人接物都是不说话的教育。所以我认为教育的核心是生命影响生命的过程，而不是讲概念和道理，更不是打和骂。

4. 爱孩子，为什么还会打骂孩子？

为什么许多父母很爱孩子，但面对孩子犯错的时候，总是无法管控自己的情绪呢？

其实很多家里都在上演这样一个循环：孩子惹事，父母生气，又打又骂，孩子屈打成招，口服心不服。而父母呢，打完骂完心疼心痛，内疚自责。带着这份亏欠，跟孩子道歉，甚至讨好、弥补。下次孩子还会犯事儿，又再来一轮上面的循环。

要打破这个循环，我们需要找到背后的根源。

我问壮壮妈妈："老师给你打电话说壮壮的情况，你为什么如此愤怒，为什么打孩子呢？"

壮壮妈："我觉得他又找麻烦了，我得去处理，给我多找了个事儿。"

我："给你找事儿，带来麻烦，对你来讲意味着什么？"

壮壮妈："我又得去跟班主任老师沟通交流，孩子几乎每年都会惹事，我感到很羞愧。"

我："你羞愧是觉得自己没做好，是不是？"

壮壮妈："嗯。我觉得自己不是个好妈妈，不是个合格的妈妈。"

说到这里，壮壮妈妈眼里有了泪。

谁有情绪是谁的问题。妈妈的情绪其实最主要是觉得自己不够好，那情绪背后的根源又在哪里呢？

与壮壮妈妈通过进一步交流了解到，她从小被父母也是又打又骂。没有人教过她如何管理自己的情绪，祖辈也用打骂的方式管教她的父母，就这样一代传一代，祖祖辈辈，自然而然循环往复，从没有觉察也没有认真想过。曾经最讨厌父母对待自己的方式在不自觉中用在了孩子身上！

还有一个重要的原因，有太多的父母，因为对自己的人生不满，就把各种负面情绪以强势讲道理、要求、呵斥甚至打骂的方式发泄到孩子身上。这些方式使多少孩子夜不能寐，泪浸枕巾，内心孤独、压抑、没有自信，也使他们感到世界灰暗、人不可信，于是在毫无觉察中，孩子起始的人生底板就涂上了灰色。我们做过调查，8～18岁有自杀想法的孩子，有的班级甚至高达40%。导致自杀想法最常见的原因是：父母之间经常打架、吵架；父母对自己的打骂、指责；老师的打骂和惩罚；同学的霸凌。

如果扪心自问：家长就会发现，很多时候打骂孩子主要是为了发泄自己的不满，对工作的不满，对爱人的不满，对人事的种种不满，和教育孩子没有一毛钱的关系，是自己失控的发作，也是无计可施的表现。所以，家长们，下次发作前，问问自己：

"我的言行对孩子有帮助吗？"想清楚了，再行动。

"865"分析：如何提升老师、孩子及家长的情绪转化能力？

壮壮案例的核心原因是情绪出了问题。核心是：老师情绪失控，壮壮情绪失控，壮壮妈妈爸爸情绪失控。

壮壮在学校与音乐老师的冲突成了引爆各种关系的导火索。壮壮和老师、壮壮和妈妈、爸爸和妈妈关系再一次被激化。不知所措的壮壮妈在听了老师的控诉后，对孩子非常生气；孩子在家长的愤怒之下被指责甚至打骂，心里充满委屈。老师的愤怒，妈妈的无力，孩子的委屈，究竟该怎么办？核心的解决办法是什么？从"865"体系的八项幸福力来评估，培养孩子核心的是提高孩子的八项幸福力，壮壮和妈妈以及老师最需要提升的是"情绪转化"的能力。

如何提升情绪转化的能力，我们来分析解决。

1. 老师为什么情绪失控？

你可能会说，是壮壮气的呗。如果壮壮上课不说话，老师让他站起来他不伸懒腰，让他上台的时候，他不大摇大摆地像领奖一样地走上去，老师就不会抓他的衣领，他就不会对老师说：别抓老子。老师就不会进一步被激怒，把壮壮送到教导处，写检查，叫家长。

首先，当老师非常不容易，要同时教好几十个孩子。有的孩子缺乏学习动力；有的不守纪律、搞小动作等，干扰课堂秩序和教学进度;而且孩子们学习能力千差万别,需要花费大量时间和精力备课,需要关注孩子们的学习进展;学校还有考核,家长还有期待,老师也是凡人,还要面对自己的压力,家庭矛盾,自己孩子的问题以及我们每个人日常生活中的各种问题。

遇到上课说话、干扰了教学进程的壮壮,老师感到不满提醒壮壮,非常自然,也无可厚非。一般来说,大多数孩子经老师提醒就停止说话,让站起来就乖乖地、恭恭敬敬地站起来,一切也就安然无恙了。可壮壮不是一个一般的孩子,没有按惯例出牌,他很倔强,也有相当的自尊和力量,他采取的方式是各种对抗。不符合老师心中的期待和标准。

老师心中的期待和标准是:我是对的,甚至是绝对正确的。学生要无条件听从老师的指令,学生要无条件尊重老师,老师不能被冒犯。当遇到对抗时变得更加愤怒,采取的方式是加大力度的惩罚,在全班同学面前走上台,又被叫出教室,把孩子叫到教导处训话,写检查,认为写得不合格,叫家长。老师可能没有想过,对一个孩子来说被当着全班同学的面叫上台,叫出教室,叫到教导处,是一种当众羞辱,当揪孩子衣领时,已经对孩子构成了人身侵犯,所以壮壮才会爆粗口。

如果总结一下老师情绪失控的原因那就是:

(1)壮壮在课堂上说话的时候,老师认为是扰乱课堂纪律。

(2)当她叫壮壮站起来的时候,孩子伸了懒腰,她认为是孩子和她对抗、作对。

(3)当她叫壮壮走上讲台,孩子大摇大摆,像领奖一样走上来时，她认为是对她的无视和不尊重。

（4）当她揪壮壮衣领，孩子爆粗口时，她认为孩子无礼、冒犯了她，超出了她能忍受的底线。

（5）当把壮壮送到教导处，让孩子写检查，认为孩子检查不认真，让她不仅愤怒，还有无助和无力感，所以她叫了家长。

而这一切反应背后的真正原因是：

（1）老师的自以为是，高高在上，缺乏或从来没有把孩子作为独立的生命的尊重。我是权威、我是对的，我可以为所欲为，孩子只能听命于我。

（2）缺乏对孩子的心理、情绪、行为特征的了解，所以不能有效应对。

（3）负面解读孩子的行为，把孩子的行为当作对自己的对抗和不尊重，与孩子对抗。

2. 老师遇到情绪被激发如何化解

把孩子当成自己的朋友去对待，不要把孩子当成管制的对象。用老师的权威去压制孩子，只会激发孩子的对抗，使问题升级、变得更加复杂、恶性循环，没有教育的意义。

（1）与孩子建立良好的关系

平时想方设法看到孩子的优点和长处，当众认可他、表扬他，赞赏他。孩子会听他喜欢的老师的话，就像当年我们自己做学生时喜欢配合认可我们的老师一样。

（2）事先约定

可以主动问问孩子，如果他上课说话，你怎样做才能提醒他不影响课堂纪律，如果他管不住自己又说话了，应承担什么样的后果。孩子一般来说非常愿意配合老师，做老师的帮手。

（3）学习化解自己的情绪

情绪决定健康、快乐。所有孩子激发你情绪的时刻，都是提醒你需要学习调整的时刻。《不完美，才美II：情绪决定命运》书里有许多的理念和方法会帮助你了解、接纳、化解自己的情绪。

愿你化解自己的情绪，就像化解孩子的情绪一样。

3. 壮壮为什么情绪失控？

（1）表层原因

第一，认为老师不公平。当老师叫我站起来的时候，我心里就有点不高兴。因为我看到其他同学也在说话，老师却只点了我一个人。我心里有点不服气，所以我站起来，就伸了个懒腰，打了个哈欠。

第二，老师的惩罚，激发壮壮情绪的进一步升级对抗：老师很生气，让我走到讲台上去，我更生气了，所以我的步子是大摇大摆的那种，就像上台领奖一样。

第三，觉得自己被侵犯。老师揪壮壮的衣领，身体被侵犯，超越了孩子的承受底线，爆粗口。

（2）深层原因

第一，壮壮平时没有感到父母的信任、支持和爱。

第二，经常被父母打骂，积压了很多伤痛，无处释放。

第三，因为有伤，所以在学校很容易被老师、同学激怒，一触即发。

4. 如何帮助壮壮化解情绪？

孩子感到不公平，如何引导？

壮壮之所以跟老师对着干，其中最重要的原因是他觉得不公平。壮壮妈希望壮壮在人生中碰到自己觉得不公平、不公正的时候，能够把控好自己的情绪。很多孩子都会遇到关于公平与不公平的问题，我想就不公平的问题从根本上帮助壮壮。

我："我理解这件事情中，你生气的原因是觉得老师不公平，那我想问问你，你对周围的小朋友全都是公平对待的吗？"

壮壮："不是。"

我："那你公平吗？"

壮壮："不公平。"

我："不公平从谁开始的？"

壮壮："是从自己开始的。"

我："你对哪些人容忍度会比较大，就算他犯点错，你也能够原谅，也不会特别生气？"

壮壮："嗯，是我很好的朋友的话，不管他有什么错误，我基本上都不会去说他。"

我："那你想想老师跟你会不会有相像的地方？"

壮壮："有。"

我："你觉得你的老师是不是也会对他特别喜欢的学生包容度比较大，对他没有那么喜欢的学生包容度就会小一点呢？"

壮壮："我觉得是这样的。"

我："那你工作以后，要是跟领导发生冲突的话，你觉得谁会吃亏更大？"

壮壮："我。"

我："那你应该怎么做呢？"

壮壮："嗯，就是把自己做好，然后别人就会对自己公平。"

我："是的，你真是太棒了！所以我们在学校不能要求老师公平，也不能要求别人公平。我们能管的只有一个人，是谁呀？"

壮壮："自己。"

我："你是一个非常聪慧的孩子，一点就通！太喜欢你了。"

让孩子认识到世界上从来就没有真正的公平。公平是对自己如何平等对待他人的要求，不是对他人的要求。没有一个人能够做到对待世界上所有的人和事完全公平公正，生活中我们无法要求别人做到公平，我们可以做到让自己越来越多地接近公平！要想让老师和同学公平对待自己，最重要的方法是用心建立与老师和同学的关系，而不是对抗和逃避。

教孩子学会从根本上化解感到不公平的情绪

我："你现在有什么收获和发现，如果重新回到那天的场景，你会怎么说，怎么做？"

壮壮说："我现在想起来，老师其实也不是不公平，他也是想让我听课，其实也是对我好。如果回到那一天，我会抓住老师给的每一个改正的机会。比如，第一次老师提醒我时，我一定就不会再讲话了。第二次老师让我站起来的时候，我就立刻站起来，有认识错误的态度。第三次老师让我走到讲台上，我一定快步走上前，庄重地在上面接受老师的批评，而不是大摇大摆地走。"

我："那就这次和老师的冲突，你准备怎么弥补呢？"

壮壮说："我明天去向老师诚恳地道歉。"

我："我非常为你骄傲。"

壮壮脸上洋溢着小男子汉说话算话的自信和开心，更洋溢着一个孩子被看见、被理解、被相信的满足和幸福。我相信他。

在我们梳理交流的第二天，壮壮妈妈告诉我："我意外地接到了班主任老师的电话，这次老师给我的反馈是壮壮主动去了她办公室，而且'心静下来了，态度诚恳了，也不得意忘形了，知道尊重师长，也开始用行动去改正自己的错误了'。"

壮壮是一个非常有自信、非常自爱、有尊严的一个孩子。我很少见到不讲道理的孩子，却经常见到自以为是、无知、会误解孩子的父母和老师。如果我们真的能够静下来，倾听孩子，他会让你了解他的世界，他也非常愿意做一个让你喜欢的孩子和学生。

5. 壮壮妈妈为什么情绪失控？

壮壮的妈妈说："我觉得他又找麻烦了，我得去处理，给我多找了个事儿。孩子几乎每年都会惹事，老师总是来找我，这让我感到很羞愧。羞愧是因为觉得自己不是个好妈妈，不是个合格的妈妈。"

我们知道妈妈有情绪有两个原因。第一个原因是对孩子惹事添麻烦感到很愤怒。第二个原因是老师"告状"时，感到羞愧。

6. 妈妈该如何化解自己的情绪

打孩子，没有用！知道为什么吗？

壮壮跟老师发生冲突不是一回两回了，为什么问题没有得到解决，我们看到的解决办法就是体罚，比如老师让壮壮罚站、写检讨、请家长；很多父母在孩子犯错的时候一般也是三种反应：一个是说，一个是打，一个是哭。每次壮壮惹事回家后，妈妈先来一顿痛打，爸爸回家也气炸了，还得再一顿胖揍；有时候，说不定爸爸妈妈还会"男女混合双打"。打完呢，结果怎样？用妈妈的话说"这孩子从小脾气就比较拧，有时候打服了，有时候打也打不服。打的时候自己也心疼啊，就抱着他哭，哭完之后，又跟他讲道理。他可能是看见妈妈挺伤心，也挺难过，然后我也不知道他是真的服了，还是因为心疼我，屈服了"。

我问壮壮："妈妈打你的时候，你的感受是啥？"

壮壮："妈妈打我，我心里会越来越愤怒。先是对老师的愤怒，后来会加上对妈妈的愤怒。"

我继续问壮壮："愤怒之后呢？"

壮壮："愤怒之后也差不多想通了，有时候实在被逼无奈，我还是会和妈妈认错。如果不认错的话，就又打一顿，我会很害怕。"

我问："你怕妈妈打你吗？"

壮壮："怕。"

我问："宝贝，妈妈打得疼吗？"

壮壮："疼，但是如果自己是对的，再疼我也不会认错。"

听到这里，我的心很痛，对这个孩子充满了心疼。

很多时候，我们看到有些孩子很乖、很懂事、知错就改、很会控制自己的情绪，会非常羡慕。其实，不是孩子情绪管理比较好，就像刚才壮壮说的是被逼无奈，是一种压抑。而这种压抑，会导致孩子长大后出现各种各样的问题。

孩子成长的过程就是学习认识老师、自己和周围环境的过程，他们发脾气、有情绪是健康的表现。从神经科学角度来讲，管理情绪的大脑部分还没有发育好，就像让六个月小孩走路，他不会走一样。况且没有人教过孩子们如何管理自己的情绪，家长也没有学过。所以家长首先要学会了解和化解自己的情绪，才能帮助孩子了解和化解情绪。

中国有句古话：棍棒之下出孝子，黄荆条下出好人。其实，棍子和黄荆条下肯定出不了好人，你打掉的是孩子的尊严和自信，你的打骂，带来的只会是对孩子的伤害，这种伤害会化为孩子的自卑，也可能是抑郁、无助无望，甚至自杀。还可能让孩子形成非常黑暗的世界观，激发孩子对他人和世界的仇恨，用暴力对待他人和世界。世界上许许多多反社会的暴力事件制造者和杀人犯都有被暴力侵犯和霸凌的童年经历。

妈妈有情绪的第一个原因是觉得儿子又给自己惹事儿了。其实孩子不是给你找麻烦，是孩子自己的情绪无处化解。当觉得孩子给自己找麻烦时，首先重新调整解读：孩子不是给你找麻烦，是孩子压抑的情绪无处释放化解，打孩子只会使孩子更加压抑，使问题恶性循环。家长需要深入学习如何识别、解读和化解自己的情绪。

老师告状，父母该如何应对

妈妈有情绪的第二个原因是老师"告状"时感到又急、又气、又羞愧。

老师告状常常是困扰许多家长的问题，也是壮壮妈情绪失控的原因之一。这个时候该怎么办呢？

（1）老师告状不等于老师就是对的，要弄清事实

了解老师告状的原因，老师的情绪，老师的需求，不管老师对错，先共情老师，看到老师的不容易。

然后，不受老师影响，不带偏见地、平静地聆听孩子的故事。壮壮之所以告诉我发生的一切，是因为我认真地、充满关怀地倾听了他在这件事上的感受和经历，他感到被尊重，被公平地对待了。

许多家长有一个很大的盲区：就是只要老师一说孩子不好，不问青红皂白就站在老师一边，帮老师来训斥甚至打骂自己的孩子，目的是讨好老师。讨好，无论是向谁讨，都讨不来好，只会讨嫌，还会让问题变得更糟。

就像壮壮妈一样，年复一年，问题并没有解决，引起壮壮更加怨恨老师，更多的叛逆和对抗。

（2）分清问题的边界，谁难受就是谁的问题

你感到羞愧，问问自己，你究竟和孩子是什么关系？是和他的关系，还是和它的关系？前者把孩子当作独立的人来看，后者把孩子作为实现自己各种欲望、需求的工具。羞愧一般是把孩子当作满足自己需求的工具。当孩子考试考砸时，当老师告状时，如果你的反应是责骂，你和孩子的关系就是和它的关系。谁难受就是谁的问题。什么是好妈妈？好妈妈就是能够无条件地爱孩子，帮助孩子解决困惑，培养孩子的八项幸福力，成为孩子榜样的妈妈。

（3）无论发生什么，永远做孩子的托底，不要给孩子雪上加霜

不论孩子犯了什么样的错，家长永远要知道，在这个世界上，孩子只有一个妈妈、一个爸爸。你和孩子是同一个战壕的战友。人在困难、受挫的时候，谁能和我们站在一起，我们就会去亲近和感激这个人，就会容易尊重和听他的话。

战友并不是纵容他去犯错，而是犯错后，他会很确定地知道妈妈或者爸爸会帮助他从错误中学习成长，这一点非常非常重要！我们无法让孩子不犯错，我们也不能保证自己不犯错。要把犯错当成了解孩子、帮助孩子学会选择、学会承担自己选择和行为后果的机会，不是发泄自己的愤怒和羞愧的情绪。要让孩子知道，不论他碰到什么样的人，犯了多大的错、发生了多不堪的事

情，你不会因为做错事抛弃他、嫌弃他，你会永远地爱他。他可以在父母这儿得到支持，得到指引，承担该承担的责任，重新开始。

记得有个十一二岁的男孩，踢球时把邻居的窗户玻璃踢坏了。孩子非常害怕，他爸爸就陪他一起去邻居家赔礼道歉，并承担了替换窗户玻璃的费用。之后他用了整个暑假去帮助邻居倒垃圾、打扫卫生赚钱弥补替换窗户玻璃的费用。这就是真正的托底，让孩子承担自己行为的后果和责任，我们帮助他面对不敢面对的事。

在壮壮的故事里，爸爸妈妈应该做的不是打骂孩子，而是弄清真相后，帮助孩子。

（4）帮助孩子学会如何与老师建立良好的关系

父母培养孩子的最终目的，就是教会他如何应对生活和未来工作中可能出现的各种各样的问题。学校就是人生的演练场。

人生不管到哪里都会遇到三个关系：与上级的关系，平级的关系，与下级的关系。

对孩子来说上级就是老师，平级就是同学，下级就是比自己年龄小的同学或邻居。

我们无法要求老师如何对待自己的孩子，但是我们可以帮助孩子学会管理和建立良好的关系。壮壮在理解了不公平的真正含义后，向老师真诚地道歉就是学习如何在犯错后与老师相处。他同时知道，上课不说话，认真听讲，把学习成绩搞好都是平时和老师建立良好关系的方法。

父母管不住自己的情绪，是个伪命题

很多家长说，我没办法，我也不想发脾气，我也不想打人骂人，但真的是被逼无奈，我是忍无可忍。

我遇到这个问题会问："你真的不能控制自己的情绪吗？如果对方是你的领导、老板或是其他权威人物，你会对他发脾气、打他骂她吗？"

家长经常是一脸愕然。然后说："当然不会！"

我继续问："为什么不会？你是怎么管住自己的情绪的呢？"

家长们："因为怕丢饭碗啊。"

我："那为什么对孩子发脾气、打骂呢？"

家长们："因为孩子不能怎么样，没有后果呗。"

我："是不是因为孩子弱小，你们欺软怕硬？"

家长们恍然大悟，不好意思地笑了。

所以，忍不住只是自己情绪宣泄的一个借口，管不住自己的情绪是伪命题！

孩子发脾气或者和人产生冲突是非常自然的，这些人际关系的冲突会引发情绪，正是我们帮助孩子来如何了解这个世界，与自己能够达成和解，与人达成和谐的一个非常重要的机会。你的孩子如果什么情绪都没有，反而要重点关注。

当我们用暴力对待孩子，我们本身的示范就是给孩子暴力和对抗的引导。不管是老师还是父母，如果你只能通过发怒、打骂、威胁对待孩子，那么就不要说：我是为你好，为了教育你。其实你不是在教育孩子，只是发泄自己的情绪而已。对孩子施暴，是黔驴技穷、不能自控的表现。而且对孩子情绪失控不是没有后果，长此以往，会有非常严重的后果。回顾自己做孩子的经历，就会一下子了然。

被孩子激发情绪的时候怎么办？

当我们被孩子激发情绪的时候，当作自己成长和升级的机会，当每一种情绪来临的时候，可以按照下面的五步做一做：

第一步，停下来

当你有情绪时，找个没人打扰的地方，做几个深长的呼吸，安静地和自己待在一起。静下心来，搞清楚这个情绪到底意味着什么。

第二步，听从身体指引

觉察自己的身体有什么感受，跟随身体的指引，可能想哭，可能想说，可能想喊，可能想打，也可能想抱抱自己。总之，在不伤害自己和他人的前提下，身体想怎么动就怎么动，直到身体感到舒服一些。其实，身体在很多时候都比我们的大脑更有智慧。

第三步，满足需求

问自己究竟有什么需求没有得到满足，怎样才能得到满足。特别是如何不依赖他人也能满足自我需求。

第四步，回到目标

平静下来后，问问自己：

311

我想培养什么样的孩子？

我对孩子的教育究竟是为了什么？

我是在满足自己的需求，还是真正帮助孩子成为更好的自己？

什么样的爱能够真正帮到孩子？

每个父母，在每个教育的当下，每次情绪起伏时，一定要回到初心问自己这几个问题。

第五步，制定方案

当你真的平静后，带着好奇和孩子交流，和孩子一起制定行动方案。

这五个步骤，能让你不会把时间和精力陷在情绪之中，逃避或者对抗，而是去探究情绪背后的原因，找到需要改变的方向。

孩子有情绪，父母最好的做法是什么

犯错是孩子成长的必然过程，这是你了解、靠近孩子的机会，也是帮助孩子成长的途径。不是你指责孩子的理由，打骂孩子和发泄自己情绪的借口。有的学习只有经历了才能学到，只有体验了才能知道，有的学习和成长只有通过犯错才能收获。

也许孩子的想法和你不一样，行为习惯不符合你的期待，成绩不好，但要相信每个孩子都是天才。如果你认为不是，只能说明你的标准有限，能力有限，不足以识别孩子的天分。孩子的不同是帮助我们发现孩子问题的通道，孩子的问题是帮助孩子成长的契机，孩子带来的挑战是你需要成长的信号，不是否定、打骂孩子的理由。

父母都关心孩子的吃喝拉睡、衣食住行，其实孩子3岁以后都能自己搞定，家长的关心反而可能变成孩子成长的障碍和烦恼。其实，孩子最需要的是心灵的保护，当孩子做错事的时候，当他们成绩不好的时候，特别是当老师告状的时候，孩子最需要的是支持、安慰和鼓励，不是斥责、打骂和成为老师的"帮凶"，父母要时刻记得：你首要的责任是呵护孩子的心理。

孩子有情绪的时候，父母最好的做法是什么？

第一步，接纳允许。在孩子感到生气、无助、难过、伤心的时候，允许孩子有情绪，这是成长的必然经历。而且你要让孩子感受到你是和他站在一起的，他是被理解被支持的。

第二步，询问需求。你可以问问他，这个时候需要爸爸妈妈为他做点什么。

第三步，情绪释放。陪伴他一起找到情绪释放的方法。只要不伤害自己，不伤害他人，不伤害环境和东西，孩子可以选择任何他感到释放情绪的方法。

第四步，回顾总结。以后遇到类似情况该怎么说怎么做，有何收获？

我问壮壮，如果你想代表所有孩子对爸爸妈妈说一句话，你会说什么？

壮壮想对所有的爸爸妈妈说：（1）多给孩子一点自由的空间；（2）温柔地与孩子说话。采用温和的态度与孩子交流，不仅有助于维护和谐的亲子关系，还能鼓励孩子在遇到问题时主动寻求父母的帮助。相反，严厉或不尊重的交流方式可能导致孩子对父母缺乏信任和尊重。而这种模式可能导致孩子在成年后对父母采取相同的交流方式，特别是在父母年老时。

人应该学的第一门功课就是化解情绪

我始终认为，如果人生只学一门课，也应该是情绪管理，而不是数理化，也不是琴棋书画。

我们真正的健康源头是情绪和关系，情绪一般与人的冲突、矛盾有关。对于孩子来讲，情绪会影响学习，影响健康，影响幸福感。孩子情绪不好，无法专注学习。

孩子身上的问题，归根到底原因都在父母身上；孩子现在的行为，其实是父母过去埋下的雷；要想改变孩子，家长首先要改变。家长是原件，孩子是复印件，每个孩子都是家长的镜子，照见了家长本身需要成长的部分。教育最有效的方式是：家长先学会稳定自己的情绪，建立好与孩子的关系，以身作则，做好自己，孩子也会自然成为他自己。

每一个有意识帮助孩子化解情绪的家长，都非常有智慧。每对情绪稳定的父母都可以培养出一个幸福健康的孩子。

案例追踪：妈妈和壮壮现在都学会情绪管理了吗？

壮壮妈先梳理了自己的情绪，平心静气和壮壮进行了深入的交流。下面是壮壮妈的分享：

之前，我觉得儿子很叛逆，脾气很倔，凡事一根筋，不听话，但梳理之后我看到了儿子倔强的另一面。

首先，我看到孩子特别的自尊、自爱，也特别有勇气，敢于在权威面前争取自己想得到的尊重。即使是几百人的大场面也毫不胆怯，还思路清晰、表达顺畅。

其次，儿子的勇敢是得到爸爸妈妈足够的爱的表现，儿子的倔强更是在我和爸爸这里潜移默化习得的用语言暴力和肢体暴力解决问题的体现，所以我和他爸爸得首先改变对待孩子的行为。

最后，父母应该做的是先处理情绪再处理事情。把自己调整到平静状态，再带着爱和善意与孩子交流，把孩子的挫折真正当成是增进亲子关系和帮助孩子成长的机会，而不是一种额外痛苦的负担，孩子其实更需要的是爸爸妈妈的倾听、鼓励和相信。在孩子的成长过程中，会遇到千万次的困难和挫折，既要给到孩子试错的机会，更要做好孩子的托底，把关注点放到今后怎么说怎么做上面。

整个梳理过程中，最让我惊喜的是老师对孩子认为"不公平"的引导，这段简直堪称经典，不公平是社会共性，怎样让公平更倾向于自己，怎样让自己也成为被他人喜欢甚至被公平对待的对象，我们能做的只有做好自己，自己才是周围一切事情发生发展的根源。

梳理的第二天，我意外地接到了班主任老师的电话，这次老师给我的反馈是壮壮主动去了她的办公室，而且"心静下来了，态度诚恳了，也不得意忘形了，知道尊重师长，也开始用行动去改正自己的错误了"。

我的心彻底放下来了。

下午接儿子回来，我兴奋地跟儿子说："你猜我今天发现了什么？我在你身上看到了爸爸咬牙切齿、怒目圆睁、紧握拳头怒吼的样子，也看到了我经常说着口头禅'老子老子'发泄自己情绪的影子，我们一起学习改正吧，好不好？"

儿子兴奋地说："好呀！一旦再发生这类情况，都扣五十分！"

"这太狠了吧，每个人都会犯错的，但也要允许自己及时改正呀，可不可以自己发现及时改正就只扣一分；对方发现及时提醒，自己及时改正就只扣五分；坚决不改那就扣五十分，好不好？"

于是，一项新的家规应运而生。海蓝老师说："制定一个切实可行的自由时间奖励政策，既能管控好我们彼此的情绪，也可以让家长们内心想要孩子做到的事情巧妙贯穿其中。"这个方法真是太妙了。

自由时间奖励政策就是孩子可以通过自己的表现来挣属于自己的自由时间，这个时间是属于他自己的，他可以自由安排，父母不可以打扰和干涉。原则就是做得好的就奖励自由时间，做得不好，可以扣掉，具体规则由父母和孩子共同商量来确定。

　　周末，我们又一起制定了详细的自由时间表，把重点放到了与老师和同学的相处上，例如：

　　（1）一周之内不和老师发生冲突，加自由时间两小时，否则扣自由时间两小时；

　　（2）在即将与老师发生冲突的时候，或者正在发生冲突中，抑或发生冲突之后，主动化解与老师的冲突，那就加自由时间一个小时；

　　（3）与同学发生冲突，扣自由时间二十分钟，打架扣自由时间五十分钟；

　　（4）在即将与同学发生冲突的时候，或者正在发生冲突中，抑或发生冲突之后，主动化解与同学的冲突，那就加自由时间二十分钟；

　　（5）赞扬老师加自由时间二十分钟，帮助老师加自由时间三十分钟；

　　（6）赞扬同学加自由时间二十分钟，帮助同学加自由时间三十分钟。

　　壮壮梳理完的第二天，他重新走进班主任的办公室给老师道歉，态度非常诚恳，目前为止，再也没有发生过和老师冲突的事件。

　　只是"五一"放假前，一个同学家长找我告状说，儿子经常在学校欺负她女儿，主要表现在异常兴奋和激动的时候会使劲摇动桌子，影响她女儿学习；课后经常骂她女儿胖、难看、没用。

　　挂了电话之后，我先做了深呼吸，让自己放空了半个小时，觉得自己平静了，才去和他进行了交流。

　　我先告诉儿子，妈妈相信他不会莫名其妙去欺负一个女孩子，何况这个女孩子还是和他从小一起玩大的，妈妈很好奇他为什么会这样对待同桌。儿子有些不好意思，他说班里有这样一个顺口溜：长得搓，吃得多，胖很多，用处不多！他觉得好玩儿跟着一起说，但那些话不是针对同桌的。儿子说："她从小就是我的好朋友，怎么突然之间就不理我了呢？也不跟我说话，越不理我，我就得想办法让她理我呀！"经过交流我才明白原来这是儿子表达友好的方式呀！

　　如果是在以前，同学家长找我告状，我肯定直接揍他一顿了，因为壮壮欺负女同学啊！然而现在，我庆幸自己给予了孩子足够的信任，也非常庆幸自己接收到了儿子真诚的分享，让我看到了孩子行为背后的秘密。走进孩子的内心，是一条需要爸爸妈妈用心学习、用心实践、非常值得的道路。

　　按照规定，与同学冲突矛盾扣自由时间二十分钟，接下来儿子就很积极地去主动修复了和同桌的关系，然后又开开心心地把扣掉的自由时间挣回来了。

我想说：没有任何一个孩子喜欢和这个世界作对，每一个孩子都有一颗成长的心，在每一个情绪起伏的当下，把控好自己的情绪，不把自己的情绪带给孩子，践行和颜悦色、柔声细语、搂搂抱抱，真正用爱和善意去倾听、理解和关怀孩子，给孩子做好情绪处理的榜样，才能给孩子做好托底，才能陪孩子一起成长。

两年后，就在写这段文字的时候，收到了来自壮壮妈妈的信息：

"老师，壮壮现在已经是个一米七五的大小伙子了，他还说我说话越来越像您了，昨天晚上还跟我说'妈妈的变化很大，妈妈好温柔而且幽默'。他这次考试总分考了班级第一名。我的天哪！老师，壮壮真的是个天才，逆袭呀！其实第一次听你说壮壮是个天才的时候，我真的觉得难以接受，现在我越来越相信他就是个天才。"

第六章 孩子哭着想轻生，怎么办？

——如何帮助孩子放下过去的伤痛？

【困扰场景】

参与对象：豆豆，女孩，11岁，五年级；豆豆妈妈：媒体工作者。

问题描述：豆豆因心爱的宠物狗去世，遇到小事情竟然情绪崩溃，爬到窗台上哭着想要跳下去；妈妈非常担心、恐惧，认为是孩子的抗挫力太差了。

11岁女儿想轻生，妈妈认为"孩子抗挫力太差"

11岁的豆豆乖巧聪慧，平时一直很让父母省心。可是有一天，发生了"意外"。

那天，豆豆回到家情绪就有点低落，说是在学校跟同学发生了不愉快。妈妈想多大点事儿，也没太在意，劝说了几句，就让她赶紧洗手吃饭。像往常一样吃完晚餐，豆豆开始写作业。爸爸给豆豆讲数学题，豆豆没听明白，一反平时的听话懂事，大声责怪是爸爸没讲清楚，她才听不懂，然后气冲冲回到自己屋里一个人发脾气。

一开始父母想着给孩子一些时间和空间，让她自己冷静冷静。可没想到，接下来发生了让他们胆战心惊的一幕：豆豆独自一人爬上了二楼房间的窗台，哭着要跳下去。好在爸爸听到女儿凄厉的哭喊声，第一时间冲上去把她抱了下来。豆豆在爸妈面前哭了一个多小时，情绪才慢慢平静下来，父母长松一口气，悬着的心才落地……

但爸爸妈妈对今天发生的一切感到非常困惑。原来，豆豆在学校被好朋友误解，她又气愤又难过，但选择了压抑和沉默。回到家后，爸爸讲题时前后说得不一致又让她很着急，豆豆气冲冲地回到自己屋后，越想越难过，一冲动就爬到窗台上去了……

豆豆妈一边听孩子讲述，一边表面佯装镇定地安慰着女儿，动之以情、晓之以理。然而，她的困惑依然没有解开，内心还禁不住一阵翻江倒海：这孩子到底怎么了？在学校受了点委屈，爸爸讲题时听不懂，这么小的事儿就生气成那样，绝望得要跳楼，至于吗？！

现在教育孩子都在强调"抗挫力"的重要性，那豆豆的抗挫力咋就那么低？那么脆弱？那么玻璃心？是不是因为从小给她的爱太多了、保护太多了？所以她现在才像温室的花朵那样，经不起一点风雨？是不是应该多给她一些磨炼，多让她吃一些苦，多受一些委屈？

总之，经过一番思想斗争，父母一致认为，要加强孩子抗挫力的锻炼，就要训练她的坚强、宽容、大度……

孩子究竟为什么想轻生？

1. 孩子在学校里受了委屈，父母让孩子要大度

这是一个非常典型的案例，11岁的女儿要跳楼，起因看上去是学校发生的"小事"，于是妈妈觉得孩子"玻璃心""太脆弱""抗挫折能力差"……可是，孩子的内心到底发生了什么？促使她爬上二层窗台的，仅仅是"学校的小事"吗？

豆豆是个温柔恬静的小姑娘，能看出来她和妈妈一起来参加梳理，心里还是挺紧张的，而只有在身体感到放松的情况下，我与豆豆的沟通交流才会比较自然和深入，效果才会比较理想。于是在梳理开始之前，我先带领她做了一个简单的情绪放松操：

闭上眼睛，然后深深地吸气，吸气之后保持憋气不呼吸，同时把手脚全都攥起来、收紧；一直憋到不能憋的时候，再长长地呼气……反复几次之后，豆豆发现紧张分值从开始的7分降到了1分。

回到那天的"爬窗台事件"，豆豆说："白天我在学校被好朋友误会、被男同学骂脏话，我都忍了，没发火。回到家后我告诉了爸爸妈妈，他们一点都不理解我，还一直劝我要宽容，说那些都是小事儿……我又生气又难过，回到房间后，看着我的'妹妹'八戒（八戒是豆豆心爱的宠物狗，已经离世了）的照片就想哭，越想越伤心。我就想：为什么爸爸妈妈不能懂我的心？最懂我的八戒又离开了，这个世界没有人理解我，你们都不理解我，我真的很难过，既然你们都不相信我，那我就爬到窗台上给你们

看看，结果我爬上去就下不来了……我不是真的想自杀，只是想吓唬吓唬他们，引起他们的重视，让他们知道问题的重要性，而不是老说发生的都是小事儿。"

豆豆非常清楚，她坐在窗台上，并不想跳下去，只想引起爸爸妈妈的注意。

豆豆妈听到这里，恍然大悟，但还是有一个声音挥之不去：这些发生的小事至于吗？！孩子是不是太脆弱了？！

在与豆豆妈的交流中我发现，这个事重要还是不重要，孩子应该怎么反应，她都有一个标准。比如，同学之间有些小矛盾不是很正常吗？八戒都离开一年多了，怎么还伤心，没完没了？

同学之间的矛盾是小事，失去宠物也不是什么大事，这都是妈妈的角度，妈妈认为的。但实际上，孩子碰到的事，搅扰到她情绪的事，让她难过的事，就是大事，大事小事是孩子说了算，不是由家长来判断的。

2. 家里的小狗去世了，父母让孩子学会坚强

在与豆豆的交流过程中，有一个细节引起了我的注意，那就是谈到豆豆身边的宠物狗八戒意外离去的时候，豆豆眼中有泪。

大约一年前八戒因意外离去，那段时间全家都很伤心难过，尤其是豆豆。豆豆经常会哭，父母也尽力安慰陪伴。

一年过去了，豆豆还时不时因为想念八戒而落泪。特别是当她累了、难过了，只要一想到八戒、想到自己从此永远失去了八戒，她就更难过了，又得大哭一场……

爸爸妈妈觉得豆豆哭的次数太多了。

孩子的"哭"这个行为呈现的并不是父母用来判断孩子究竟是坚强还是脆弱的标准，而是需要引起我们的关注，真正走进孩子的内心，去理解、引导、帮助她慢慢化解伤痛。

父母认为"豆豆哭的次数太多"，恰恰说明这个内在的伤痛一直没有得到有效的化解。我跟豆豆交流的时候，提到八戒她还是那么难过，显然这件事并没有从她心里翻篇。对这么小的孩子、这么深重的悲伤，她无意识就会感到绝望，所以，情绪的爆发都是有原因的。

慢慢地，父母开始觉得自己既没耐心，也无法理解：爸妈也都尽力安慰你、陪伴你了，为啥这事儿还过不去呢？况且家里还有另外一只宠物狗悟空，这孩子怎么就这么想不开啊……

父母也尝试给她讲道理：人要坚强，珍惜拥有，把握当下……但这些所谓的道理豆豆却怎么都听不进去。

父母认为，八戒只不过是一只宠物狗，又不是家里的至亲，孩子如此反应那就是不坚强、抗挫力太差。

豆豆10岁的时候失去了她特别爱的宠物狗八戒。而八戒和她在一起有两年半的时间，也就是说，豆豆现在生命中四分之一的时光都是和八戒一起度过的。如果按懂事的时间来算，也就是五六岁之后几乎一半的时间，豆豆是由八戒陪伴的。所以从某种意义上来说，八戒比爸爸妈妈还要更加亲近。八戒是她幼小的生命体验中很重要的一部分，八戒死了，相当于她很大的一个情感支持系统没有了，然而爸爸妈妈并不能完全理解她的难过与悲伤。

豆豆还是小孩子，失去八戒后，那份悲伤和难过一直都还在。但是，她也不知道该怎么面对。跟爸爸妈妈说的遍数多了、哭的次数多了，爸爸妈妈会说"你不够坚强"，慢慢地孩子只能在父母面前选择压抑自己。压抑的时间久了，就会容易产生抑郁情绪。遇到事儿，有抑郁情绪是非常正常的。她跟妈妈说，她难过，她悲伤，感觉自己抑郁了。但妈妈的回答是：你那不是抑郁，只是正常的情绪波动。

这样，孩子的情绪再一次被父母否认，慢慢地感受到没有父母听见、没有被看到、没有被理解，而不再愿意对父母表达真实感受；而父母对孩子也越来越不能理解、不能接受。

3."应该"是卡在父母和孩子之间的一道坎

听完豆豆的讲述，我再次感受到，对于她来讲，失去八戒就像天塌了一样难受。妈妈爸爸虽然表示理解，但并没有做到豆豆期待的被理解程度。妈妈认为，事情过去快一年了，孩子应该走出来了。这个"应该"本身来讲，就是最大的一个卡点。因为八戒离去对于豆豆的影响，不取决于时间长短，也不取决于爸妈的态度，而是取决于豆豆自己的真实感受。

我们大人的头脑里有太多的"应该"：孩子"应该"走出失去八戒的阴影了，孩子"应该"学会坚强面对宠物的死亡、面对失去；妈妈爸爸对你都非常好，你在家里"应该"很幸福；学校老师和同学也对你不错，你"应该"没有什么烦恼；你"应该"快快乐乐的，怎么会爬窗台想跳楼呢？……从父母头脑中一个接着一个冒出来的"应该"恰恰说明，他们并没有真正进入孩子的内心，因此也没有真正理解孩子的感受。

家长特别容易用自己的判断标准来评判孩子：应该怎么样、不应该怎么样，而没有深切地理解孩子的内心。于是，孩子开始通过自己的行为来表达自己，而家长在这个时候的第一反应往往是：孩子怎么会出现这样的行为？一定是我的孩子出了问题。

在与豆豆的交流后，事情慢慢露出全貌。她之所以情绪冲动要轻生，看起来导火索是和爸爸的小摩擦，往前推是因为和同学在学校的矛盾，再往前推主要是因为宠物狗八戒死了，她一直没能释怀。但爸爸妈妈却要求她坚强，压抑许久的豆豆，终于因为一件小事情绪爆发了。看起来是小事惹的祸，其实最根本的原因是自己的情绪和感受没有被爸爸妈妈真切地理解，换句话说，豆豆觉得爸爸妈妈其实并不真正懂她，也不知道她的内心所想。

豆豆妈妈自己都不知道她的要求很高，还有很多评判。豆豆虽然知道妈妈很爱她，但感觉妈妈没有走到她心里，跟妈妈没有办法深度联结。孩子希望每个当下都能够被理解，用豆豆的话来讲，不要老强调大事小事。在她每一个小的情绪起伏的时候，父母都要停下来问问，她的感受是什么。

妈妈为何对女儿的情绪视而不见？

豆豆妈心里有一套"标准"：你应该要放下，你应该要坚强，你应该很幸福。也因此，她从各方面都会按照这个标准来要求豆豆。

而她的标准和模式又源自哪里呢？她经历了什么，才形成今天的思维模式呢？在她的心里是否也有未放下的伤痛和负担？她真的不懂孩子的心吗？为什么对女儿的情绪选择视而不见？

带着这些疑问，我与豆豆妈进行了一次深度交流。

再次回到那天"豆豆爬窗台跳楼事件"的场景，她依旧感到非常后怕：

豆豆如果真的跳了下去，或者手没扶住滑了下去，那我就真的失去她了，她才11岁！我一直都那么爱她，给她自由、给她保护，怎么会变成这样呢？我觉得自己特别失败。

毫无疑问，和很多妈妈一样，她最疼爱的人就是自己的女儿，甚至为女儿豆豆献出自己的生命也在所不惜。而精心培养的女儿却想要跳楼，让她感到非常挫败和自责。

过度的自我苛责、总是无法放过自己，这些也是她平时常有的状态。这种感受让她的咽喉像被一只钢手死死钳住，又像是往自己的心脏上钉了很多钢板，仿佛快要窒息了，脑袋也像被一个紧箍给重重地压着。她常常假装坚强，来掩饰过度的悲伤。

我问她对这种感受是否似曾相识？自己最早在什么时候曾有过这种感受？

豆豆妈回忆起最早是在自己9岁的时候，那一年，她的爸爸因为白血病过早地离开了这个世界。

从那一刻起，她仿佛一夜之间长大了。她要照顾妈妈和奶奶的情绪，不敢在她们面前流露一丁点自己的悲伤。因为如果妈妈和奶奶看到她难过，妈妈的心就更碎了，奶奶也会更伤心，所以她开始假装开心，甚至在去爸爸葬礼的车上她还在唱歌。周围的亲戚朋友们见了都说："哎呀这孩子还小，她什么都不懂！"

其实，她心里什么都懂，她怕妈妈难过、怕奶奶难过，所以才装着自己还什么都不懂。

爸爸去世当天，妈妈把她带到太平间旁边的一个花园对她说："你爸爸走了，以后就咱们俩了。"她笑着跟妈妈说："没关系，以后我照顾你。爸爸以前也是一个月回来一次，反正我跟他也不熟。"

她其实是怕妈妈更难过，因为看到妈妈两只眼睛都是肿的。她想用这种方式告诉妈妈：我还好，你不用担心我。而且爸爸去世前还特地叮嘱过她：照顾妈妈。

于是，这个不满10岁的孩子在一夜之间长成了一个特别懂事、总是替别人着想的小大人。从那时起她就认定了一套自己的生存法则：我必须坚强，必须懂事，我应该多为家人承担，我要忘记悲伤，这样才能让大家都觉得开心。

从此以后，她在爷爷奶奶、叔叔姑姑等所有的亲戚面前都是这样伪装着，只有自己一个人时才敢偷偷地哭。

从9岁到43岁，她把所有的责任和担子都捆绑在自己身上。表面上看起来坚强乐观、活泼开朗，而内心深处因为不敢面对失去父亲的悲伤，她选择了逃避，也学会了用假装快乐掩饰内心的悲伤。

随着长期的过度承担压力累积，她的身体开始出现各种各样的反应：心塞、喉咙堵，太阳穴常常紧绷着。

成年后，她面对失去八戒，同样也选择了逃避痛苦悲伤。她既无力面对自己的悲伤，更无力帮助女儿面对失去的悲伤，所以唯一的办法就是希望女儿尽快从失去八戒的悲伤中走出来。

在与她交流过程中我发现，她从来没有梳理过失去父亲的悲伤。从小到大的生存法则就是：遇到痛苦假装高兴，慢慢地就真高兴起来了。

她甚至对女儿说："我9岁就失去了爸爸，你10岁失去宠物狗，还这么长时间走不出来，怎么如此脆弱？"言外之意：你不就是失去了一条狗吗？我当时失去的可是自己的爸爸啊！我都能没事，你怎么这么多事？！

豆豆听了这话，沉默了，不再对父母提起想念八戒的事。

没有放下过去的创伤，让妈妈对女儿的情绪视而不见，反而有了很多的标准和要求。

"865"分析：放下过去，不再负重前行

在豆豆的案例中，我们发现她们母女主要是卡在了对过去创伤的认识上，豆豆未能走出八戒离开的伤心，而妈妈自从9岁爸爸离世，她为了妈妈，装成个小大人，埋藏了自己心底所有的悲伤，从"865"体系的八项幸福力来评估，她们最需要提升的就是放下过去的能力。

失去八戒的打击对孩子影响非常深远。对一个孩子来说，失去宠物是一件很大的事，就跟失去亲人一样。豆豆说，八戒对她来讲是一个"非常非常好的妹妹"。孩子失去生活当中非常重要的一个生命，是很严重的一件事。你家里再有十条狗，那也不重

要，也不能代替八戒在豆豆心中的位置。这个创伤不处理，会使她对整个世界的看法发生改变。

当我请豆豆闭上眼睛，把八戒带到眼前，用心去跟八戒对话时，我留意到豆豆妈妈也瞬间泪流满面。原来对于失去八戒这件事，豆豆妈妈自己也没有放下，她要求孩子尽快走出失去八戒的阴影，但是，她自己走出来了吗？并没有，只不过成年人善于逃避罢了，而孩子特别真实，不会逃避，难过就是难过，想哭就哭了。

过去的负担会影响我们当下以及未来的生活。不放下的话，就会一直拖着走，拖着走的话，会把自己拖垮的，带着这个负担走的话，你也无法创建新的生活，而且拖着负担不放下的话，更容易再加载更多的负担。会使你未来的日子更加沉重，因为在这种情况下你会整个走向恶性循环，重蹈覆辙。

1. 什么样的过去需要放下？

很多人说：一定要放下过去吗？其实不是的。

如果你有难以化解的伤痛，压得你难以前行；如果你总是很难与人相处，又不知道什么原因；如果你总是无端地陷在恐惧和后悔的阴霾当中；如果你有事情超过三个月甚至一年，每当想起仍让你无法放过自己，你现在想起来对你依然有搅扰，有情绪；如果你碰到某些人、某些事、有些话过分敏感，有超出一般人的强烈反应时，说明你曾有过别人没有的伤痛。当你今天想到发生在过去的事情时，心中依然有难过、悲伤、愤怒、恐惧、内疚、羞愧的感觉，那就说明需要放下过去。

如果对你来讲，过去发生的事情你想起来没什么反应，不搅扰你，你是平静的，不影响你感受爱、自由、幸福，那就不需要梳理。相反，如果你没有感到爱，没有感到快乐，没有感到自由的话，那就看看，是什么地方卡住了你？是不是需要梳理过去，别人是不能帮你来定义的，只有你自己。

对于所有使我们伤痛的事情，人的本能的反应就是逃避，不去想它，把它埋藏在记忆深处，希望时间把它带走，以为时间可以把伤痛带得无影无踪，这其实是个误区。如果伤痛没有很深，时间确实可以帮助我们忘记过去；可是如果伤得太深，就会跟随我们很久很久，无法自愈。就像豆豆妈一样，34年，依然没有放下失去爸爸的伤痛，换句话说，爸爸的离世今天还在影响着她。

"往事不堪回首"，不堪回首是不敢、不能和不愿面对内心深埋的久未疗愈的伤痛。有许多人许多年带伤前行，忍受了许多不必要的苦痛、悲伤、愤怒、怨恨和恐惧，错失了太多的宝贵年华，仍不能全然接纳自己。事实上，当你可以直视往事时，就知道自己已不再被往事绑架，已重获自由！

2. 与过去和解，爱才能自由流动起来

如果死死抓住过去不放手，那么你只能活在过去，活在伤痛和悔恨当中，相反，如果我们能够去面对伤痛，穿越伤痛，与过去和解，会收获到痛苦给你带来的礼物。

电影《寻梦环游记》就讲了跟过去和解的故事。米格尔的家族有一个没有音乐（no music）的传统，音乐是受到诅咒的。而

这个传统的根源就是曾曾奶奶（伊梅尔达）与曾曾爷爷（埃克托）之间的过去。

为了音乐，埃克托抛弃妻女，再也没有回来。伊梅尔达靠着做鞋的手艺，抚养幼女，撑起整个家族，种种艰辛都不必过多言说，于是她发誓再也不许家族的人碰音乐。

而这背后是伊梅尔达被抛弃，不被爱的创伤，是她内心最脆弱的部分。这部分脆弱是她放不下的过去。为了保护这部分脆弱，她建立了一个厚厚的防御层：撕掉全家福中丈夫的头像，不再提起丈夫、不再歌唱，讨厌音乐，家族里不能有人搞音乐。所以，当米格尔第一次向她请求祝福时，她附加了一个条件：不要再碰音乐。

一直以来，伊梅尔达认为埃克托就是一个为了所谓的音乐梦想抛弃妻女的渣男，而她是一个被抛弃不被爱的受害者。

但是，当她看到整个事件的全貌：埃克托并不是不要她和孩子了，他后悔了，他发现家人才是最重要的，并想放弃唾手可及的成功去和家人在一起。也正是这个心愿，才给他招来了杀身之祸。而就算在亡灵世界，埃克托也没有放弃自己的家人，为了见女儿可可而不遗余力。

当伊梅尔达看到了事情的全相后，就不再用受害者的模式去解读过往：虽然爱人确实离家出走过，但是有什么关系呢，他最终想回到女儿和她身边，而且她也承认了一点：自始至终，埃克托始终是她最爱的男人。

放下过去，与过去和解，与音乐和解，爱真正开始自由流动——伊梅尔达可以站到台上，一展歌喉，重新感受音乐的魅力。

很多人都有一段放不下的过去，或是曾被抛弃，或是曾经不被爱，或是曾被伤害，这些放不下的过去就像包袱一样，沉甸甸压在心头，让我们喘不过气来。

我们感到愤怒、抑郁、怨恨，认为自己是可怜的受害者，为了避免再次受到伤害，为了保护内心的脆弱，搭建起一座坚固的城堡，不愿意再去尝试，更不愿意去触及。放不下的背后，其实是恐惧。只有不再去触碰那件让我们变脆弱的事，才会真正安全。放不下的过去，会禁锢我们的现在，锁住我们爱的能力。

事实上，人生中每一段困惑或者坎坷，都是生命的提醒：我们可能需要向内探索，可能需要从全貌来看世界，可能需要更多的成长来获得幸福的能力。想要放下过往的创伤，可以向专业的心理咨询师寻求帮助，也可以在幸福家做放下过去梳理。

如何帮助孩子放下失去的创伤？

最爱的亲人或是心爱的宠物离开后，一般人会经历巨大的悲伤、恐惧、内疚、自责，有的人经过几个月后恢复，有的人可能几十年后回想起来仍然难过，成为内心永远的伤痛点。我们首先要了解，失去后一般会有三种情绪，会经历五个阶段。

1. 失去之后的三种常见情绪

失去一个人或心爱的宠物，我们一般会有三种情绪：

第一种是遗憾：觉得还有很多美好的期待和梦想还没有和他

一起去完成，以后你的生活里缺失了他的存在，从而感到深深的遗憾。

第二种是内疚：也许你曾经做了对不起他的事情，或是说了伤害的话，也许你还没有来得及爱他，待他，而今已经没有机会弥补了，所以感到深深的内疚自责。

第三种是悲伤：你觉得失去了依靠，失去了一个支持你、爱你、温暖你、陪伴你的人，非常伤心难过。

化解伤痛最好的办法就是面对，而不是逃避。当你穿越了这段伤痛会明白：其实，当我们真正爱一个人或爱一个动物，即使那人或动物离开了这个世界，也无法把我们分开。肉体可能会不在，但精神的陪伴和心灵的慰藉一直都在我们身边。原来，那个爱我们的人或动物只是换了一种方式陪我们而已。

2. 失去之后，哀伤的五个阶段

我们在失去亲人或宠物后，一般会经历哀伤的五个阶段。

哀伤是一种复杂且难以被理解的情感，是指任何人在失去所爱或所依恋的对象时所面临的状态与过程，其中包括了悲伤与哀悼的反应。挚爱离世最悲伤的不是离世的那个时候，而是后来我们逐渐将它从生活中剥离的时候，这种悲伤的情绪如果没有释放，会影响我们的工作、生活和健康。

美国心理学家伊丽莎白·库伯勒·罗斯（Elisabeth Kübler. ROSS）在她的《论死亡和濒临死亡》（*On Death and Dying*）的论述中，提到了哀伤的五个阶段：

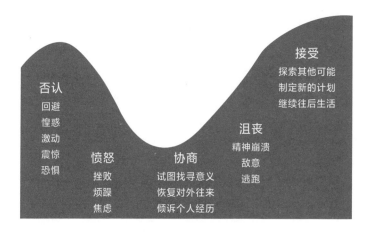

库伯勒－罗斯哀伤周期
（Kübler-Ross Grief Cycle）

第一阶段，否认期：主要表现就是感到震惊、惶恐，难以置信。

此时人们一般认为，这怎么会发生在我最亲的人身上，这不是真的，他没有真的离开，他还会回来。但可能一滴眼泪也哭不出，被人指责冷血或者不孝顺。

这种否认其实是帮助将难以承受的痛苦最小化，要接受所爱的人或物就此离开是非常困难的一件事情，否认可以帮助自己缓解这个过程。

第二阶段，愤怒期：主要表现是非常生气，甚至是恨。

我恨你，你怎么可以这样离开我，留下我一个人，我该怎么办？将无助化作愤怒和恨寻找情绪的出口，这背后是我们对失去的亲人或宠物的想念和渴望。

也可能认为不公平，怨天尤人，这样的不幸为什么发生在我身上。还有可能会怪罪其他人，都是因为你们，他才会离开。也可能会不放过自己，恨自己无能，没有阻止这件事情的发生。

第三阶段，协商期：主要表现是讨价还价、思念，企图有所挽回。

我们可能会摇摆于接纳事实和拒绝事实之间，企图修改事实，减少难受和悲伤对自己的冲击。

第四阶段，沮丧期：主要表现是忧伤、抑郁、消沉、自暴自弃，甚至是崩溃。

当我们发现既成的事实无法改变，这个时候做什么都无力回天了，痛苦会加倍袭来，感到失控、麻木，甚至想要自杀，虽然知道再也没有任何理由逃避，但心里还是无法接受，我们会变得脆弱、消沉、陷入无助、绝望，就像自己被世界抛弃了，有一种幻灭感。

第五阶段，接受期：主要表现是准备开始面对与接纳。

意识到生活必须继续下去，我们可以接受失去亲人和心爱之物的事实。

我们终于学会了接受失去的事实，开始成长、接纳，重新开始生活。

伊丽莎白·库伯勒·罗斯认为：哀伤的表现不一定是按上述顺序出现，也不是一个一直向前的线性过程，而是在各阶段艰难的长期循环往复徘徊。每一种表现持续的时间不一样，每个哀伤者都会经历的阶段也会不同，但至少经历其中的两个阶段。

其实，不仅是在失去亲人会经历这个周期，人在历经重大挫折的时候，比如失业、失恋、失爱、离婚、重大疾病也是如此。

3. 豆豆释放了失去的悲伤，重获爱的能量

失去，是孩子生命中很重要的事情，梳理和释放悲伤情绪，是孩子放下过去的开始。

（这就是八戒，豆豆觉得它的眼睛会说话）

下面是我带领豆豆"放下过去"的梳理过程，给家长们参考借鉴。

我问豆豆："轻轻地闭上眼睛，把八戒带到你的眼前，它现在是什么样子？"

豆豆："就像是照片里的样子。"

我："看看八戒，你心里的感受是什么？"

豆豆："伤心。"

我："伤心在身体的什么部位？"

豆豆："在我的心这儿一大块。"

我："你难受的心是什么样的？"

豆豆："酸辣酸辣的。"

我："哦，酸辣酸辣的。那你继续看着八戒，如果八戒今天就在你面前，你会跟它说什么？"

豆豆："我会告诉它，我非常爱它。"

我："把你想说的全都告诉它，就像八戒真的在你面前一样。"

豆豆："八戒——我非常非常爱你。（从轻声呜咽开始伤心地大哭）"

非常棒！孩子的悲伤情绪开始流淌释放。

（发现豆豆妈妈也哭了，忍不住转过身去抱着豆豆。）

我请豆豆妈妈先把自己照顾好，然后让豆豆继续看着八戒，还想对八戒说什么，把所有想说的话全都说出来。

此时，孩子内心压抑许久的悲伤和难过随着话语瞬间倾泻而下：

八戒，你最近过得好不好？我好想你，我很抱歉，以前我给你的零食不够多。

八戒，你一定要好好活着，你还记得我吗？你还记得悟空吗？（豆豆家另一只宠物狗）

八戒，你可不可以复活？如果你回来找我的话，我肯定每天给你很多零食，我让你跟我一起睡，我不会嫌你吵了。

八戒，你更喜欢吃面条还是饺子？

八戒，我真的好想你。

…………

孩子情绪流动起来，把心里话全部说出来后，人变得平静了很多，于是接下来我继续引导。

我："你知道八戒可以用眼神跟你交流，但别人不懂你，它非常懂你。继续看着八戒，如果八戒此刻在你面前，听到你说这些话以后，它会怎么反应？"

豆豆："嗯，我觉得它不会说话，但它会原谅我，用一种非常佩服我、爱我的眼神看着我。"

我："你看着八戒的眼神，它会用原谅、爱和佩服的眼神看着你，你现在的感受是什么？"

豆豆："我的心变得空空如也。"

我："能不能让八戒对你的佩服、原谅和爱，充满你心里空空如也的地方，可以吗？"

豆豆："可以。"

我："即便你当时没有给它很多零食，有时候嫌它吵，八戒对你是原谅的，而且是依然用爱、原谅、佩服的眼神看着你，那你现在再看到八戒，你的感受是啥？"

豆豆："我觉得有点可惜。"

我："如果八戒现在在你身边，它希望你怎么生活？即使它离开了，但它依然特别喜欢你、佩服你，也原谅了你，你觉得八戒希望你接下来怎么生活？"

豆豆："它会希望我开开心心地生活，但是不要忘记它。"

我："你会这样做吗？"

豆豆："我会。"

我："你相不相信？其实狗狗也有灵魂，即便它不在你身边，也会以另外一种方式来陪伴你。你相信吗？它的爱、它的原谅、它的佩服一直都在。"

豆豆："我相信。"

我："以后当你想它的时候，就像今天一样，你可以随时随地把它带到眼前，在学校里也可以。如果八戒现在在这儿的话，它会怎么样？它会一直活在你的心里，从来没有离开过你，你觉得这样会怎么样？"

豆豆："这样可能会比我哭好一些。"

我："想哭的时候，依然可以哭的。哭是非常好的一件事，不要把哭当作自己不够坚强的表现；哭很重要，哭是使我们疗愈，使我们重获能量的非常重要的途径。妈妈觉得哭不好吗？"

豆豆："妈妈自己有的时候也会哭，爸爸有的时候也会掉几滴眼泪。爸爸妈妈都跟我说，想哭就哭出来。"

我："嗯，非常好。你现在心里感受怎么样了？以后特别想八戒的时候，你可以怎么做？"

豆豆："把眼睛闭上，想象它在我的面前，然后我可以跟它说话。"

我："是的，就跟它在的时候一样，是不是？想它的时候就把它带到眼前，八戒可以随时随地陪着你。在某种意义上，比过去跟你在一起时还方便，你去公园、去学校，一闭上眼睛它就到你面前了，以前还得回到家才能看见它，对吧？现在随时随地，如果想它，只要闭上眼睛就可以把它带到眼前。想到这个，你的感觉怎么样？"

豆豆："嗯，有一点点激动。"

我："其实它一直在我们身边，以后当你想八戒的时候就可以用这个方法。"

豆豆微笑着点点头。

一个人或小动物离开了，其实也没有真的离开，他留下的是爱的支持，温暖的关心，我们依然还以一种特殊的方式链接在一起，这个链接就是彼此曾经流动的爱。

4. 宠物对孩子的意义是什么？

宠物对孩子健康成长非常重要，虽然很多父母有这样那样一些担心，但其实养宠物对于孩子来讲是好处多多。

第一，可以培养孩子的共情能力。就像豆豆一样，她会因为八戒开心而开心，当然也会因为八戒离开而伤心落泪，其实也是在提早一步帮助豆豆完成面对离别、失去和死亡的功课。

第二，可以培养她对小生命的关怀。豆豆照顾八戒非常用心，觉得它的眼睛会说话，八戒走后，豆豆和妈妈一起照顾新来的悟空，孩子在跟这些宠物相处的过程中，触发了心底最柔软的部分。

第三，可以培养孩子的责任意识。训练宠物是一项非常烦琐且需要耐心的事情，小朋友训练宠物的过程也是一个培养孩子的耐心和爱心的过程，更是从小培养了孩子的责任意识。

第四，可以帮助孩子减轻学习压力。当孩子跟宠物在一起的时候是非常开心和放松的，跟这些小可爱们打闹玩耍的时候，一些烦恼和压力也随之消散。

对于孩子来讲，宠物不仅仅是小猫小狗，更是一种生命的陪伴，一种情感的联结，一种温暖的支持。

北京师范大学心理学院曾经公布一项研究结果，得到的结论是养宠物的孩子更少感到孤独，有更强的分享倾向，也更愿意照顾比自己弱小的儿童和动物。

比死亡更可怕的，是没有感受到爱和失去联结

对于孩子来讲，比死亡更可怕的是孤独、被遗弃、没有感受到爱。许多父母忙着赚钱、给孩子提供更好的物质生活，却不

知对孩子来说最重要的不是大房子、不是物质的一切，是温暖的关系，是感到被爱。而孩子面对伤痛的能力，核心的营养元素也是"爱"。

在孩子的成长过程中，当出现学习成绩的起伏，发生跟家长、老师或同学的冲突，经历生命中所有的失去……所有的场景和事件，都是帮助孩子面对问题、化解伤痛的入口；而我们如何正确引导孩子有效应对，就是帮助孩子培养面对挫折重要的途径。

大人的思维和认知里潜藏了太多的"标准"，这些条条框框的"应该""必须"阻挡了父母走近孩子、了解孩子的脚步，因为一直以这些"标准""应该"和"必须"为原则，没有真正地理解孩子的内心。

案例中豆豆只是用"跳楼"的方式吓唬爸妈、引起关注，说明她在家里还是可以感受到爱和安全的。正是因为豆豆的爸爸妈妈平时给了豆豆很多爱，尽管豆豆有时候没有感受到被理解，也没有真正地从楼上跳下去。

对孩子来讲，最大的挫折和伤痛不是学习成绩，不是和老师同学的矛盾，也不是失去任何东西，而是得不到父母的欣赏、看见、理解、尊重和爱。

给孩子一片能抵御伤痛的最优质的土壤，是建立一个充满爱、温暖、关怀、感到安全信任的港湾，有了这个港湾，外面大风大浪他也不会怕，只要有个地方可以回来，他就能够得到滋养、理解、关怀和爱护。

1. 父母放下伤痛，才会帮助孩子化解情绪

父母只有放下自己的伤痛，才会有力量面对孩子的情绪、理解孩子的伤痛，真正与孩子联结。

豆豆妈的经历告诉我们，"放下过去"的梳理非常重要，首先自己会过得轻松，其次能够真正爱孩子。如果不处理过往的伤痛，是无法真正看到和理解孩子内心的想法和伤痛的，也无法与孩子产生心的联结。很多问题孩子就不会告诉我们，导致最后走上极端。父母自己的问题没有解决，是没有力量去帮助孩子的。

人的成功、自由与快乐，取决于如何面对人生各种各样的事情，如何一次又一次地化解自己的悲伤、抑郁、焦虑、恐惧、害怕、愤怒、内疚、羞愧……

很明显，这些情绪是需要化解的；如果不能化解，就不可能拥有内心的宁静和与人的和谐。所有的父母都需要学会化解自己的各种情绪，其次才能帮助孩子化解各种各样的情绪。

父母是大海，孩子是海上行驶的小船。当大海风平浪静了，小船在海上无论怎样都不会翻船。疗愈创伤和代际传承的负担，是为了自己的宁静和谐，更是为了儿孙的人生。如果你也有生命经历中的伤痛未曾放下，千万不要默默承受，不要咬着牙硬扛，只有父母自我成长和调整了模式，才会冲出困境、绝地重生，走上通往幸福的路。

● 案例追踪：放下伤痛后，豆豆可以坦然面对八戒的离去了吗？

下面是豆豆妈妈分享的对梳理的真实感受：

这次的亲子课程令我非常震撼。对于八戒的离去我自己都没有走出来，还要求孩子尽快走出来；孩子看着八戒的照片会哭，而我却一直在逃避，就连八戒的照片都不敢看……

所以，豆豆和我，究竟谁的抗挫力更强呢？

幸好我跟孩子一起来上亲子课了，否则我会认为是她玻璃心、不够坚强，还会有意让她去吃苦头、受委屈，多一些磨炼……因为我自己的"抗挫力"就是这么练出来的。

但扪心自问，我那是真正的抗挫力吗？真实的情况是：尽管工作努力、生活安逸，但我的内心依然有个坑洞没有得到修补，因为从小失去父亲，青春期又经历复杂再婚家庭的伤痛，那种爱的缺失一直都在。

我希望自己的孩子可以拥有用爱织就和托底的"长效"抗挫力，而不是伤痛刺激产生的"速效"抗挫力。

外面的世界不可避免会有风雨甚至惊涛骇浪，而在家庭这个港湾，我们只要给足孩子爱与信任、理解与支持，他们就会由内而外地生长出真正持久的抗挫力，去应对外面世界的挑战。

一个多月后，豆豆妈妈写了豆豆的改变：

真的好神奇！自从梳理之后，豆豆提到八戒就再也没哭过，而是面带微笑地回忆。爸爸也禁不住好奇地问："海蓝博士到底做了什么？孩子想八戒时居然不再哇哇大哭了？"

其实八戒的离去不仅仅是豆豆，也是我们全家人的痛，而敢于面对和表达这个伤痛的，却只有豆豆一个人。我和老公都处于逃避的状态，不看八戒的照片，不说八戒的话题。

回避和隔离痛苦，是我们成年人学会的和惯常的生存方式。但是，过往的伤痛却始终如影随形，总会在某个时刻、以某种方式跳出来，搅扰我们的情绪，影响我们的生活。

我想等时机合适，我们全家一起做一次"放下过去"的梳理，三个人一起闭上眼睛，静下心来，把八戒带到眼前，跟八戒来一场告别。不要小看这个仪式，它真的可以帮助人们放下过往的创伤。

豆豆现在情绪比较稳定，我们说到八戒，她偶尔还会掉眼泪，但那是因为思念，而不是悲伤。

豆豆的变化就是最好的证明：

在过去的一个月，因为我没控制住情绪冲她嚷嚷了几回就主动受罚，豆豆因此获得了完全由她做主的四个小时自由时间。

自从上次梳理后豆豆一直很平和，没有发过脾气，当我俩有冲突的时候，她还会冷静地提醒我："妈妈，请你注意一下自己的情绪，你快要Hold不住了，快想想海蓝博士是怎么说的。"

两次提醒都把我"扑哧一下"给逗乐了，着急上火的情绪自然也没了。但是到了第三次，我也忍不住急了："海蓝博士偏向你们小孩子，对妈妈们要求太严啦！我做不到……"但是冷静了之后又主动灰溜溜地去跟孩子道歉。

豆豆特别宽容，不仅原谅了我，还体谅地对我说："哎，你们当妈的，也真不容易啊！"

我听了又羞愧又后悔，如果当时心里的火苗蹿起那一刻自己能忍住就好了，对自己说不！先让自己停下来，然后走到另一个房间，或者出门溜达溜达换个场景，等自己的情绪平静下来之后再继续跟孩子沟通。因为发火的时候完全是无效沟通，只是自己在发泄情绪罢了。

成长之路漫漫其修远兮，吾将践行到底。

两年后妈妈告诉我们：

豆豆13岁，进入青春期了，她认为青春就是青少年的春天，"大人们觉得孩子进入了青春期，那是因为大人们老了"。我们的关系还是很亲密，我现在需要学会"闭嘴""少说""放手"。现在的感觉是，学习成长真的是一辈子的事儿，我虽然当过12岁女孩的妈妈，但没有当过十三四岁女孩的妈妈。总之，学习践行还是最重要的。

第七章　天才少年失学在家，怎么办？
——如何调整模式，去接纳和欣赏孩子？

【困扰场景】

参与对象：小童，男孩，13岁；小童妈妈：公务员。

问题描述：智商126的小童，五年级第一次拒绝去上学。时隔两年，七年级又拒绝上学。妈妈想尽了各种方法，想让小童回到学校，但都失败了。妈妈心急如焚，小童却一副无所谓的样子。

少年多次失学在家，问题出在哪儿

13岁的少年小童，智商达到126。有一个高智商的孩子，妈妈按理说会很开心。然而，对于小童的妈妈来说，这就是一场"噩梦"。

与小童和妈妈见面，我看到的是一个绝望、无助的妈妈和一个少言、无力的孩子。

在与妈妈的交流中，我了解到这个高智商的孩子，已经第二次失学在家。第一次失学近三个月后回到学校，这一次已经七个多月了，妈妈用了各种能想到的办法，都无法让孩子走出家门。她觉得都是自己的错，是自己没有当好这个妈妈，自己毁了孩子的一生。

小童第一次拒绝上学是在10岁五年级时。因为老师的一句话触到了他的痛处而在班上闹了二十多分钟。后来因为妈妈要求小童去跟老师赔礼道歉，小童非常抗拒，开始歇斯底里地发泄，拒绝去学校，把家里搞得乱七八糟，不刷牙、不洗脸，也不准家人碰他的东西，不停地玩游戏。半个多月情况也没有好转。在当地心理医生的建议下，妈妈带着小童去北京权威医院做了全面检查，诊断结果是焦虑状态、韦氏智商126，自我意识水平过高。

到体检结束时，小童对妈妈说："我跟你说过，我很聪明。"

可妈妈心中五味杂陈。儿子检测智商是优秀，但生活中妈妈一点也没看出来。小童小学成绩一直处于中等，语文的书写、拼读都很差。情绪也不稳定，要么不表达，忍着。忍不住了，只会通过大声哭叫来发泄，而且时常不分场合。妈妈也买过很多书试图帮他解决情绪的问题，却没什么效果。

在妈妈看来，"天才"儿子却失学在家，太丢人了。天才难道不应该是学霸吗？学习成绩要考第一，如果不是NO.1，告诉别人自己是天才，岂不是会被人笑话？妈妈担心儿子受不了这样眼光的打击。不但没为这个结果高兴，反而忧心忡忡，还告诉孩子要保守这个秘密，叮嘱儿子千万别让人知道你的智商很高。

从北京检查回来后，当地的一位心理咨询师建议小童妈妈，全家接受至少两年的系统心理治疗，不然孩子青春期的时候，一定会出大问题。但那时小童已经重新回到学校，妈妈也就没有接受建议。但这个预言就像是一个"魔咒"扎在妈妈的心里。

果然，两年后的一天中午，刚上七年级一个月的小童无力地躺在床上，浑身发抖地对妈妈说："妈妈，我不想去学校。"

那一刻，妈妈说她的第一感受是，心理咨询师的预言应验了，天塌了！从那以后，小童再也没有去过学校。

1. 各种情绪涌来，把妈妈给淹没了

妈妈感到愧疚、自责。两年前没有接受系统的心理治疗，没有心理咨询师的建议，才会错失良机，导致今天的后果。妈妈无法原谅自己。

妈妈感到恐惧、羞愧。由于产后抑郁，妈妈在孩子成长的过程中总是对小童爱不起来，小童也说感觉妈妈嫌弃他。妈妈更不愿听到"天才"两字，因为她认为天才就等于疯子，如果没有一个强大的母亲，很有可能这个天才就毁于一旦。妈妈恨自己为什么要抑郁，为什么不能坚强一些，为什么不能全身心地爱孩子。是自己没有能力，养育好这样一个孩子，是自己亲手毁了孩子的一生。

妈妈感到绝望、无助。因为身边没有人真正能帮助到娘俩，大家只想看到结果，看到小童回学校去上学。没有人关心他们母子正在经历什么，还责怪妈妈是瞎折腾，是妈妈把孩子宠溺的。妈妈无助，她承认都是自己的错，所有的惩罚她愿一个人承担，只要孩子能好，她愿意改，只要有人能告诉她，她错在哪里，怎么改都可以。妈妈绝望，每天面对这个大家都认为没有未来的孩

子，看着孩子每天被"心魔"所困，心如刀绞，却束手无策。

小童妈妈问我："海蓝老师，我该怎么办？这样的孩子还有希望吗？"

我说："当然，但需要妈妈和孩子一起成长改变！"

孩子最无力的时刻，最需要的是父母的接纳。而此时的小童爸爸本能地陷入了恐惧，妈妈"自身难保"，更无力支持孩子。这进一步让无力的小童"雪上加霜"，而身边更没有能支持他们的亲人，所以全家都陷入了情绪的恶性循环。

我们在遇到事情的时候，本能的模式是：后悔过去、对抗现在、担忧未来。小童妈妈，就是陷入了这种本能的模式之中。

对过去，妈妈充满内疚与自责。

经过梳理，小童妈发现对儿子愧疚是从产后就开始了。

至今回想起当时的场景，妈妈都感觉到有那种濒死的状态，浑身酸痛，从头到脚都冒着凉气，感觉是被全世界抛弃了。

小童妈回忆说："小童出生半个月后，我给妈妈写了遗书，把自己关在黑屋子里，觉得活着没有什么意义。后来是我爸爸当即决定把我接回了家。我妈妈当时还在跟我讲道理，让我跟婆婆搞好关系，这让我非常抗拒。当时我连命都可以不要了，还要关系干什么？现在想起那段往事，我还觉得特别的痛。在那之后，我对孩子总是爱不起来。其实这10年中，我都在不停地挣扎，一方面我觉得这是我的孩子，要给他全世界最好的；另一方面，我又嫌弃他，我觉得大家把所有的爱都放在了他身上，没有人给我一点点的爱。我想给孩子爱，但是我自己也没有，所以给不了他。"

在这种极度的求关注、求认可中，小童妈把更多的精力用在了工作中。早出晚归，加班出差，把自己一次次掏空。工作是得到了所有人的认可，可她的抑郁也一次次爆发。

对未来，妈妈更是恐惧、羞愧。

小童第一次失学时，当地的心理医生诊断孩子有交流障碍，属于情感缺失，未来可能永远不会去学校，需要花费大量的金钱来对孩子进行心理治疗。医生建议妈妈要做好心理准备，不要有太大的希望，这孩子以后能做一个简单的、技术性的工作就已经很不错了。

当孩子重返学校后，另一位心理咨询师又说，孩子的问题只是暂时的解决，如果不接受系统治疗，孩子青春期时肯定会出问题。

这样的孩子，未来还能有什么希望？

小童妈妈说："我想'给儿子换个妈'这个念头一直没停止过，不是因为不爱儿子，而是因为太爱儿子。"

妈妈总是想：如果我再坚强一点，如果我再努力一点，如果我再智慧一点，不那么焦虑，儿子就不会是这个样子。今天的这一切都是因为我，所有的责任都在我，都是我的错。我拼尽全力，却成为世界上最失败的妈妈，亲手毁了孩子的一生。

对现在，妈妈绝望、无助。

小童妈妈说，她不想要什么天才儿子，要一个乖孩子就足够了。而现在小童天天不去上学，在别人眼里就是个"怪物"。她多么希望小童也能跟其他孩子一样，智商一般，乖巧可爱，不要像现在一样，与社会格格不入。

妈妈非常害怕孩子跟别人不一样。

妈妈为什么如此害怕孩子跟别人不一样？

我问妈妈："为什么你这么怕小童跟别人不一样呢？"

妈妈说："和别人不一样，就会被嫌弃、被排斥，不安全，让自己处于危险之中。"

在小童妈妈看来，跟别人一样才能被他人接纳，才能融入群体，才会安全。可是，小童是天才型的孩子，本身就有许多与众不同。而这在妈妈看来是会遭到别人非议的，是非常不安全的。

妈妈今天的绝望、无助，源于创伤。创伤被激发，让妈妈处于极度的恐惧不安之中。

通过放下过去的梳理，我们回到了当年的创伤场景。

13年前，小童妈妈虽然经历了自然分娩前的撕心裂肺，但还是因孩子太大，最后没能顺产，只能剖宫产。

那一刻的她，身体极度虚弱。她躺在病床上，哀求小童的外婆来探望的亲戚朋友们回去，自己想休息一下。

小童的外婆瞪了她一眼，非但拒绝了这个非常合理的请求，还要求小童妈妈要"懂事"，忍一忍。

那个晚上，小童妈妈痛不欲生，老公却在呼呼大睡，她是数着时间一秒一秒地熬过来的。下午的哀求被拒绝，再加上身体的疼痛。小童妈妈已经痛苦到连叫老公起来陪自己的勇气都没有了。

小童出生前，全家人对她呵护备至。小童出生后，所有人都只关注新生命的到来。小童妈妈觉得，自己在最虚弱的时候，被完全抛弃了，而且是被自己最挚爱的亲人所抛弃。那一晚，她陷入崩溃，恐惧、孤独、痛苦、无助全部袭来。

13年后，当我帮助小童妈妈重回创伤场景，释放这些情绪时，她依旧是全身发抖，痛不欲生，让人好心疼。

这就是为什么小童妈妈一直觉得自己对孩子爱不起来的症结所在，这也导致了小童妈妈的产后抑郁症。

顺藤摸瓜。

小童妈妈希望小童"懂事"，跟其他孩子一样。小童外婆希望女儿"懂事"，让别人舒服。

为什么都是在自己孩子最无力无助的时刻，要把"别人"的感受放在第一位，而不是把自己亲人的感受放在第一位呢？

原来小童的外婆12岁时生母病逝，父亲再婚，继母带过来两个孩子。外婆从独生女变成了重组家庭的长女，承担起了照顾没有血缘关系的弟妹的重任。为了生存，不得不把继母的喜好放在前面。外婆认为，只有委屈自己，让继母感觉舒服，让弟妹舒服，才能维持家庭的和谐，才能得到父亲的认可。所以，做让别人舒服的事情，忽略自己的需求，变成了外婆整个人生坚定不移的生存信条。而每一次让别人舒服的背后，是自己的委屈，这些委屈都积累在自己的身体里，所以外婆很早就得了高血压、糖尿病。

这种在乎别人看法的模式已经深入骨髓，成为有些人无意识的行为模式。

为什么小童妈在对小童的教育过程中，那么恐惧小童跟别的孩子不一样，其实也是因为太在乎别人的看法。跟别人一样，才容易被认可、被接纳；特立独行，会被非议，被排斥，会容易让自己处于危险的感受之中。这就是小童姥姥、妈妈代际传承的模式，而这种模式恰恰成为小童成长的严重障碍。

小童的成长中，继续着这个模式，从小特别懂事，委屈从来不说，都忍着。小童和妈妈都处于焦虑和恐惧中，小童又怎能安心学习？小童就是再努力、再聪明，也无法达到目标，孤独、无价值感让孩子最后只能放弃上学。

受过伤的人，会伤人。这个案例中，我们看到，一个创伤，影响三代人。但疗愈一个创伤，也可以幸福三代人或者四代人。

孩子究竟为什么不去学校？

小童选择不去学校，是因为孩子已经积累了太多的情绪，无处释放，孩子已经被情绪压垮。他在跟妈妈说不去学校时，身体瑟瑟发抖。没有人能真正懂他、理解他、接纳他、欣赏他。每天一个人在家，看似无所谓的背后，是孩子巨大的精神"内耗"。孩子已没有精力去面对学校老师、学业的压力。不去学校，是一种保护自己的方式。

但这种方式，很难被父母所接纳。妈妈一直想知道为什么小童不去学校，每次小童的回答都是：不知道。这在小童妈妈看来，就是心理医生对孩子诊断的"交流障碍"。

1. 孩子为什么总说"不知道"？

在我跟小童的交流中，小童也是总说"不知道"。

孩子总是说"不知道"，就是"交流障碍"吗？我很好奇，发现小童说一句话就要看看妈妈。

我问小童，妈妈平时替你说话的时候是不是非常多，小童点了点头。小童妈妈因为觉得孩子表达不好，就经常去帮孩子，孩子自然没有机会练习表达。但是，孩子练习表达是一个过程，父母千万不能因此给孩子贴上"交流障碍"的标签。

好的亲子关系的建立，最重要的一个途径就是和孩子交流。养成一个亲子交流的习惯非常重要，交流是孩子自我表达和认识世界非常重要的一个过程。

孩子为什么总说"不知道"？一般有三种情况：

一是不用知道。什么事父母都包办代替了，所以孩子根本什么都不用知道。

二是真的不知道。孩子因为知识、经历有限，确实不知道。如果是这种情况，可以跟孩子一起商量怎么办。

三是知道了也没有用。孩子如果说出真实想法，是不被接纳、不被允许的，不仅得不到鼓励和肯定，甚至还会受到家长的进一步批评和指责。"话不投机半句多。"孩子都很聪明，知道自己知道了也没有用，所以回答"不知道"。

孩子爱说不知道，并不等于就是交流障碍。

在交流中，我注意到，小童虽然话不多，但心思细腻。

看到妈妈每次网络学习时，面部光线比较暗。就用家里废旧的电脑液晶显示屏，给妈妈做了一个补光灯。当妈妈展示给我看的时候，我惊呆了。

问小童是怎么做到的，他说是跟着网上的视频学的，还自己动手在网上买了焊接材料，自学焊接。

这是一个刚上七年级的孩子，还没有学习过物理电路知识，却可以自己想办法，解决问题，而且善于动手。

这是一个多么善于学习的孩子呀！他不善于用语言表达爱，但他在用自己的行动表达！

我问小童妈妈她是否看到小童的爱和能力了？

小童妈妈觉得，相比这些，她更希望看到儿子的满分试卷！

2. 不被接纳和欣赏是孩子心中最深的痛

在教育孩子当中，我们经常犯一个错误——总是盯着孩子的行为和表现，而不探究背后的原因，就像一棵树，我们老是想把树上的黄叶去掉，而没有发现原来是根出了问题。小童不去上学的原因究竟是什么呢？

其实，每个孩子都需要被爱、被看见和被理解，而父母以为送孩子上名校、给孩子买学区房、为孩子报辅导班就是爱。

然而，小童的聪慧没有被理解、被看见、被认可。妈妈衡量小童的标准就是：是不是跟别人一样，跟别人一样的成绩，跟别人一样的行为，跟别人一样的想法。很多家长总是用孩子的标准来衡量一个天才孩子到底是不是好，够不够优秀。就好像他是一只鹰，却用一只兔子的标准来衡量够不够好，用一只兔子的标准来评判够不够优秀。

我在无数案例中一遍又一遍验证了，每个孩子都是天才。

我问小童妈："上一个好小学、好中学、好大学，为了什么？"

小童妈："找个好工作。"

我说："找个好工作又是为了什么？"

小童妈："自食其力，更好地养活自己。"

我说："你家孩子8岁就可以赚到钱了，这难道不是自食其力？"

教育的本质是为了成就孩子，让孩子能够学习知识，能够有谋生的本事，能够自食其力。这些能力12岁的小童已经基本具备了。

我非常欣喜地看到，小童是一个非常有独立见解、有独立判断力的孩子。

从跟小童的对话中，我深深地感受到，孩子在家里和学校，一定是经历了无数次的否定、误解和拒绝。孩子身上的很多稀缺品质，从来没有被真正地看到和认可，更没有被接纳与欣赏，这导致孩子对自己也有很多的自我怀疑和自我攻击。不想上学正是孩子的情绪没有出口，常年积压造成的结果。

为什么小童在妈妈看到体检结果时说："我跟你说过，我很聪明。"其实这就是孩子内心最难过的部分，他多么渴望妈妈能看到他的聪明，肯定他的天分。

而妈妈不仅一直没有肯定过这一点，还特别害怕孩子是一个天才，害怕别人知道孩子是天才。而孩子根本没有接收到爱的滋养，这是孩子的痛点。

每个孩子行为的背后都有他的理由，也许你不理解，也许你非常生气，也许你不认同，但孩子一定有自己的理由。就像小童，他不想去上学，也一定有他的苦衷。小童是一个天才的孩子，他需要更多的支持、看见和爱。

小童不去上学的深层核心原因就是在成长的过程中，他不被看见，不被理解，不被认同。他没有被父母和老师真正地接纳和欣赏，也没有感受到爱。

小童妈妈说："我感觉特别惭愧，以前儿子要我抱抱他，我非常排斥。因为我也从来没有跟我爸爸妈妈抱过，我也没有走心地去抱过儿子。我表扬小童，小童听了很不习惯，反而是批评、指责成了日常的习惯。"可是，这种习惯中孩子能感受到被爱吗？

亲子教育中，如果没有把爱作为核心目标，而是把成绩、名次、上什么大学作为唯一的标准时，家庭的苦难和灾难就会连绵不断，只是频次和程度不同而已。

"865"分析：调整模式，点亮家庭

在小童和妈妈的案例中，用"865"体系中的八项能力来评

估的话，他们母子都需要做放下过去的梳理，妈妈也需要对孩子有更多的相信，用一双慧眼去看待孩子，去发现小童身上的闪光点，也要去发现孩子爸爸和奶奶以及其他家人给了自己哪些支持和帮助，而不是总去盯着没有的，希望他们提升的是调整模式的能力。

调整哪些模式？

首先妈妈需要调整自己的思维模式：比如总是希望孩子跟别人一样、认为天才就等于疯子、自己是个愚蠢的妈妈等限制性的信念。妈妈已掉进了"点状思维的陷阱"，因为儿子不上学这一个点（黑点），儿子其他的好都视而不见，忽略了黑点周围还有很多的空间，同时把这个黑点无限放大，觉得孩子的人生毁了，就像是一片乌云遮挡住整片天空。

要调整自己的情绪模式：因为种种原因，小童妈妈对自己的妈妈有怨气，自己有受伤后的委屈，对得不到丈夫的支持感到失望，对小童有很多的内疚和自责等，这些负面情绪会把自己淹没。小童妈妈先梳理成长自己，让自己不被焦虑、担心、害怕、内疚、自责这些情绪裹挟，然后会有更多的智慧去支持自己，去欣赏和接纳与众不同的儿子。

要调整自己的行为模式：妈妈因为儿子失学在家，始终觉得头上笼罩着一团乌云，一心想方设法让儿子回到学校，所以妈妈心理压力很大，不仅要面对儿子的反常，还要面对来自丈夫、婆婆的埋怨，她时常感到缺乏支持，自己总是孤军奋战，小童妈妈如果能够去欣赏和接纳自己，也能欣赏接纳儿子，和孩子爸爸一起面对，这才是一条对的路。

如何调整自己的思维、情绪和行为模式

1. 思维模式：跳出点状思维陷阱，发现孩子身上的闪光点

之前，因为妈妈被焦虑和恐惧捆绑，看不见儿子的好，甚至觉得儿子怪怪的，跟别的孩子不一样。当妈妈去掉恐惧和焦虑的滤镜，跳出儿子不上学就等于人生全毁了这个点状思维陷阱，回忆起儿子的种种，发现儿子完全就是一个天才少年：小童从小就很少生病，是那种长得很结实的小男孩。眼里有光，人见人爱。小童喜欢所有自然科学的东西，喜欢大自然，对机械、天文、物理、化学都很感兴趣，也喜欢滑雪、乒乓球、网球、游泳、滑板、自行车、远足等运动。

5岁，小童野外徒步8公里，没喊过一句累，还乐此不疲地当"领队"。

6岁，小童独自拉着行李箱走出家门，开始了第一次的冬令营；安全回家，行李也一样没落掉。

8岁，小童和队友们齐心协力，解决了一天的生存问题，并完成了全部任务；靠自己的技能，小童还挣到了人生的第一

笔钱。

9岁，小童完成了30公里徒步。从早上8点走到下午5点，整个行程中，小童妈妈多次想放弃，是小童一直在鼓励小童妈妈坚持到最后。

10岁，小童只用了7个多小时，就完成3000多块机械乐高汽车的拼装。那款乐高适用年龄是16+，光是图纸就有600多页。

11岁，小童开始迷上了天文，购买了专业的天文望远镜，并专程到贵州参观了世界最大单口径（500米口径球面射电望远镜）望远镜FAST。

12岁，小童独自坐飞机，去成都参加在王朗大熊猫保护基地举办的科考夏令营，完成了自己的科考项目并进行了答辩。其间经历了洪水、塌方，小童回家竟然没有跟家人抱怨过一句。

"现在12岁的小伙子小童，可以自己煮咖啡、做蛋糕、煎牛排，样样都比我做得好。出门收拾行李，查找路线，搬运行李，还时不时地提醒我这个迷糊的妈妈。

"小童的动手能力特别强，家里的什么东西坏了，都是他修；家电产品买回来都是他先学会，再教我们使用；所有家具的组装，更是不让我们插手，儿子全包了，还乐在其中。对汽车、手机、电脑更是在行，我家车上的雨刮器都是他动手换；还把我坏掉的手机拆开自己修好；还帮他爸爸在网上买零件，自己组装了电脑；我的直播灯太暗了，他在网上买了配件，自己动手制作，还自学焊接，给我做了一个明亮的灯。

"我也是现在才在真正意义上发现，他的这些能力远远超过同龄的孩子，甚至是我们成年人。

"小童也喜欢打游戏。不光是打，还能把每一种游戏是哪个公司的，是基于什么样的设计，以及每种游戏的好坏，分析得头头是道。目前小童最喜欢的是《我的世界》，他说这款游戏属于科技技术型的那一类游戏，而他是其中的红石玩家。编程和机器人方面，小童的学习能力也是超强的。凭借网上的视频课和自学，以全省第六名的成绩进入第十一届蓝桥杯全国软件和信息技术专业人才大赛。

"小童还有自己的银行账户，会花钱，更会省钱。因为喜欢滑板，儿子在"闲鱼"淘了一个二手半价的品牌电动滑板。自己玩了两个月，又在"闲鱼"把它卖了。买入和卖出差价20，加上运费，总共成本63元。

"关键整个过程中，儿子不但学会了玩滑板，还拆开研究了一番滑板的电路，顺便还耍了一下'帅'，当了一把'追风少年'。

"现在的儿子，因为懂得了理财，不要求名牌，也不追星。"

被妈妈"看见"优点后的小童，眼里越来越有光芒，渐渐地恢复了自信，颇有"初生牛犊不怕虎"的意思。就在不久前，还通过在网上学到的《中华人民共和国民法典》中相关知识，结合网上查到的投资数据，帮助姥爷运用法律手段，维护自己的合法权益。让全家人对这个13岁的少年刮目相看。小童的"与众不同"开始被越来越多的人看到、理解、接纳、欣赏。

2. 情绪模式：情绪稳定的妈妈，是孩子受创后最需要的保护神

孩子遇到问题的时候，最痛苦的莫过于家长。有一句话叫作：伤在儿身，痛在母心。就像小童的妈妈一样，甚至都想给儿子换个妈。

为什么会为这样的事情发生在自己身上感到愤怒和委屈，为什么做出选择后会感到后悔、自责，对孩子充满愧疚和失望，对自己的无能为力感到无助和绝望？不管是发泄愤怒，或者是悲伤、内疚，我们的关注点还是自己，满足了自己的需求，让自己的心情、情绪更好受，才能给孩子最需要的抚慰。

遭受创伤的孩子，需要一个坚定、温暖、温柔、有爱的妈妈。愧疚的、愤怒的、情绪不稳定的妈妈，甚至有可能会让孩子有二次创伤的理由。

父母最应该做的是先安抚自己，安抚自己后，然后安抚孩子。也许有的家长，觉得没有必要安抚自己，但把自己的情绪随便推给孩子，孩子会不知所措。如果家长暂时没有安抚好自己的能力，也可以学习逐渐变成能安抚好自己的心理医生。最理想的情况是家长能做到，先安抚好自己，然后安抚好孩子，给孩子拥抱和亲吻，陪伴孩子，解释孩子的困惑，调整孩子的身体和心灵，让孩子从惊恐中恢复过来。

不管我们怎么样，都会有方法可以让我们自己在不同的心境下解脱出来。

（1）面对愤怒，需要安抚自己，让情绪平静下来，静观自我关怀是很有效的方法。

（2）面对内疚，要明白：当时所做的选择，是当时的能力条件下的最好选择。好的初衷与意愿并不一定能有一个好的结果，这个世界上有很多事情和意外，是我们无法掌控的。有的事是老天掌控的，比如说天灾；有的事是别人掌控的，比如说人祸；我们改变我们能改变的，也要接受我们不能改变的。

（3）要原谅自己，回到充满智慧、力量与爱的自己。同时，我们也要明白当时当下最重要的是孩子，说什么，做什么，才会对孩子最有利。

3. 行为模式：真正去接纳和欣赏孩子

我告诉小童妈妈现在主要的任务就是，怎么能让小童变成一个幸福快乐的天才。埃隆·马斯克（Elon Musk）研发的猎鹰9号火箭成功将"龙飞船"发射到地球轨道，这是全球有史以来首次由私人企业发射到太空，并能顺利折返的飞船。他还在准备移民火星计划。埃隆·马斯克能有今天的成绩，不得不说受他的妈妈梅耶·马斯克（Maye Musk）影响很深。

梅耶·马斯克在《人生由我》（*A Woman Makes a Plan*）中曾说："孩子们会因为拥有足够的独立生存能力而受益匪浅。"所以，只要孩子在为自己的"独立生存能力"努力，父母就去欣赏孩子的不一样吧。不管别人怎么看，你都知道你的孩子是一个天才，而且要确定地告诉他：宝贝，你是天才！妈妈怎么能够让你成为一个闪闪发光、幸福快乐的天才呢？

小童妈妈有些不确定，说："我自己没有能力做天才孩子的好妈妈，因为孩子懂的东西我都不懂。"

我说："现在孩子给你的打分从2分变成8分了，在孩子心目中你已经走在好妈妈的路上了。当你不知道怎么做时，去问孩子：'宝贝，妈妈怎么做才能够是好妈妈？'历史上很多大字不识的妈妈们，培养出了无数的英雄和豪杰，培养了无数的能人和天才。"

小童妈说："理解支持他，真的能懂他，在困难的时候能支持他了。"

我又问小童妈："你准备怎么去支持呢？"

小童妈说："能看到他的品质，能看到他的好，能每天告诉孩子，他有多棒，什么地方做得好。"

是的，其实孩子需要的就是接纳他、相信他、尊重他、支持他、欣赏他。相信和爱是对孩子最大的帮助，只要做到这一点，每一个妈妈都是孩子心目中的好妈妈。这个和你懂多少知识和道理没有一点关系。每一个竭尽全力的妈妈都是满分的妈妈。

以前看不到孩子，因为我们看不到自己，看不到自己是因为父母从来也没有看到过我们，而原因是我们的父母也从未被看到。这是几代人的行为和思维模式，不是谁的错。我们想要改变这种模式，需要通过梳理去放下创伤，从而调整模式，创建幸福。

我问小童妈妈："现在你知道如何做一个孩子心目中的好妈妈了吗？"

小童妈妈："是的，我现在从心底里相信，我儿子就是个天才，我开始欣赏他的与众不同。在知识和技能方面，未来我可能跟不上孩子，但是我有爱，我会相信他的。就算全世界都不理解他，我依旧愿意支持他。"

做孩子心目中的好妈妈，就是要不断升级自己爱的能力，爱得更加的完美，爱得更加的到位。不知道就问孩子，孩子会告诉你。我们要做的就是爱他，剩下的孩子都会自己解决，不要让我们各种各样的期待和标准，成为折断孩子翅膀的刽子手。

爱孩子，认真了解孩子，给予他需要的帮助，不知道怎么做时虚心地问孩子。

● 案例追踪：妈妈后来接纳欣赏小童的与众不同了吗？

梳理结束后的一个月，我们接到了小童和妈妈的欣喜反馈：小童妈已经放下了对孩子的焦虑，全然接纳了孩子的与众不同。而小童对妈妈的信任与安全感飞跃式的提升，还成了妈妈的"抱抱教练"，对妈妈敞开了心扉，对学校不再排斥，开始补习功课，为复学做准备。

让我们来看看小童妈的分享。

休学这一年

经历了近一年的休学，儿子终于能高高兴兴地重新走进校园。此时的我，流下了感恩的泪……

这一年太不容易，但这一年又无比欣喜，从至暗时刻到重见光明，生命在激发中成长。从最初的自我封闭期，到自我满足期、修复成长期，再到复学准备期，直至现在的复学巩固期，每一个阶段的成长无不记录了我们心与心的陪伴，教会我们彼此如何去爱。

自我封闭期

儿子刚休学那会儿，我无法接受这个事实，家里人更是无法接受。一方面，只要跟儿子一冲突，他就会愤怒到极点地说："你都对，你都对行了吧。"另一方面，家里没有一个人敢出来跟儿子聊一聊，也没人看出问题的实质，而只是一味地要求我赶紧把孩子送去学校。

我无法顾及自己的情绪，觉得那是最至暗的时刻，我想过自己结束生命就没有这么痛苦了。"我拼尽了所有，我真的尽力了，可是我还是没有当好这个妈妈。"

但是母亲的本能让我不能放下孩子，内心深处有一个声音告诉我：这一次，我们一定会找到问题的最终答案的。活下来，就有希望。

10月10日，我正式成为幸福家的践行生。我看遍了所有能找到的关于亲子关系的督导课，每日基础践行。

三个月很快过去了，儿子依然没能回到学校，而这时的我已经不一样了，我开始回到自己，"一个淡定、温暖的妈妈是对孩子最好的托底"。我不再紧盯着孩子的一举一动，而是开始关注自己的情绪。我的情绪稳定是对儿子的爱。

这个时期，儿子经常是紧闭房门，不洗澡，不换衣服，也不看与学校有关的一切东西。

现在想想当时的儿子一定是处在纠结中，"去不去学校"这个问题他肯定是想了无数次、权衡了许多利弊、纠结了许久才提出来的。孩子耗费了许多的能量，早就精疲力竭了。

我们也没有什么更好的办法，只能是接纳他所有的行为，给他足够的时间和空间，让他休息，不再催他何时上学，也不催他按时起床，让他自由自在地休息、放松，睡到自然醒。他看电影，玩游戏，打扑克，补回这么多年缺失的陪伴。这段时间孩子大概经历了四个月。

自我满足期

之后，我的情绪渐渐稳定，也从内心里觉察到自己的恐惧和焦虑是造成亲子关系紧张的根源。儿子在成长过程中没有感受到他所需要的爱。

这个时期，我和他爸爸对我们以往所做的行为进行了反省，并真诚地向孩子道歉。制造各种机会，让他与同龄的孩子交流，让他感觉到自己没有被孤立。对他的各种要求也是尽量满足。特别是孩子要求的"抱抱"，虽然还不能做到主动，但只要儿子需要，我们不再拒绝。目的就是支持孩子的情感和社交能力。让他找回内在的价值感。

在这段时间，儿子也在用他自己的方式解决内心的矛盾和冲突，慢慢地他也感觉到自己被外界接受了，开始尝试着跟我们说说心里话。儿子内心的创伤开始进入疗愈期。

这个时期一直持续到过年，大约两个月的时间。

修复成长期

经过半年的时间，儿子的身心得到了一定程度的休整，开始进行自我重建。春节过后，已经可以比较轻松地谈有关学习上的事情了。在与他讨论后，我们找到一位他很喜欢的教练，开始尝试每周三次进行网球训练。

与此同时，他也开始尝试做一些其他的事情，比如组装电脑，科学试验。一有空，我们就去散步、爬山。通过这些与大自然、与社会、与人的接触所带来的刺激来重新感知世界，同时也得到能力提升。

其实这就是一个人成长的过程，但是很多时候因为我们在养育过程中过度保护、控制和干预导致本该经历的刺激被剥夺了，就会出现某些能力的缺失和行为的偏差，也少了对世界认知的积累。

复学准备期

我和儿子参加了亲子课的梳理。我看到了老师对小童相信的眼神，每个细胞都充满了对孩子的爱。小童第一次感受到了，被相信、被支持的感觉，心扉也被打开。

老师对儿子的相信、理解，给儿子注入满满的能量，他的能力第一次被如此的肯定，更是增加了孩子的勇气和信心。所有叔叔、阿姨对儿子的认可和肯定，也给了孩子无限的动力。大家的帮助，让我们消除了疑惑，笃定了方向。

这次梳理，如同给我们母子做了一次外科手术，切除了一直以来长在我们心里的"肿瘤"。我完全放下了焦虑和愧疚，从心底里相信儿子就是个天才，开始欣赏他的与众不同。现在我觉得自我成长是对孩子最大的爱。倘若妈妈的底色是焦虑的，眼里看到的永远都不是风景；但是如果底色是相信、是支持，是对孩子无限的爱，孩子考100分或者考0分在我们眼里都不会有什么区别。

更神奇的是，当我全然接纳了孩子的时候，小童开始不再避讳谈学校的话题，他很明确地告诉我："妈妈，学习是我自己的事，我可以做好，你不用操心。"

随着我们亲子关系的提升，后来他告诉我：之前被保安习难的委屈。当时孩子哭得特别伤心，我也陪着他一起难过。等他情绪平复后，我帮孩子做了梳理，孩子的情绪不到两个小时就恢复了平静。这是孩子12年来，第一次告诉我自己所受的委屈，为此我激动了好半天呢。

儿子开始进行文化课的补习，虽然这个过程中也遇到了不少问题，但因为放下了恐惧与焦虑，有主动创建的勇气和能力。每次都能与补习老师进行良好的沟通，儿子、我、补习老师一起在这个过程中，帮儿子一步步重新融入团体、提升心力、找回自信。

复学巩固期

经历了近一年的休学，儿子终于复学了。为了尽可能减少儿子的压力，在朋友的帮助下，儿子跟今年新升入初中的孩子们一样"走进学校"。如同只是放了一个较长的暑假而已。

入学前一晚，儿子让我哄他睡。我能感觉到，他的内心还是有挣扎的。明明很害怕，但儿子还是在鼓起勇气往前走，这一刻我特别钦佩儿子的勇敢。

入学第二天，学校进行了6个小时的摸底考试。回家后，孩子有些疲惫。此时的我内心是有些担心的，怕这么大强度的学习节奏，孩子不能一下子适应。但儿子比我想象中的更坚强，适应能力也很强，很快就喜欢上了班上的老师和同学们。这说明，我们放下了焦虑和恐惧，孩子也就多了安全感，他才有探索世界的好奇心和勇气，不然只能是自己在内耗。

我每天关注的是他在学校的生活和情绪，吃饭时总是爱听他分享跟老师、同学间的事情。更是鼓励他跟同学们多交往，跟老师多互动。关注学习，而不是成绩。帮助儿子一个个问题去经历、一场场考试去闯过。也就是在一个个现实的场景中去陪伴孩子一起度过，有困难一起分析共同面对；有成绩，一起鼓励总结经验。

儿子现在在学校跟老师、同学关系也相处得很好，孩子现在眼里有光。

回望这一年，我觉得收获更多。

亲子关系从2分提高到现在的9分。我放下了内心的恐惧、焦虑。开始看到自己的内在需求，42岁开始学习"做自己"，人生又有一个新的开始。我开始去深入理解儿子。他的高敏感，他的高智商，使得他很多的地方与众不同。而我也从害怕他的与众不同开始欣赏他的与众不同。

经过一年的休整，儿子更明白自己的方向，"没有一个孩子会愿意把自己的人生搞砸"。手机、电脑的自由使用，他可以合理安排时间，我根本不用担心作业完成的问题。学习上，他更明白自己需要达到什么目标，而我需要做的就是相信、鼓励、支持。

这一年，在儿子的督促和帮助下，我找回了自己；这一年，我摸索着，学习以他喜欢的方式爱他。

儿子休学这一年，是我和他送给彼此最珍贵的生命礼物。

我们将终身受益，感恩这一年。

现在的我，每天跟小童相处的时候都会带着觉察：我如何做才能让儿子感受到我对他的爱。小童也越来越自信，自己要求增加补课时间。学习的动力越来越强。前天还高兴地说："妈，我发现英语学习也不难呀！"

从开始听到"天才"两个字就"心惊胆战"，到接纳、欣赏儿子，内心里觉得他真的是一个天才，我知道自己学习进步了。

我现在从心底知道对孩子，相信、支持、鼓励足够了，这是教育孩子的核心所在。其他的都是有意、无意地满足父母过往创伤和模式的需求。

现在我依然坚定地要给儿子换个妈，这个妈不是别人，而是我自己——通过自己的学习践行而脱胎换骨成为一个全新的10分妈妈。

爱上自己，成就孩子，做孩子心中的好妈妈。亲爱的，我们一起，做孩子心目中的好妈妈好爸爸！

两年后

两年后，小童和妈妈一同成长。妈妈告诉我：

现在小童已经重新回到了学校生活中，但时不时还会有不想去学校的情况出现。就拿最近的几次来说，第一次是寒假结束返校时，他的理由是作业没有全部完成，不敢去。但他们学校作业是弹性的，老师并不要求必须全部完成，而且相比之下，他完成得已经是很不错的了。道理是这样，但小童自己过意不去。我和老师也都理解和接纳，就这样允许他"躺平"，一周后回到了学校。

第二次是返校半个月后，周末七篇论文，他完成了五篇，没有达到自己的理想目标，又开始着急、无力，不想去学校，这一次只用了五天就走出来了。

第三次是"五一"假期返校，离家时小童有些不舍，一路上又特别拥挤，让他开始烦躁，下车后又遇上大暴雨，打不到车，孩子情绪一下子就崩溃了。独自拉着行李箱，在暴雨中走，边走边哭。我只能在电话这头陪着他。最后在宾馆休息了一晚，情绪平复了后，回到了学校。从这个案例中，我们想看看小童背后为什么总是放不下对自己的高要求。小童也觉得自己内心有一个"害怕"，每次它出来时，自己就会浑身发抖，无力恐惧。虽然小童现在绝大多数时间都非常阳光，但这几年休学在家的无力还是会时不时地出现。情绪管理是一个渐进的过程，现在回看几年来走过的路：

第一次不去学校，儿子焦虑，我直接崩溃。

第二次不去学校，儿子恐惧、焦虑，我又崩溃，感觉就是世界的尽头，完全陷入，无法自拔。

第三次不去学校，儿子恐惧、焦虑，我又崩溃，但这次我不再对改变事实有什么指望。"就这样，这就是最坏的结果了，世界的尽头也不过如此，我接受。"尽管是被动地接受，但至少那也是接受。

第四次不去学校，儿子情绪出来，我接受，不再改变。我允许自己难过。我接受，儿子此刻就是这样，可以无助，可以躺平，给他时间，给他温暖与爱，允许他慢慢地学会自己"站"起来。

第五次不去学校，儿子躺平，我感受到他已尽力，他的无力与无助，他有自己还跨不过去的"心坎"。爱与暖托底。儿子从"站起来"，到"走一步"。

这一次，也是第六次，不去学校。我完全能感受到儿子雨中的情绪，更多的是心疼。每个人都有情绪崩溃的时候，不再讲道理，不再急于解决问题，只是陪着他，他需要我做什么，我就做什么。我更笃定的是，这就是儿子学习情绪自由的必经之路。而这一次，从崩溃到平复，他只用了一个晚上，为儿子学会"走"点赞！

可能还会有第七次、第八次、第九次……

那又怎样！往后的每一次，都会让我们离情绪自由更近一点。

中午，儿子已经自己走进了校园，还跟我说，来到学校，也没那么紧张了……

真高兴，我和儿子，都又进步了。

我是一切问题产生的根源，爱是唯一的答案。

我们都会越来越宁静、和谐、自由、快乐，充满热情和希望！

第八章　孩子玩手机、游戏上瘾，怎么办？
——如何重建好的家庭关系，创建幸福？

【困扰场景】

参与对象：小时，男孩，15岁，初中二年级；小时妈妈：全职妈妈。

问题描述：小时一玩手机，妈妈就抓狂，母子关系剑拔弩张。

儿子一玩手机，妈妈就很抓狂

15岁的小时今年初二，他的苦恼是：妈妈总管他的手机，"我一拿手机，妈妈就开始心情不好，盯着我，唠叨我。如果当时我心情好，就不玩了；如果心情不好，就继续玩，妈妈就会更发火，会更大声吼我……"

小时妈对这件事情也耿耿于怀，说起来振振有词：玩手机会影响孩子的学习成绩，破坏养成的良好学习习惯，导致家庭关系紧张。在她看来，虽然儿子说完成作业了，但也只是完成，只是及格；孩子对自己要求不高，只完成基础题，不做提分题，不预习不复习，也不改错题。

还有一点是，手机还占用了儿子与爸爸妈妈沟通交流的时间。儿子一有时间就玩手机，根本不愿多和爸爸妈妈说一句话。

小时妈妈对于儿子玩手机这件事情充满了焦虑，但又无计可施。妈妈内心的想法是：你都初二了，耽误不起了，不要玩手机了，干"正事"才是最主要的。

那么，在妈妈眼里，什么是正事呢？妈妈认为：

第一，养成学习习惯，有预习有复习，有复盘有总结。

第二，提高学习成绩，希望儿子从年级的中下水平提升到中上水平，可以考进班级前15名，至少是平均分。

第三，和父母说话，每天能有一些时间和父母沟通交流，比如学校发生了什么、他的感受是什么等。同时要尊重父母，尤其是交流的时候态度要好点，不要像之前一样只要一涉及手机，就不耐烦。

为什么妈妈对孩子玩手机感到如此害怕？

在接下来的交流中，小时妈妈说出了自己的担忧。现在的教育从高中就开始分流。如果第一批被刷下来进了职业技校，"最后他会像我一样，40多岁还没有找到自己的爱好、天赋、价值，活得很辛苦。如果儿子活成我这样，挺失败的。"

当看到妈妈担心自己长大和她一样时，小时在一旁使劲儿摇头说："我不会和她一样，她在瞎担心。"

随着梳理的进一步深入，小时妈妈内心的恐惧也浮出水面：

我不会赚钱，在老公看来，我是非常失败的。老公不能接受自己的儿子像妈妈一样"失败"，如果那样，老公会抓狂；继而老公会身体不好；老公身体垮了，家里主要收入来源就没有了；然后家里就会出现经济危机。

探索到这里，我们发现，小时妈看到儿子玩游戏之所以会如此烦躁、不安、焦虑，是因为在她的脑子里有一个约定俗成的公式：

孩子玩手机＝孩子自己人生失败＋爱人抓狂身体不好＋家庭经济危机。

这已经不单单是孩子玩手机本身了，玩手机的背后承载了以上那么多的负担。

我问小时妈妈："这个等式真的成立吗？如果小时不玩手机，这些事就全都解决了吗？人生就成功了吗？他爸爸就不会抓狂了吗？如果他是个爱抓狂的人，他不为这件事抓狂，也会为其他事儿抓狂。"

小时妈妈恍然大悟："我把自己想出来的恐惧，全转移给了孩子。"

孩子的任务，不是为了让爸爸不抓狂，不是为了让家里没有经济危机，也不是帮助父母实现他们没有实现的目标、更不是弥补父母心中的缺失和遗憾。

手机和游戏本身不是我们的敌人

手机已经成为生活的一部分，是人们必不可缺的工具。手机本身不是问题，沉迷手机也不是问题。就像菜刀，可以用来做饭，也可以是凶器。不要把手机、iPad 和电子游戏完全视作我们的敌人，关键在于如何使用，赋予它的意义是什么。

记得有一次，我女儿打游戏，说是打丢了翅膀，她一脸难过。我心里想，游戏里东西丢就丢了呗。但看她的神色，是真的难过。

我问了缘由，原来，这对她来说不是丢了翅膀这么简单，是丢了和朋友们一起玩的资格。所以，她决定当天要把丢的装备打回来，而且需要专心致志地打，不被打扰。于是，我为了不打搅她打游戏，一下午都没有出声。

终于，她把装备都打回来了，一脸高兴地说："别人一定觉得不可思议，我妈居然配合我打游戏。"我说："你妈不是一般的妈，是二般的妈。"

手机本身不是洪水猛兽，如何来用手机是非常重要的。我们这个互联网时代，孩子的玩耍形式，很多是通过网络来实现的。所以，我们也要与时俱进，因为现在已经是网络和数据的时代，人与人的交流离不开网络，离不开手机。

游戏选择是增加多巴胺的机会，如果选择一个游戏可以增加一些多巴胺，那么，玩好游戏很重要，结束之后也可以回顾一下，你玩的游戏是有好处的，还是只是游玩，下一步也可以正式规划。

孩子一定要有游戏的时间，就像人体需要很多的水果、肉、蔬菜、五谷杂粮等。大脑也需要不同的营养，比如专注学习的时间、游戏的时间、运动的时间、与人联结的时间、自由安排的时间、静观反思的时间、睡觉的时间等。只有营养均衡之后，人才会处于健康的状态。孩子的时间分配合理之后，才会有更好的状态。

孩子玩手机、打游戏，该怎么办？

最让家长担心焦虑的是：孩子一旦开始玩手机，就不能控制玩的时间和程度，沉迷于游戏，影响学习，也影响健康。

美国国家卫生研究院发布的一份关于"长期玩手机儿童的大脑"的研究报告显示：重度使用电子产品的儿童，大脑皮层有过早变薄的迹象，并且那些每天盯着屏幕超过2个小时的孩子，语言和推理考试表现较差。但面对手机，自律其实是一件很难的事。

我们家长可能都深有体会：一旦开始玩手机，就像打开了时间的潘多拉魔盒，感觉玩了十分钟，一看一小时已经过去了。

那究竟该怎么应对孩子玩手机上瘾这个问题呢？有没有好的方式既让孩子玩手机，又能培养孩子的自律呢？

1. 父母试着放下自己的担忧和恐惧

我想对于所有沉迷游戏的孩子的家长的建议是：

第一，自己首先明确，孩子玩游戏到底对你来讲意味着什么。你究竟在担心什么？很多时候，我们其实不是反对游戏和手机，而是我们内心的信念会认为，孩子打游戏就等于有一个可怕的结局。就像小时妈妈潜意识认为儿子玩游戏就等于孩子失败，孩子如果失败等于自己失败。而每个人恐惧和担心的点不一样，把最深的恐惧探索清楚，看待孩子玩游戏这件事情的态度也就会不一样。

一码归一码，别让自己的情绪混淆了问题的真相。

第二，怀着好奇，去了解你的孩子为什么玩手机。不要一看到孩子玩手机马上就开始指责，甚至动手抢手机、砸手机，而是真的去了解孩子玩手机背后的需求是什么。有的孩子其实是学习压力太大了，玩手机只是为了给自己一个缓冲。看起来玩手机的时间很多，其实玩手机的时间使用分配挺合适，他有时是在网上跟同学交流，有时在手机上做作业，偶尔才玩游戏，并不是妈妈眼里的一拿手机就等于在玩游戏。

第三，管理好自己的情绪，把自己调整到平静的状态下，再去跟孩子交流。家长遇到搅扰事件的时候，首先要知道，自己是在"本能"的路上，还是在"创建"的路上。如果在"本能"的路上，就是对抗、逃避和僵住。在这种状态下，家长跟孩子的交流通道是阻塞的。就像小时这个案例，表面是孩子玩手机的事，其实是家长内心的恐惧与担忧。小时妈看到儿子拿手机，就开始对抗，想立刻制止，结果导致小时的对抗。你对抗我对抗，母子之间不可能再有更多的交流，两人的情绪都不好。孩子情绪不好，也没法学习。父母遇到这种情况，首先要让自己静下来，彻底平静下来，平静之后再说话。否则，你的话也会激发孩子的不满，引发更多困扰。

手机从来不是问题，核心的是家长如何来看待手机以及手机激发了家长的什么情绪。对家长来说，最重要的是把自己的情绪管理好。当家长不被恐惧困扰的时候，才能够帮助孩子想办法解决问题。家长如何化解自己的情绪，在我的《不完美，才美II：情绪决定命运》书里有情绪梳理七步法的详细介绍，大家可以回顾。

第四，把手机和游戏变成孩子成长中的助力。无数案例证明：给孩子来硬的，绝对是得不偿失，最终是孩子和家长两败俱伤。孩子的成长需要父母的帮助和引导。其实，游戏或者手机可以是孩子成长中的资源、成长的助力。在幸福家，通过养成合理玩手机的习惯，孩子会更加独立，更加自我负责。

我有一个来自悉尼的国际践行生明明，她的儿子从六年级开始玩游戏，每天都打，一直玩到现在大学二年级。刚开始，明明也是"严防死守不让孩子玩游戏"，但是一点用都没有，妈妈和儿子相互不待见。开始学习成长后，明明把游戏当成了孩子的资源，以此来锻炼孩子自我负责的能力。当孩子玩游戏时，她放下焦虑和害怕，充满了信任，甚至愿意为孩子开"游戏Party"，让孩子玩得更开心。而孩子的成绩也越来越好，到后来已经是全校第一。其间，孩子一直没有停止过玩游戏，还取得了悉尼大学举办的校际动漫游戏比赛的第一名。

孩子玩游戏并不是问题，家长面对这件事的态度和方法才是重点。很多家长对于孩子玩游戏非常焦虑、担心，可以说是谈游戏色变。玩游戏本身没有问题，在这个过程中如何培养孩子自我负责，如何平衡好娱乐和学习，才是最重要的。

孩子玩游戏可以，时间得自己挣

我认为，孩子玩游戏想玩多久就可以玩多久，但前提是玩游戏的时间必须自己去挣，挣多少玩多少。通过为自己挣得游戏时间，让孩子明白，得到自己喜欢的东西、做自己想做的事情，不得不经历一些努力甚至是艰辛。

怎么挣得游戏的时间呢？父母可以和孩子一起商议，制定合约。对小时妈来讲，儿子每玩一分钟手机，她总觉得像玩了一年的感受，因为内心有很多的担忧和恐惧，所以会不停地唠叨。我提议接下来，做一个周一到周日的时间表贴在冰箱上，什么时间做什么事互相约定，达成共识。这样妈妈就知道大概小时什么时间在干什么事情，有了确定感，心里也会踏实，也就不会唠叨了。小时答应和妈妈一起制定时间表。

周一到周五的安排如下：

21点：放学回家。

21点30分：吃加餐，休息一下，随便看点书，和打游戏的同学聊聊天。

21点50分：用手机登一下游戏，10分钟的时间把所有游戏都看一遍。到游戏里领点东西，准备星期六到星期天再玩游戏。

周六和周日的安排如下：

7～8点：起床，给妈妈做饭，一起吃饭。

8～9点：看会儿书，看下手机，玩一会儿。

9～12点：上自习课。

13～15点：吃午饭，玩一个小时游戏。

15～16点：看书，写作业。

16～17点：吃饭。

周六17点以后：上跆拳道课，然后回家自己安排时间，比如看场电影等。

周日17点～20点15分：上学校里的自习课。

我认为这个日程安排挺合理的，小时妈也认同这样的安排。其实所有害怕孩子提过分要求的妈妈们，都不用担心。因为把决策权交给孩子的时候，孩子都非常自觉，不会提过分的要求。

对于母子俩的情绪管理，小时也制定了规则：他用手机时，妈妈每唠叨一次，就增加两分钟游戏时间。他冲妈妈发火一次，扣十分钟游戏时间。

我还交给小时一个任务：不光管好自己的学习，也要参与家庭事务。比如爸爸的情绪不稳定，15岁的小时不能坐视不管，需要帮助妈妈一起来处理，以爷们儿对爷们儿的沟通交流方式。他每管理好爸爸的情绪一次，可以挣30分钟的游戏时间。

小时希望妈妈不要管那么多，给他更多的自由，这样他就会给妈妈打9.5分。小时说："家长只需要管那些应该管的，剩下的交给孩子。"

梳理结束后，小时妈说："我要放下家人对我的影响，放下内心的恐惧，坚持践行，成长自己。"

如何跟孩子制定行为规则和奖惩制度，每个家庭可以根据自己的具体情况来定。规则制定好后，不要期待孩子一步到位。如果没有到位，可以问问孩子为什么没有做到，需要什么支持，帮孩子一起克服具体问题。一个行为的形成，一般需要半年的时间，一到两年才会形成一个比较固定的行为习惯。

1. 帮助孩子点燃自己的梦想

小时所在学校全年级有450名学生，他排名357，小时的近期目标是：期末考试进入前300名。小时并非所有科目的成绩都不好，只是英语和物理成绩不好，其他学科还是很不错的，语文和数学满分150分，他都能考100分以上。

当孩子被尊重和信任后，他自己会有很多的动力去学习，还可以继续激发学习的热情。小时的梦想是当职业选手或游戏主播。而当下他最大的障碍是英语和物理，如何来帮助他找到资源来跨越这个卡点，这是我们的方向。

我问他："你最喜欢的游戏是在哪个国家开发的？"

小时："美国。"

我说："那么，英语是游戏开发中重要的部分，一些核心的技术和能力都离不开英语。英语是扩展视野和能力的工具，如果英语不好等于高速路都上不去，是不是？"

每个人都会为了自己的梦想和喜好去努力。父母引导孩子自己去筹划，判断，学会对结果负责。

小时很快意识到要想成为游戏主播，就得认真学英语。所以，他对英语的学习热情提高了。这样其实是帮助孩子启动了成就系统，这个系统激活的时候，孩子通常希望通过努力能够实现自己的目标。

一个人做事儿和驱动力有关，而每个人都有三个动机系统：安全系统、成就系统、关爱系统。

安全系统是最古老、最基础的系统，也是和安全直接相关的系统。人类本能对安全非常敏感，现在生死威胁很少，但被批评、被指责、被打骂，也是一种威胁。如果我们激发孩子愤怒、焦虑、厌恶和害怕的时候，孩子的本能就是对抗、逃跑和僵住。所以，当孩子不听话，烦躁愤怒的时候，他的威胁系统已经被激发，就不在学习的状态了。

成就系统主要是一个有驱动力的、充满兴奋和活力的系统。这个系统激活的时候，我们通常希望通过努力能够实现某个目标，实现某种成就。

在这个系统的驱动下，我们会寻找食物、寻找性的伴侣、寻找住所；我们希望自己能够表现得好，希望对自己满意，希望有所成就，能够成功。

关爱系统是让我们感到与人亲近和联结的动机系统。父母本能有想要去照顾孩子的这种愿望。

跟小时妈妈一样，手机、iPad、电子游戏堪称家长眼中的"洪水猛兽"。孩子一拿起手机、iPad，顿时两眼放光，家长的感受却是"狼来了"。基本上，每一位家长迟早都需要面对"孩子玩手机"的问题。

其实，作为家长：完全禁止孩子玩手机，是绝对不可能的事情。手机是时代的产物，孩子正好生活在这个时代，我们无法把他们与时代割裂开来。

我想说，不要视游戏为豺狼虎豹，避之不及。要知道时代已经不同了，现在已经是电子时代了，学习的主要方式几乎全都是电子产品。而游戏给我们带来了很多的创造性，是孩子学习分析问题、判断问题、解决问题的途径。

同时，孩子玩游戏的过程也是孩子放松自己的过程，人际交往的过程。父母需要做的是如何正确地引导孩子玩游戏，把游戏变成一种资源，变成培养孩子各项能力的工具和手段。

"865"分析：学会爱的五种语言，创建幸福的关系

在这个案例中，我们看到小时妈妈在教养孩子的路上十分孤独，这也是很多家庭很多妈妈共同的感受。

那究竟怎么才能让更多的家长走出孤独，让自己和家人都能越来越幸福呢？小时和妈妈之间，小时妈妈和爸爸之间以及小时与爸爸之间由于手机的问题，关系剑拔弩张，从"865"体系的八项能力来评估，我建议他们把更多的时间精力放在创建关系

上，而不是总是去解决问题，不要以为儿子不玩手机了，问题就解决了，要跳出解决问题的逻辑，养成一种创建关系的逻辑。

每一个家长，每一个家庭都需要去创建关系，那么究竟该怎么去创建关系呢？

每个孩子都有自己喜欢并擅长的地方，作为父母，不能要求他成为全才，而是要让他在那个领域做最好的自己。我想很多父母培养孩子的目标是想让孩子独立自主、自食其力、幸福快乐。

积极心理学家马丁·塞利格曼在《持续的幸福》（*Flourish: A Visionary New Understanding of Happiness and Well-being*）一书中提出，决定一个人一生成功、幸福和快乐核心的五个要素是：感官愉悦、成就感、发现自己的喜欢并擅长的事情、持久的亲密关系和帮助他人。

第一，感官愉悦。购物、旅游、打游戏和享受美食，这些都能给我们带来即刻的快乐。不过要注意，感官愉悦能给我们带来即刻的快乐，但是不能持久。比如，一个人特别喜欢吃红烧肉，吃几块挺香，如果一下吃一锅，可能就会感觉恶心了。

第二，成就感。比如说，考上大学、升官发财等。可以问问自己，当年拿到大学录取通知书，或者升了官儿的时候，高兴了多长时间？其实也是比较短的。这种愉悦持续的时间也不长，最多几个月。

第三，发现自己的喜欢和擅长的事。我们一天8小时在工作，如果能够做一件自己喜欢擅长的事儿，人生幸福就有保障了，这是最最核心的。培养孩子，最重要的是在这里努力。对于专注力，家长也有一个误区，千方百计让孩子去培养专注力。一个人什么时候最专注？就是在做他热爱并擅长的事的时候，不用要求，他都会很专注。培养孩子专注力，就是帮助孩子发现他热爱与擅长的事。而且，这件事他做得好的话，收入也就不是问题。每天有8小时工作时间，如果能做自己热爱和擅长的事，人生的幸福就有了。所以，对于家长来说，培养孩子的核心不是成绩，而是帮助孩子发现他的热爱和擅长，帮助他实现梦想。

第四，持久的亲密关系。困扰我们最多的是亲密关系，亲密关系是和爱人的关系和孩子的关系和父母的关系。建立跟孩子持久的、深厚的关系，在他失败的时候、失落的时候、犯错误的时候，我们做一个托底的人，帮着孩子很快恢复，继续实现他的梦想。和自己的关系也非常重要，当世界上没有人相信你、支持你的时候，你也能够支持自己，这个是需要父母来做榜样的，也是人生感到幸福的核心部分。

第五，帮助他人。助人是很快乐的，可以感到安全和成就感。现在社会是需要合作的，助人是最重要的安全保障。

喜欢和擅长、持久亲密的关系或帮助他人都有一个共同的特点，只要你不断耕耘，能力就会越来越增加，这个幸福是持久的。

耗费85年，哈佛最长研究发现：幸福快乐的终极秘诀只有一个，那就是良好的关系。推荐大家看罗伯特·瓦尔丁格（Robert Waldinger）所撰写的《美好生活》（*The good life*）一书。

是的，好的关系，是幸福长久的必经之路。那怎么才能拥有良好的关系呢？美国心理学家盖瑞·查普曼（Gary Chapman）发现，人有五种爱的密码，又叫作爱的五种语言：

（1）肯定赞美；（2）彼此相伴；（3）帮助做事；（4）赠送礼物；（5）身体接触。

每一个人对于爱的感受基本来源于这五种。

那如何了解自己和对方的爱的密码呢？非常简单，方法如下：

（1）首先列举出十个你感到非常幸福、感受到爱的场景；

（2）对照五个密码，排出第一、第二、第三、第四、第五的顺序；

（3）然后问爱人和孩子："我做的什么事情或说的什么话让你觉得感动，让你感受到被爱的感觉？"也列出十项来，分类排序。

我们就可以知道彼此需要什么，用对方喜欢的方式去爱。如果你知道他爱你的方式是为你做事情，而你需要的是赞美和肯定，你要告诉对方，最需要的方式是赞美和肯定，但同时也要学会用一双能够透视的眼睛去发现他表达爱的方式，多开发一下自己感受爱的通道，不是只用自己习惯的方式去感受，感受不到就断定是不爱。你要提醒自己，他爱你的方式有好多种，可能不是你最喜欢的那一种，但那也是爱的一种。

知道了自己和爱人以及孩子爱的密码，创建幸福的关系就更容易了。

1. 创建和自己的关系

游戏也是很多家庭亲子关系的炸药桶，时常被引爆，家长孩子两败俱伤。小时妈妈见不得儿子玩手机的背后是因为害怕老公看不起，害怕儿子因为玩手机只能去读职高，跟自己一样很失败，会被老公看不起，而且，因为玩手机，小时不愿意和父母交流，已经变得无话可说。而小时对妈妈的管控很反感，更是抓住一切机会玩手机。

其实小时妈妈最需要梳理和卸载的是因为儿子玩手机而激发的恐惧，有力量面对小时爸爸的指责，以及从儿子没有管教好自己就很失败的诅咒中走出来。妈妈能够帮助小时自己管理玩游戏的时间、合理利用手机，会助梦孩子，也会给家庭带来欢乐。

很多的父母尤其是妈妈们为了孩子操碎了心，但费力不讨好，心中充满委屈、抱怨。我问过孩子最喜欢爸爸妈妈的是什么，答案最多的是：希望看到妈妈的笑脸。

有很多父母会问：我如何才能爱自己？可以根据上面爱的密码来找到自己感受爱与被爱的密码？然后可以先从以下六点做起：

（1）把自己作为爱自己的第一负责人，不期待任何其他人。

（2）倾听身体的指令，按时睡觉、吃饭、运动。

（3）学会梳理调节自己的情绪。

（4）让自己沉浸在自然中，哪怕是一盆花，一片树林。

（5）不讨好任何人。

（6）只做利人利己的事。

一个不懂得爱自己的人，不可能给予别人真正的爱。自己是空的，没有东西可以给他人。自以为为了别人牺牲自己，爱孩子、爱老公超过爱自己，这其实是一种变相的勒索和绑架。证据是：得不到回馈的时候，会感到伤心愤懑。真正的爱是对回报没有期待的，所以不会伤心怨恨。

聪明的妈妈，都懂得爱自己，不是全部扑在老公孩子身上，而是留出一些时间给自己充充电，充一些爱。

爱自己不等于自私。自私的人，会通过利用或侵犯他人获得利益，很惹人烦；自爱的人，懂得体贴、关怀自己，常常能自娱自乐，不麻烦别人。与自爱的人在一起，感到轻松愉快。

妈妈活好了，孩子才能幸福快乐，妈妈的一言一行，对孩子都是滋养。作为一位妈妈，爱自己和爱孩子并不是南辕北辙的两个方向，而是相互促进，互相成就。

解决孩子的问题，实际上是解决我们自己的问题。当我们自己如果活成了榜样的话，其实孩子面对的很多问题会迎刃而解。学习应该是孩子特别享受的一件事。当我们跟孩子关系变好，就没别的事干了，他就想着学习了。学习和成绩的事，应该是孩子的事，不是父母的事。父母只负责地爱他，让他在家里面轻松快乐地生活，成为孩子的助梦人。

2. 创建和爱人的关系

在爱自己的基础上，不如花时间去创建和爱人的关系，只有父母关系和谐，孩子的港湾才能安定。我问孩子们，什么使你的学习成绩下降？答案最多的是：爸爸妈妈吵架打架。

我曾问女儿什么时候最幸福？她说："最幸福的时候就是爸爸妈妈和我在一起的时候。爸妈不在的时候，房子只是房子，不是家。一家人都在一起的时候，房子才是家。妈妈爸爸都不在，或只有妈妈或爸爸在的时候，那也不叫家，只是个遮风挡雨的地方。"对孩子来讲最重要的不是房子里有没有贵重的东西，而是房子里有谁，在一起干什么。太多的家长忙着赚钱，忙着争吵，离幸福越来越远。我女儿的这段话很触动我，孩子有她独特的感受和视角，家是全家人都在一起的地方。

对孩子最好的教育和爱，不是送他参加什么学习班，训练什么技能。对妈妈来说，对孩子最好的教育是爱他的爸爸；对爸爸来说，是爱他的妈妈。没有一种功课比爱更重要，没有一种能力比爱的能力更重要。这种能力很难在课堂上学习，是在家里学到的，身教重于言教。孩子看你怎么做，不是听你怎么说。

一个9岁男孩对妈妈说："看到你和爸爸相爱，我感到很温暖，最重要的是我有安全感了。"安全感是孩子的最基本需求，在感到安全的基础上，孩子才有可能用心学习，身体健康，心情快乐。对孩子最好的教育不是送孩子学各种各样的课，是夫妻彼此相爱，创建一个没有争吵的温暖的家庭环境。孩子眼中温暖的家庭是每天全家人一起共进晚餐，一起谈笑，游戏，不是睡觉了还见不到父母的身影，起床后发现父母早不见了踪影。

孩子需要的是家，不是房子！许多父母把绝大多数时间和精力放在赚钱买房子，剩下的时间送孩子参加各种学习班，再剩下的时间用来说教、指责、要求和批评孩子，或给孩子买东西来弥补愧疚和亏欠。孩子真正需要的是一个家，一个全家人一起吃饭、一起玩耍、一起谈笑充满温暖和爱的家。

3. 创建和孩子的关系

要想管教孩子，先要和孩子的关系搞好。你和孩子的关系决定了孩子会不会听你的、听多少。在管教孩子之前先问问自己，如果和孩子关系用十分来衡量，你和孩子关系在几分？如果低于8分，先爱，再去管教，否则白费工夫。

我常常每隔一到两个星期，问女儿这样一个问题：给妈妈打一个分，0分是妈妈做得非常不好，10分是非常满意，你给妈妈打几分？女儿如果说7分，我就问女儿那怎样能做一个10分的妈妈，孩子会准确地告诉我需要怎么做。以孩子喜欢和需要的方式去爱他，就容易亲近他。

如果你想让你的孩子有自信、有力量应对他人和外界的环境，就爱他，也就是和颜悦色、柔声细语、亲吻拥抱，陪伴左右，不是买衣服、买房、买车；不是忙得常常见不到身影；不是看着手机，打着电话，无视他就在身边。孩子抵御欺凌的能力源于你对他爱了多少。

我女儿出生的第一年，我做了一年的全职妈妈在家带孩子，比上班还要忙还要累，关键是自己和别人都看不到什么明显成果，不过我不后悔，因为对孩子来说，3岁前与父母建立健康的关系极其重要。回想全职陪伴女儿一年，我有许多幸福、快乐和心中的踏实。没有付出就没有收获，但是世界上没有任何一件事比培养一个健康幸福的孩子，更值得投入时间、精力和资源！孩子的成长和幸福的笑脸，带来的是唯一的无可替代的幸福，这种幸福持久芬芳！

作为父母，我们最需要做的就是一起把家营造成自己、爱人和孩子一出门就想回来的地方，让自己、爱人和孩子在家里感到无比温暖，一想到就会露出笑容的地方。

4. 帮助孩子创建和老师、同学的关系

除了家庭关系，孩子跟老师、同学的关系也非常重要。

2008年汶川地震后，我担任"5·12心灵守望计划"的总督导，我们举家迁往灾区，我女儿八九岁的时候跟我们一起去了汶川，在那边待了三年。她去了以后，在一个安置棚里上学，学校的房都倒塌了。因为她不会说四川话，也听不懂四川话，没有朋友，也没有任何娱乐项目，所以变得非常孤单，我们开始帮她想办法。机会来了，万圣节快到了，女儿特别期待这个节日，我们就鼓励她来设计整个节日的party，她欣然接受，先列了一个清单，自己设计了邀请函，然后跟她爸爸去买南瓜，还成功订了火鸡（因为我们在德阳的地方，很难订到火鸡）。

我提前跟她们班主任沟通，能不能赶上在家长会的时候，邀请所有的家长和同学来参加万圣节的晚会。

节日当天，全班的孩子和家长都来了，我女儿一下子和班里面所有的小孩都认识了。她还给小朋友分享如何化妆，小朋友们都很喜欢她。我也主动去认识了一些家长，希望他们经常带着孩子一块到家里来做客，如果忙的话，非常欢迎他们把孩子放在我家里。

很多家长非常高兴，后来我们经常周末早上这跑一家，那跑一家，去接孩子来家里玩儿。我和爱人在孩子身上花的时间是

非常多的，但绝不是去送各种各样的补习班。我认为花工夫花时间花钱请小孩来家里一起玩儿，带着女儿和她的朋友一起去旅行，这样的投入是非常重要的。看着女儿和她的朋友一起创造游戏、嬉戏打闹、挑逗争辩开心的样子，我也感到非常满足。心想这该是孩子们的常态，这种开心和快乐，与人交往的能力不会在听课、写作业和上补习班中获得，是在和同学、朋友的玩耍中获得。

有一个小故事让我印象很深刻，我女儿有一段时间很喜欢玩游戏——摩尔庄园。

我说："你可以玩摩尔庄园，想玩多长时间就玩多长时间，但这个时间你得自己挣。怎么挣呢？你在学校夸奖一个同学，挣5分钟摩尔庄园的时间；帮助一个同学，挣10分钟摩尔庄园的时间；如果你夸奖老师的话，挣10分钟，帮助老师是挣20分钟。"

夸奖同学，跟同学玩，帮助老师，夸奖老师，这样她不就跟老师和同学都有联结了吗？刚开始她不好意思，但她知道不做玩游戏的时间就没有了，而她又很想玩摩尔庄园，所以开始去尝试。后来她还写了一篇题为《感谢老师的一天》的作文，得了很高的分，老师给我打电话表扬她。其实一个老师喜欢的不一定是成绩最好的孩子，也可能是乖巧的、愿意帮助别人的孩子，或喜欢习惯好、品行好的孩子。

许多家长觉得和老师搞好关系的关键是给老师送礼。我女儿从上小学到大学毕业，我从来没有给老师送过任何礼物。我认为给老师最好的礼物是：一个帮助老师帮助同学、不给老师和同惹麻烦、认真努力学习的孩子。其他的都是误导孩子远离自我负责，是你自己对不良风气的自我投射。

用爱、感恩去发现美好，创建幸福

创建幸福核心的三点就是去发现美好，去感恩，去爱，让爱流动起来。

对孩子来说，最重要的是能感受到多少爱，任何时候都不要忘记给予孩子爱。对孩子来说，最重要的不是上补习班、买各种名牌东西、讲道理，更不是你认为爱了多少、给予了多少爱，而是孩子能感受到多少爱。一个孩子没有学习动力、不听话、经常生病、闷闷不乐、常与人发生冲突，是爱缺乏的表现。

爱需要流动，需要表达，需要行动，藏在心里孩子怎么能感到呢？

我每天需要处理的事情非常多。有一天一早起来，我就一直忙碌，头都没抬。女儿大概发现了我的专注和紧锁的眉头。她走过来，轻声地对我说："妈妈，我给你点能量。"然后抱着我一顿亲，温柔的小脸贴在我的脸上触摸着，软软的、暖暖的，别说，我果然立刻感到能量大增。

随后我们娘俩外出散步。我问女儿是否知道生养女儿的好处，女儿眼睛亮晶晶的，期待地问："有什么好处？"能看得出来，她对我的答案充满兴趣，我如数家珍般地一一细数。

第一，你是我一生最大的成果。我一生勤奋努力，取得了一些成果。但所有的成果都比不上做你的妈妈。

第二，你成就了我童年的梦想。我从发现自己怀孕开始就非常高兴。直觉的感受是女儿，确定后就更开心了。因为我从自己6岁的时候就梦想期待自己做一个女儿的妈妈。你帮妈妈实现了这个梦想。

第三，你拓宽了我的视野和格局。让我深切地了解和理解了天下所有的母亲的艰难和不容易。养大一个孩子不仅仅是衣食住行，其间有太多的母子连心的恐惧、担忧、悲伤、欢喜和温馨。

第四，你是妈妈源源不断的快乐源泉。从你出生一直到现在，想到你就有满心的喜悦和快乐、看到你就是满眼的美好。

第五，你触发了妈妈爱的泉眼。没有你，妈妈就无法知道什么是无条件的爱，什么是包容，什么是接纳，什么是恒久忍耐，什么是甘心情愿，什么是痛彻心扉，什么是永不厌倦，什么是温暖如初，什么是深入骨髓的爱。

第六，你是妈妈的镜子。在许许多多不经意的时候，就会显露出妈妈所说所做的一切。提醒妈妈需要不断成长，成为你真正的榜样。

第七，你是妈妈的知己。无论你长多大，都可以一直和妈妈搂搂抱抱、亲亲，牵手散步、亲密无间。

第八，你是妈妈的爱恋。有首歌说，你的一切一切锁着我的爱恋，用在你身上最合适不过了。

今天就先数到这儿了，以后接着数。女儿脸上满满的笑意，泛着被滋养的光晕。当我表达完我的感恩，内心也很甘甜。

有一次我和女儿谈到了世界上人与人之间的平等问题，女儿说："不管是什么肤色、什么国家、什么信仰、什么性别的人都需要被平等对待。"

看到世界上很多孩子，出生后不久因为贫困、战争离开了这个世界，也有非常多的孩子生活在饥饿、恐惧和战争中，随时都有失去生命的危险，女儿潸然泪下，我问她为什么流泪？她说："太多的人生活在不幸之中，我希望能为改变人与人之间的不平等努力做些事情。同时我也深深知道，我是多么幸运！"听了女儿的话，我心中充满感动的泪水。这个世界对人核心的教育应该是爱与关怀。如果说，我在教育女儿上有值得骄傲的地方，那就是我感受到了她对世界充满关怀，充满爱。从她拍的照片，还看到了她对自然界美好事物的关注。做妈妈的，有比这样的发现更欣慰的吗？我真的发自内心想说："宝贝，妈妈非常非常爱你！不仅爱，还有越来越多的欣赏和钦佩。"

在我的眼中，看自己的生命，是一场慢慢觉醒，不断靠近和成为宁静和谐，自由快乐，热情希望，充满爱、智慧和力量的旅程。生命核心的本质回到爱中，爱可以穿越时空。人生会有各种危机、坎坷和痛苦，人间最后长长久久留下的只有爱、善意和温暖。不管世事如何变迁，让我们一起成为温暖、善意和爱的源头。

案例追踪：现在的小时和妈妈还会因为手机和游戏抓狂吗？

小时和妈妈梳理后怎么样呢？这是小时妈妈的分享：

特别感恩老师能为我们做梳理，我的变化就是恐惧减少了，不会因为儿子玩手机而产生恐惧，也不会因为爱人的情绪而产生恐惧，这是对我最大最大的一份帮助。

小时这次期末考试考了405名（初二总共450名学生），还不太理想。但我让他去图书馆做义工了，告诉他要我帮忙就提出来。我在尝试让他自主做选择，允许他在青春期试错，自己做主，自我负责。

小时明白了情绪的重要。现在小时的情绪控制变得更有弹性了，周内打游戏时间减少到两个小时了，周末总共用手机的时间从原先的十几个小时到现在不超过6小时了，他也很遵守我们共同制定的规则。

之前，我看见孩子玩手机，一开始有一点不耐烦，之后会忍不住发火。如果跟他说话，他不听，我就会对他动手，或自己发脾气。

我担心孩子爸爸会怪我没有把儿子教好，担心小时和他爸爸的关系像他爸爸与爷爷的互动模式，担心孩子爸爸的身体受到影响导致家里经济变化。所以，我对小时很严厉，现在明白其实是我把我的恐惧转嫁到儿子身上，这样儿子也不舒服，儿子也和我更有距离。

我看见他玩游戏，基本上不打扰他，能控制住自己的情绪。我只有更多地学习和创建，才能让自己有好的状态。同时，我尝试和儿子沟通，换一种更能理解他的方式，让他接收到爱。

我也找到了儿子爱打游戏的原因，我与先生之间沟通不畅，关系不好。我先生是在离异家庭长大的，特别没安全感，不自信。所以，他对孩子的期待很高，而儿子和我的表现都平平，他很失望。而我脾气大，对自己也不认可，比较较真，常常争输赢对错，家里弄得乌烟瘴气。也因为这样的家庭环境，儿子就爱玩手机，在网上找开心。

特别感恩老师让我看到我对儿子的压迫，儿子的倔强、对抗是因为我们家的语言暴力和行为暴力。儿子的种种都是告诉我他需要爱，他需要被鼓励，他需要被看到。我现在才知道我只有改变对孩子的行为，才可以让孩子的行为有改善；我也明白了无论发生什么，先处理情绪，再处理事情。

我现在不去过多地管孩子，以尊重孩子的建议为主。孩子现在要的是自主自由，我没有更多地干涉他，也让他在玩手机的过程中管理自己的兴趣，管理时间，孩子还是比较听话，比较懂事的，在我心目中他是特别好的一个孩子，会理解妈妈，会理解爸爸。我现在更多的都是尽量地夸他，看见他的好，去赋能他。

老师身上的那份温柔、宽容、包容、接纳让我感受到被爱的感觉。我一次又一次回看课程视频，每次都能感受到爱的流淌。

两年后，我们又收到小时妈妈的反馈：

儿子现在高一了，更加懂事，更加开心了，他很喜欢摄影，也喜欢主动帮同学做一些服务，一上高一被选进了广播站。我们的亲子关系也更轻松一些了，因为我发现所有的关系都是我允许了自己，我才能更多地允许孩子，看见孩子，能理解孩子的不容易，也理解自己的不容易，在这个过程当中，滋养好了自己，爱好了自己，才能更多地给予孩子。相当于我是一个水池，我对自己的爱输入得越多，我对孩子输出的爱也就更多。经过两年的时间，我和孩子爸爸的关系也有了变化，之前感受到他的无力，冷漠，我受不了他的冷漠，互相怨恨，我对自己也有很多埋怨。现在夫妻关系从严冬有一些变化了，在慢慢回春。

我在做好自己的事。做好女人的本职真能改变一个家。感恩老师的引导，让我知道女人的自给自足，自我负责做好了，做到了，家里会带来的变化及影响更直接、更高效。真的是我痛苦我先改变。我主动，我会随着成长收获更多礼物。

一路走来的学习，让我也培养了很多自己的爱好，能随性即兴地写小诗，认识更多心胸宽阔的好朋友，有了更宽阔的心胸，对自己的包容历练、觉察能力及包容滋养自己的能力有了很大提升。我知道先把自己养好，相信自己是一颗爱的种子，我爱自己，我爱身边人，爱就会传递出去。

Part

孩子的养育与家庭的系统

家庭教育从来不是孩子的功课，
而是父母的修行

第一章　养育孩子，你是哪一种类型？

养育孩子的四种类型

我家院子里常常有各种各样的鸟儿在那里跳来跳去，让人非常喜欢，我一直心心念念想吸引蓝鸟到我家来，有一天我看到一个大家评价都非常好的鸟笼子，据说可以吸引到蓝鸟，我就欢欢喜喜地订了鸟笼。笼子到了以后我一看却心生抵触，因为需要安装，看到一片一片的零件、螺丝、螺帽，还有安装图示，脑子嗡的一下蒙了，我最害怕看安装图了，此时此刻，我非常想念女儿，她可以不费吹灰之力很快就会装好，可她要一个多星期才能回来，我着急啊，等不了那么久，所以硬着头皮自己装，一边装一边想：这个造鸟笼公司也太差劲了，搞得这么复杂，这个鸟笼的质量也太差了，零件对都对不上。弄了好一会儿，终于搞清楚了，其实人家设计相当不错，而且质量也很好，根本不是鸟笼安装的问题，是我这方面水平太差。于是我想到了人的本能：不遂己愿的时候，首先的反应就是对抗，找别人的不是，而很多时候其实都是自己的问题：自己的无知，自己没有经验，自己的无能。

当不顺利和困难发生的时候，人的本能反应除了对抗还有就是逃避或僵住（陷入其中），而所有这些反应会使自己陷入情绪之中，无法看清事实真相，更无法用有效的方法使我们从麻烦和痛苦中出来，很多时候是雪上加霜、痛中添痛，乱上加乱。

人的本能模式无处不在，在和孩子相处尤其是发生矛盾时，比如孩子打游戏、不认真学习、磨蹭拖拉、跟你顶嘴的时候，一般都是四种自动化反应：

（1）对抗型：表现为愤怒攻击的状态。很想去控制孩子，甚至用打骂吼的方式让他听话。

糖糖考差了回到家继续打游戏，爸爸心里非常恼火，但忍住了，奶奶喊糖糖吃饭，他假装没有听见，爸爸再也忍不住，训斥了他几句，糖糖当然也不服气，爸爸怒火中烧，痛揍了儿子一顿，之前本来父子关系就剑拔弩张，这一揍，父子关系彻底决裂。

（2）逃避型：表现为回避远离的状态。一想到管教孩子，心中感到恐惧害怕，害怕和孩子起冲突，害怕家里人责备自己教子无方。反正也管不了，干脆不管了。

小苏最受不了儿子哭，但儿子偏偏一碰到事第一反应就是哭，她一听到儿子的哭声就心烦意乱，感觉头都要炸了，当她赶到"事故现场"，无论儿子哭多久，哭声多么凄惨，她都选择逃跑，做一个别人眼中"冷漠"的妈妈。

（3）陷入型：表现为无力无助、陷入其中的状态。对孩子种种行为无计可施，常常感到无能为力，心力交瘁。

田洁是一位律师，在职场非常能干，但作为妈妈她感到非常挫败，我见到她的时候，她9岁的女儿对妈妈又踢又打，我能够深切地感受到她的无助，打也不是，骂也不是，被一种深深的无力感包围。

人为什么会有这样的本能模式呢？因为我们的身体有危险防御系统，当意识到危险来临时，身体会采取对抗、逃跑或者僵住，这种反应叫作本能模式。

（4）真我型：表现为一种坚定有爱、平静温暖的状态。对孩子做到和颜悦色、柔声细语，孩子有什么错误，都不发火、控制，也不感到束手无策，不是逃避问题，而是积极想办法，去创建，带着善意，带着爱，带着感恩去创造与孩子有关的一切。

父母在处理孩子各种各样的问题中，可能会因为问题不同，处理的方式不同。父母可能属于对抗型、逃避型、陷入型或真我型，无论哪种类型，先了解自己，也许停下来进行思考，然后再看看怎么做更合适。我们在不断地完善自我中，总会慢慢地得出自己和孩子都喜欢的方式。

如何将本能变成本事？

真我型——坚定有爱、平静温暖的状态不可能百分百做到，但保持觉知，清楚知道自己在什么状态，就不会轻易被搅扰，就知道如何应对。

当孩子的行为不符合你的意愿和期待时，感到不舒服，生气和失望非常正常。

你的应对是收获亲子关系的成长，还是被痛苦紧紧困扰，也许有的事是搅扰，有的事却是收获。

本能的反应，对抗逃避或陷入其中，另一个反应叫本事，是通往自由和快乐的本事。需要我们一次次践行，具体怎么践行？我发现最有效的方式是这样的：

（1）发现自己对孩子有情绪的时候先停下来。

（2）觉察自己在什么状态：

是愤怒攻击？

是回避远离？

是陷入其中？

还是坚定有爱？

（3）再看看孩子在什么状态？

（4）如果在平静温暖、坚定有爱的状态可以去管教孩子，如果不是，最好的方式就是闭嘴停下，让自己从本能模式转换到真我模式。

（5）怀着好奇，问孩子为什么这么想，为什么这么做？

（6）问自己，我能改变的是什么，不能改变的是什么？改变能改变的，接纳不能改变的。

一切在这个方向之外的努力，都会进入恶性循环，损人不利己。结果也就像陷入沼泽地的人，越挣扎陷入得越深。矛盾、冲突、痛苦、失望、疲惫不堪，甚至绝望是自然的结果。怎么选择你来做决定，经由选择的生命，生命活长活短都和自己相关。

教育是什么，教育就是点亮心灯。家庭教育从来不是孩子的功课，而是父母的修行。当我们懂得了尊重，懂得了孩子，懂得了润物细无声，就懂得了教育。

第二章 家庭系统观：从点线面上解决问题

9岁的孩子让家里鸡飞狗跳

我见到小文的时候，她愁容满面，忧心忡忡，问及原因，小文又愤怒又伤心地说："他们全家人都欺负我儿子！"他们指的是儿子星星的爸爸、爷爷和奶奶。说这句话的时候能够感受到小文就像一头随时准备战斗的母狮，时刻要扑上去保护孩子，不然儿子就会有危险，因为儿子在家里是个受气包，爸爸打，奶奶掐，爷爷嫌，小文感到非常无力，觉得在这个家待不下去了，想离婚，带着孩子离开。

听起来，很不可思议，小文和孩子都太不容易了。当然，我希望更多去了解全相。

我问星星："宝贝，你有什么困扰？你这次来希望海蓝姥姥帮你解决什么问题？"

星星："我希望爸爸对我温柔一点，不打我。"

我："多长时间打一回？"

星星："一周三四回。"

我："打得厉害吗？"

星星："厉害，打得很疼，我要跑，他拽着我，接着揍。他气消了但我还是疼。"

我："爸爸一般因为什么事情揍你？"

星星："我弹琴弹得不好，弹错几回，他就揍我，写字写错了，也要揍我。"

我："爸爸是一上来就揍你，还是怎样？"

星星："他一般先过来说我，我生气地看着他，然后他就揍我。"

我："你挨打的时候，家里其他人会是什么反应？"

星星："妈妈会来保护我。我妈要是不在，我就不敢这样看他，他也不会打我。"

我："你妈要是在的时候，你敢生气地瞪你爸，妈妈不在的时候，你就听他的了，就不挨揍了，是这样吗？"

星星："是的。"

我："妈妈在家的时候你反而挨打比较多？"

星星："对！"

我："星星，你跟爸爸的关系，你打几分？"

星星想都没想，脱口而出："0分。"

我跟星星聊天是想具体评估他挨打频次、程度和原因。比如他弹错了琴，写错了字，爸爸就说他，然后呢，他就气鼓鼓地瞪着他爸，他这一瞪，会激怒他爸，他爸就会揍他。一挨揍，他很害怕很委屈，这时妈妈一定会冲出来保护他。总之，星星经常因为弹琴和学习的各种问题跟爸爸顶撞，没少挨揍，爸爸出差不在家，是星星最开心的时刻。

9岁的孩子敢用愤怒的眼神看爸爸，肯定是有人撑腰的。我了解到家里力量核心所在是妈妈，因为爸爸从来不跟妈妈吵、不跟妈妈打。如果妈妈跟爸爸吵，都是爸爸先避开，先让步的。

我还了解到，9岁的星星常常让家里鸡飞狗跳，爷爷奶奶和爸爸谁也管不了。星星除了妈妈，根本不把任何人放在眼里，为什么呢？因为有妈妈保护。

星星根本不听爷爷奶奶的话，爷爷奶奶说往东，星星偏要往西，不让做的事情，非得干。爷爷奶奶无力管教孙子，这让教了一辈子书的二老特别惭愧。

妈妈不在家，星星比较老实，不怎么挨打，反而妈妈在的时候挨打更多，这样看起来妈妈是星星挨打的重要因素，当然，妈妈肯定不知道，一般父子起冲突的时候，妈妈冲出来只会让事情更加复杂，只会让事情更加糟糕、让夫妻矛盾加深、父子关系变差。妈妈以为在主持公道，实际上，她自己也不知道是在破坏关系。

星星最喜欢的人是妈妈，由于家里其他人都对星星无计可施，负责管教星星的重担就落在了妈妈一个人的肩上，可如今，星星和妈妈的关系到了"不谈学习母慈子孝，谈到学习鸡飞狗跳"的局面。因为星星玩手机游戏、学习成绩不好、没有时间观念等问题，常常引起家庭内部矛盾。尤其是周末和节假日，因为星星的问题，爸爸和妈妈，妈妈和爷爷奶奶的矛盾一触即发。

有一天星星弹琴时，弹错了，爸爸说："又错了，给我专心点。"星星对于爸爸的质疑与批评一般采取"勇敢"面对，直到爸爸动手，星星才会"服软"。可这一次，星星看到妈妈此时就在"案发现场"，想到妈妈肯定会第一个冲出来保护他，于是星星有恃无恐，爸爸正准备教训他，妈妈果然又一次第一时间挡在了前面，为儿子主持公道。矛盾变成了爸爸和妈妈之间的战争。

总之，爸爸在打星星的时候或是爷爷奶奶在批评星星的时候，妈妈都会第一时间扑上来，为他撑起保护伞，甚至会大喊："不要这样对他！"爸爸开始也会和妈妈吵，但在妈妈强有力的威胁下，爸爸会乖乖地听妈妈的话，无奈拿起手机进行无声抗议。

前面听起来，母子俩简直就是受害者，现在看起来，也不是那么回事儿，其实妈妈更像是家里的掌权者，星星爸爸和爷爷奶奶都要看妈妈的脸色行事。家里最有力量的是星星妈妈。

妈妈为什么要成为儿子的保护伞？

听到这里，我大概知道了他们家的整体情况。这是一个家庭关系失衡的典型案例。

妈妈是星星的"保护伞"，那么，妈妈为什么那么想保护星星呢？

我非常好奇："你为什么见不得儿子'受欺负'？为什么总是第一时间扑上去保护孩子？"

星星妈妈："老公凶儿子的时候，我就受不了。"

我："是什么让你受不了？"

星星妈妈："我看不得儿子瞪着眼睛看着爸爸啥也不说时无助无力的眼神，星星好像受了天大的委屈，这时我就会无意识地冲到孩子面前，一把搂住儿子。"

我："孩子什么情况让你最难过？"

星星妈妈："我看到儿子无助、僵住的样子就非常难过。"

说到这里，她的眼泪出来了，我知道这是妈妈的激发点，决定进一步探索了。有时候不是孩子真的受了委屈，而是自己受伤的部分出来了。

对星星妈妈来说，老公凶儿子，儿子无助的表情，最让她受不了。任何问题都是冰山一角，我意识到这后边肯定是有故事。随着交流和探索，终于揭开了真相，原来星星妈妈从儿子无助的样子照见了小时候无助的自己，究竟发生了什么呢？

星星妈妈16岁的时候，一个人在医院的走廊里，看着周围的人走来走去，她的爸爸刚刚离开这个世界，身边的人都在忙爸爸的后事，没人在意她，她躲在走廊的角落，哭不出来，也不能哭，因为妈妈已经很伤心了，爸爸的后事星星妈妈全程无知无觉，亲戚们觉得这孩子真是心狠，最爱的爸爸走了，一滴眼泪都没掉。

星星妈妈回到学校，每隔十几天，课桌里莫名其妙会发现钱和水果，后来才知道这是一个老师给的，原来这个老师是爸爸的老同学。但这种特殊照顾不仅没有让当时的星星妈妈感受到温暖，反而让她觉得自己因为没有爸爸，跟别人不一样，自己很可怜！

还有一个老师，看见她的成绩下滑，一直开导她，反复强调，希望她能有个好成绩，这样才能对得起爸爸的在天之灵。这让她倍感压力，只要没有考好就觉得对不起去世的爸爸。

本来星星妈妈就不能接受爸爸已经不在人世，还天天被老师、同学、亲戚以各种方式反复提醒她是一个没爸的可怜虫，这让她很厌恶、很自卑。在她看来，就是因为没有了爸爸，所有的人都变了，他们同情的目光都能刺痛刚刚失去爸爸的她。

不是所有的爱带来的都是安抚。有些爱太沉重了，有些爱是负担，有些爱是伤害。

更可恶的是，有邻居在家门口和妈妈说"一山不能容二虎"，爸爸英年早逝，是因为她和爸爸相克，十六七岁的她，再一次感受到深深的无助无力，没有想到自己竟然是一个诅咒！

尚未成年的星星妈妈在承受着这些本不该属于她的负担，对受到伤害这方面非常敏感。她说："我很害怕儿子像我一样受到伤害，所以我不允许任何人伤害我的孩子。"非常明显，她没有疗愈的创伤在影响着她。于是我为她做了放下过去的创伤梳理。

梳理完，星星妈妈恍然大悟，她看到了小时候的自己，在面对爸爸离世、亲人悲痛、老师同学的同情时，自己悲痛无助的表情和儿子被爸爸打骂的样子简直一模一样，所以这时冲出来保护的不仅仅是星星，还有当年的自己！她看到孩子无助的画面，其实是自己没有疗愈的伤。

从小爸爸最疼她，爸爸的离世对她来说，意味着天塌了。

这么多年，那个"小女孩"一直都在角落里，用无助无力的眼神看周围的一切，不敢走出来，因为她觉得任何一个有爸爸的人都比她高贵，比她值得。她不敢奢求别人喜欢，不敢争取想要的，不敢在人群中站出来，因为怕别人说她是个没有爸爸的孩子。

直到她结婚，有了星星，她想把所有失去的爱都补给儿子，所以她不允许任何人对星星不好，希望全家人都像她一样对星星疼爱、关心、包容。但家人的做法让她很失望，没有人像她要求的那样爱孩子，爷爷奶奶管教星星的严苛，爸爸的脾气暴躁，都能引发一场或明或暗的家庭战争。无烟的炮火让她很痛苦，再加上星星的学习成绩并不是那么优秀，学东西也没有她想象的那么快，所以她把这一切带来的痛，和对孩子的爱编制成了一把"保护伞"。

这把保护伞，在爸爸对星星发脾气的时候，在爷爷奶奶管教星星的时候，在星星目光呆滞、无助无力的时候，都会马上撑开。但是打开一把伞，会保护人，也会刺痛人，保护的是星星，刺痛的自然就是别人了。

她清晰地意识到这把"保护伞"保护儿子的同时，也在伤害着孩子的爸爸，看起来她是在保护孩子，其实也是把孩子推到了危险的境地。这些年正是因为有她的保护，星星才敢"反抗"家里所有的人！

爸爸之所以打星星，往往是因为他一直还嘴，爸爸说一句，他能有十句在等着，从而激怒爸爸！而妈妈这时的出现，无疑是再一次助长了星星的气焰，这样更加激发了爸爸的愤怒，必须揍儿子一顿才能平息怒火。

我问："你儿子挨揍很大程度上是谁造成的？"

她不好意思地说："是我。我以为我是孩子的保护神，其实我是家里的搅屎棍儿，本来人家说几句就完了，我在中间总是出幺蛾子，结果孩子仗着有人撑腰，他反而招打。"

当我们内心不带着伤痛看世界的时候，一下就不一样了。

其实，这也不能怪她，因为没有疗愈的伤口会污染周围的环境，潜移默化影响着所听、所看、所闻并被激发出来坏的情绪。有时候不是孩子真的受了委屈，而是自己受伤的部分出来了，放下伤痛多么重要。当我带领她回到16岁的时候，用智慧力量和爱解救出冰封了20年的小女孩，她就可以不再逃避或者对抗了。

曾经的伤口没有疗愈，谁碰都会疼

我的学生天蓝也有跟星星妈妈相似的感受和经历，她以前也特别害怕老公凶孩子。她回忆说："我小时候睡觉，躺在床上怎么也睡不着，总是吵，爸爸很凶，而且会威胁我说，我是捡的，那个包还在柜子里，我再吵就给装到那包里再扔了。然后我就很害怕，不敢说话，但也睡不着，就睁着眼睛僵在床上。当老公凶孩子的时候，我看到了小时候爸爸凶的那个小小的自己。"

没有一个爸爸妈妈生下来就会做爸爸妈妈，每一个爸爸妈妈在面对孩子时所表现出来的烦躁、委屈、愤怒、无助，其实都是因为自己曾经在年幼或年少时代，在他们的父母身上受到过类似的伤害，或者有过类似的体验。

还有一个案例让我印象深刻。有一位先生本本爸爸，常常因为孩子的教育问题跟太太吵架。因为每次孩子哭闹，太太受不了，会狠狠批评儿子，让儿子闭嘴，不准哭。然而，儿子会越哭越凶，太太也会更大声呵斥儿子。

这个时候爸爸看不下去了，心中升起莫名的怒火，他摔手机、砸东西。而他的行为也会进一步激怒妻子，之后他们就会有激烈的争执，甚至动手打起来。

我问本本爸爸："当你太太批评孩子的时候，对你来说意味着什么？"

本本爸爸说："她那样骂孩子，岂不是把孩子的自尊心全都打灭了，我不知道为什么，她总会有控制不了的愤怒。"

我们再往下探索发现，原来他太太批评儿子的时候，让他回想起了小时候自己被妈妈批评的场景。他的愤怒和压抑其实是一种投射，而他爱人批评孩子只是激发了他童年没有疗愈的伤痛。而太太对儿子的哭感到烦躁和无法容忍，是源于她小时候是个小哭包而不被父母喜欢的感受。

太多过往的创伤没有梳理，就像没好的伤口，会变得敏感。有些行为莫名其妙，自己也不知道为什么，那是因为心理的旧伤被触发，谁碰都会疼。

如果你明明不想被激发，但总是被一件事情引爆情绪，很可能就是内心的创伤在捣鬼。绝大多数人都有创伤，只是有人意识到，有人没有意识到而已。

如果有一件事情发生在三个月以前，至今回想起来还难过、害怕、愤怒、悲伤、羞愧，这就是创伤。没有疗愈的创伤会在你应对各种人和事情中呈现出来。冲突从来不是人和人之间的问题，是创伤和创伤的碰撞，透过创伤看清情绪，才能透过矛盾的现象看到创伤的本质。

家庭系统观：从点线面上去解决问题

大家还关心星星妈妈的事儿怎么解决吧。我希望大家看到家庭系统观。家庭是一个系统，一个人会影响其他人，家里人的行为会互相影响。

一般人只看到眼前的、表面的、局部的这一个事儿，这些事情是一个一个的点，从点上去解决问题，比如制定爸爸不打孩子的规则，不能解决根本问题。真正解决问题，需要看到事件的起因经过、来龙去脉，看到发展规律，看到相关联的关键要素和之间的互相影响，也就是要动态地、深入地、全面地看待问题。

我们再回到星星挨打这件事。

为什么家里人想打星星呢？因为他很拽，跟爷爷奶奶、爸爸对着干，家里人说他的时候，他会还嘴、顶撞。

星星为什么总是会犟嘴、对抗呢？因为有妈妈撑腰啊，妈妈是他的靠山，他可以为所欲为。

为什么星星妈妈会不顾一切冲出来保护儿子呢？因为妈妈在儿子身上照见了曾经受伤的自己啊。

为什么妈妈会看到受伤的自己呢？因为妈妈曾经遭遇的创伤没有疗愈，还在暗暗地影响她呢！

找到了这个核心，就找到了整个系统的关键。家庭系统观就是从点线面来看待问题、解决问题。

点：就是具体一件事情，比如星星爸爸打孩子这件事，就是一个时空里边的一个具体的场景。

线：妈妈今天呈现这个状态，是她自己整个的成长历程累积到现在的结果，妈妈的人生是一条线，他们家每个人的经历其实都是一条线。

面：就是由各条线连在一起构成面，比如妈妈成长这条线，爸爸经历的这条线，孩子成长的这条线，亲子关系、亲密关系等，各种关系交错，构成了面。

从一件事儿能够看到一串事儿，从一串事儿可看到整个模式，家里人都根据自己的模式在互动，就形成了今天的局面。

如何去改变，是从点线面出发。

在点上，要帮助爸爸不再打孩子，妈妈不再去做保护伞，儿子不再去激怒爸爸。

在线上，妈妈要看到自己的模式背后需要成长的地方，并且需要持续成长。

在面上，爸爸和妈妈之间，爸爸和儿子之间，妈妈和儿子之间如何亲密互动。妈妈一定不要介入星星和爸爸的关系中，一定要找到适合他们的方法，留给时间让他们相处，你可以给孩子支招，怎么跟爸爸相处，也可以给爱人支招，怎么跟孩子相处。让家里的每个人都能自我负责，妈妈自我负责，会教会孩子如何自我负责。

培养孩子的目标不是事无巨细地帮助他，看似保护，其实是剥夺，剥夺儿子成长的机会，也剥夺了爸爸和孩子建立关系的机会。

妈妈先自己成长，妈妈进一步和爸爸保持亲密，在爸爸和儿子的关系上，如果妈妈成为一个在后边不断去助力、去补位的人，整个家就和谐了。

家庭系统观，不仅仅是针对星星如何练琴的事，爸爸打孩子也要制定一个规则，如果就事论事，可能是无解的，因此不要在这一件事情上做文章，或者只在父子两个人之间做文章，而是在一个点或只在一条线上做文章。要看到这件事情，它的背后是他们整个家庭系统的改变。

从根源上去解决问题的话，三个人之间的关系都需要成长和改变。他们家力量的核心是星星妈妈，孩子跟妈妈关系好，爸爸跟妈妈关系也不错，如果是核心发生改变的话，它直接会带来另外两个关系的变化，所以从妈妈入手，是这个家破局的非常关键的一个点。

看起来这一家人是因为星星闹得鸡飞狗跳，事实上，妈妈是制造矛盾的根源，也是解决问题的关键点，妈妈从搅屎棍真的变成了定海神针，这个家就有救了。

妈妈是很有力量的，当她成长了，老公稳了，孩子也稳了，这是我们说的系统解决问题。

这是为什么好多人学了很多招儿，回去照抄不管用，因为只是就事论事地讲那一个点，没有把后面的系统建立好。

● 案例追踪：星星妈妈用了什么魔法让全家的困扰迎刃而解？

下面是来自星星妈妈的反馈：

创建和孩子的关系：从庇护替代到让他自我负责

以前我对星星各种不放心，尤其是不允许他受欺负，不允许被人说，不允许别人打，哪怕是他亲爸、亲爷爷、亲奶奶，只要发现儿子被"欺负"，我一定不分青红皂白扑上去保护他。

现在我开始放手啦，更多是去发现儿子的智慧，鼓励他正确看待别人的批评，比如在自己的时间里玩游戏，奶奶批评他，事实上，不是因为奶奶不喜欢他，而是奶奶非常关心他。我告诉星星：家里的每个人都是爱你的，不管再说啥，不要故意去顶嘴，对着干。

前几天，儿子光脚在地上跑来跑去，老公很生气，当时他手里拿着折叠的扇子，随手打在了儿子的腿上，儿子僵在那里，眼泪打转，如果是以前，我直接上去就抢过来老公手里的扇子，质问他打在你身上你看疼不疼，或者直接就打过去了。但当时我选择出去冷静，也给他们父子俩单独的时间，我不去庇护，儿子就不会继续顶撞或者打回去。果然，我在门外听见爸爸看着儿子问："有那么疼吗？"于是，爸爸拿着扇子打了自己一下，"哟，是有点疼，儿子你也疼吧！"

儿子哭着说："当然疼了，爸爸以后别用这个打我了，你直接告诉我穿鞋就行。"爸爸很抱歉地跟儿子道了歉，俩人很快和好了，我在门外有点意外，如果以前这就是一场我和爸爸之间的战争，平复时间最少需要一天的时间，没想到爷俩一句话就和好了。

创建和自己的关系：卸下过去的负担，创建未来

我以前看到儿子无助的样子，就会一个箭步冲上去保护他。现在，先深呼吸，安抚自己当时愤怒的情绪，或者离开一下，让自己充分冷静了以后，再去安抚儿子。

以前不知道自己的各种情绪是怎么来的，为什么会着急，为什么会愤怒，我现在找到了自己的情绪来源，我小的时候常常不被看见不被理解，在我成长过程中，有很多需求未被满足，记得教练带领放下过去的一个片段，小星星妈妈带着现在的她去看她种的满院子的花，那些花是捡来的，被小小的星星妈妈养得很漂亮，现在想起来还是心里美美的，人间美好的感觉，愤怒和着急的部分也变成了包容，梳理过后，想到那满院子的花，小星星妈妈肉嘟嘟的笑脸，即便察觉愤怒，也会柔和起来。

以前自己总觉得做啥事都是目标不清晰，特别是跟家人之间，有时候会觉得他们怎么做都不对，搞得家人也无奈，我也很生气。

现在通过进入"865"亲子训练营学习，发现自己的目标最开始就错了，定在了别人身上，根本不能实现，目前正在尝试进行"目标卡点和资源"学习，希望把自己拉回来，已经开始有效了。

创建和老公的关系：找到爱的密码，重返恋爱时光

以前我很霸道，给老公买的东西，不管喜不喜欢，不要也得要，因为不依着我，就会冷战，久而久之，也不再像恋爱时亲密，总觉得和他有一条很深很深的鸿沟。

听了老师的亲密关系课程，发现爱也是有语言的，我找到了老公真正需要爱的密码是：肯定与赞扬，搂搂抱抱。

这么多年在一起，我忽略了他真正的需求，现在既然找到了彼此爱的密码，必须用起来，我开始在家练习夸夸功，每次给老公一通夸，我又看到了曾经那个羞涩的大男孩，羞涩是吸引我们走到一起的因素。

自从有了星星，好像没有时间跟老公单独相处，每次谈论的话题都是孩子，最近晚上吃完饭陪老公下楼遛弯，虽然带着星星，但是中途星星被朋友喊走，刚好我和老公独处，我们聊起恋爱时的美好场景，刚刚结婚时两人为这个家一起节约的点点滴滴，也憧憬着我们美好的生活。

做个爱的天使，带着老公和儿子一起飞

以前，儿子不会做的题都来找我，现在我把讲题这件事交给老公，在讨论的过程中，爷俩也有争执，我不去搅和，他俩很和谐，儿子也会主动问爸爸问题了。

有一天下班堵车，儿子打电话给我，告诉我堵车了，我告诉儿子："星星，你告诉妈妈，你也给爸爸打个电话，关心爸爸。"

　　儿子马上打电话给爸爸，一会儿老公就打电话开心地告诉我："你知道吗，儿子现在有很大进步啊！刚刚还给我打电话告诉我堵车了。"

　　我听出他的喜悦，顺着说："儿子也是很关心我们的。"爸爸特别赞同。

　　儿子放假想要去放松，我打电话给老公说了这个情况，老公牙疼都不顾了，直接给儿子打电话说带儿子出去玩儿，吃饭时看见爷俩商量着点菜、买饮品、结账，我也不焦虑俩人的关系了。

　　儿子弹琴惹到爸爸生气，我先拥抱一下老公，让他消消气，老公也很吃这一套，没有什么是亲亲、搂搂、抱抱解决不了的。

后记

孩子的成长只有一次，请爱对和爱够

　　孩子是你本人的镜子，从基因上来讲，孩子肯定会和你有很多相似之处，就是一个迷你的你，再加上迷你的先生（妻子），也就是你自己和爱人的翻版。从本质上来说，你是什么样子，孩子就是什么样子。你如果充满爱、热情和希望，你的孩子也会成为一个充满热情、希望与爱的人。反过来，你如果对世界充满悲观，整天被各种情绪搅扰，你的孩子也会成为一个内心脆弱、暗淡，没有能力处理自己情绪的人。

　　与此同时，每个人的成长过程，都会受到来自社会、文化、家庭等方方面面的影响，在这个过程中，父母真正能够做得非常有限。即便我是如此爱我的女儿，我也帮助过成千上万的家庭，我对自己女儿的帮助，依然是有限的。

　　记得有一次，我和女儿在看《王冠》（*The Crown*），其中刚好一个场景是剧中的主角在画画，我便问女儿为什么她从小学开始就没有再画画了，她一开始没有回答，后来她说："妈妈，我想和您说一件事情，就是我上小学四年级学画画的事情。"

女儿说自己非常喜欢画画，小学四年级的时候，她曾去过一个美术班，班里不到10个同学，大家经常一起画画、聊天，她非常喜欢这样的环境。突然有一天，老师问她为什么来学画画。当时大约只有12岁的她说："我没什么想法，就是喜欢上这个课，能和同学一起画画，然后聊聊天。"老师告诉我女儿，很多人来上课就是希望能够拿到好成绩，将来可以上美术类的大学。女儿说她没有这样的想法，就只是想来上这个课而已。

之后的几周，这个老师就没有再给我的女儿什么机会了。这个老师对美术非常热爱，也希望孩子们真心地喜欢这个课程，将来可以报考相关的专业。而我的女儿，在12岁的时候，并不知道老师内心的这些想法以及依据这些想法而做出的相应选择。她也因此没有再得到过关注，不知道原因也不知道该如何做。她心里暗暗受伤，后来就不再去上美术课了。

有家长看到这儿可能会说，这是多小的一件事儿啊。别忘了，忽视会对孩子带来非常严重的伤害，这是心理学和神经科学的研究发现。在女儿和我分享这件事的时候，我看到她眼中有泪，就问她想不想就这件事来做一个探索，她非常愿意。

我带领她做"放下过去"的梳理时，她的脑海中浮现出了13年前的画面。她说看到了12岁孤独无助的自己，看到了老师对她不问不管的样子，她也不知道该说什么，做什么，只能在课上等待下课，不知道该怎么办。当她看到这个画面的时候，感受到自己的喉咙和脖子都很酸痛。那是因为所有没有被释放的情绪，都会储藏在我们身体的某个部位。我带领她释放了身体里那些不必要的负担，问她感觉如何，她觉得身体轻盈了，之前不舒服的感觉也好多了。

当她终于卸下了当年因被老师忽视而带来的负担，自己的真我出来的时候，她就能看到全相。

我让她带着爱、智慧和耐心去靠近、聆听12岁的自己，那个不知所措、孤独无助的自己。

她告诉我，当年，12岁的她并不明白当时究竟发生了什么，为什么对画画就没有热情了，也不再想去上美术课。现在她完全清晰了。她希望自己可以原谅老师，也原谅自己，原谅自己对于老师的误解误读而形成的十几年的创伤。

我想说的是，终其一生，我们都会在不同的时期、不同的年龄、不同的环境背景下，对人、事、物有不同的认知。

为人父母，不管自身是否追求完美，不管是否能够在孩子的所有方面都尊其所长，但受生活、文化、家庭和自身的影响，我们真的很难做到在所有方面和细节上都尽善尽美。这一点，我们都一样。

我希望所有的父母都能知道：

我们一生都在追求对孩子、对他人、对环境的爱和善意，尽可能地让这样的爱与善意自如流淌。

我们对自己，可能会有不友善的时候，但我们一定要尽可能地善待自己，让自己能够有时间宽慰自己；我们对于孩子，也可能会有很多不周全的地方，也一定要让这些因此而产生的愧疚和不安，有机会得到疗愈。

让孩子成为一个独立、自信，对人生充满热情、希望与爱的人，我想这是我们每一位家长共同的心愿。而要实现这样的心愿，最重要的是从我们自身开始做起，从学习、成长、管理自己的情绪开始，做孩子心中的榜样，像光一样照射着孩子的人生，从点点滴滴、一言一行去影响孩子、帮助孩子、助力孩子！孩子的成长只有一次，请对孩子爱对、爱够。

只要我们按照"865轻松教子法"来养育孩子，就可以轻轻松松与孩子建立和谐亲密的关系，帮助自己和孩子都健康快乐地成长。

这本书的成稿前后历经25年，我在波士顿夜以继日完成了最后的定稿，此时此刻，很多孩子和妈妈的故事还浮现在我眼前，我充满了发自内心的欣喜和感动，不禁眼睛湿润。

这部作品的完成，饱含了许多人的心血。感谢磨铁不离不弃，直到书稿落成，感谢魏玲和潘良，对本书的信任与支持，感谢编辑亚菲、金蓉、苏格和梦婷，倾力倾情投入。

感谢海蓝幸福家曹译文、赵红燕、曾莉、张楠、苏丹、温彦梅、范燕、惠之、宫沙沙、包禹含、王丽、金豆豆、解微、庄淼参与素材整理，感谢我们团队焦雪晶、黄小玉、张艳平的全力支持。

感谢我的女儿为这本书做出的所有努力和贡献。

感恩所有为本书写书评的老师和朋友们，在此，我要特别感谢我多年的好朋友俞敏洪老师、尹建莉老师、武志红老师、彭凯平教授，由衷感谢樊登老师、王人平老师、张琦老师，还有 Leo 学长，谢谢你们对本书的诚挚推荐，也要感谢十点读书、高途、尹建莉父母学堂、书香学舍、商界的大力支持。

感谢所有愿意毫无保留讲自己的故事，并将案例呈现出来的爸爸妈妈和孩子们（案例中的人物均为化名），你们真的太棒了。

最后，也要感恩所有因为这本书和我相遇的你们，这真是奇妙的缘分。所有父母和孩子的生命若能因此而发生改变，我倍感欣慰。

愿我们成为孩子爱自己、爱他人、爱世界万事万物的榜样。
愿我们教会孩子接受爱、成为爱、表达爱、传播爱！
爱才是解决一切问题的答案。
爱才是生而为人的目的和意义所在！

附录

Q&A

爷爷奶奶很宠孩子，担心宠坏了，怎么办？

爷爷奶奶帮忙带孩子，但做爸爸妈妈的不是很放心，担心教不好孩子，把孩子给惯坏了，尤其是生活习惯方面。我认为这是一个有偏颇的误区。

教育的核心是爱，给足了爱，其他问题都不大。

老一辈和你的教育观念不同是非常自然的。如果你寻求一致的观念本身就是最大的卡点。孩子生活在一个多元的世界，不是只有父母，还有各种各样的人。孩子会有分辨力的。一两岁的孩子都懂得如何跟爸爸妈妈相处，跟爷爷奶奶相处，孩子越大越知道。

如果你跟孩子在一起，让孩子按着你说的去做就可以，孩子跟着爷爷奶奶他们在一起，就按着爷爷奶奶来好了。

我想对担心爷爷奶奶、外公外婆带坏了孩子的爸爸妈妈说的是：

第一，你要做的不是去反对和对抗爷爷奶奶或者外公外婆，而是如何让自己对孩子的影响超过老人对孩子的影响，这是你努力的方向。

第二，孩子的生活习惯并不是教育最重要的部分。教育最重要的核心是无条件的爱。孩子有爷爷奶奶、外公外婆疼爱，太幸运了，很多孩子还没有爷爷奶奶或外公外婆。如果老人帮你带孩子，你要更加感恩，他们并没有义务来帮你带孩子，而应安享晚年。

第三，如果老人溺爱孩子，你应该感到非常幸运。世界上所有的人都太缺乏爱了，孩子们接受格式化的一种教育，要是有爷爷奶奶溺爱孩子是多么幸运、多么幸福的一件事。只要老人对孩子的爱没有伤害自己、伤害他人都叫宠爱，不叫溺爱。只有无条件的爱，可以成就孩子内在的美好和创造力，所有的控制，都是自寻烦恼！

做父母的要非常庆幸你的孩子有一个宠爱他的爷爷奶奶和外公外婆。说不定这个孩子长大以后，他会发现他的好时光是他的爷爷奶奶、外公外婆给的。

比如爷爷奶奶、外公外婆把一个特别好吃的或者好玩的东西藏起来，专门给孩子留着，哪怕爸爸妈妈不让给，他们还偷偷给孩子留一块儿呢。这是孩子非常美好的记忆，温暖他的一生。

如何与家里的老人相处？

很多家庭都是老人在帮忙带孩子，与老人相处成了很多人的困扰，我想告诉大家的是：

（1）谁有情绪谁搞定

在和长辈同住的过程中，要尝试学会化解自己的情绪。

生气时，先停下来，想一想：自己到底在哪个地方被激怒，自己的真实需求是什么？用健康的方式释放自己的情绪。

（2）不要强硬争对错

与长辈相处时，不要强硬地争论对错。如果证明自己是对的，却用伤害婆媳感情作为代价，"对"也是"错"。

（3）谁的父母谁负责沟通

血缘关系中有着天然的驱动力，如果出现不同观点，可以先和丈夫达成一致，再由丈夫出面进行"外交"。

夫妻双方都应有这样的共识，为了家庭和谐，谁的父母谁负责去沟通。如果夫妻双方达不成共识，那就延期，忍耐自己的脾气好了。

孩子拖拉、磨蹭怎么办？

很多父母的心病就是孩子做作业或做事的拖拉、磨蹭，爸爸妈妈、爷爷奶奶先是对孩子"催催催"，然后变成"吼吼吼"，为解决"孩子的拖延症"，很多家长已经用尽了洪荒之力，却收效甚微。

首先我们要了解孩子患上"拖延症"背后的原因，知道了原因，也就知道该怎么做了。

第一，用拖延来表达对抗和不满。家长的唠叨会引起孩子的不满，孩子会故意一会儿东一会儿西。家长不停地唠叨和说教，容易让孩子产生依赖心理。孩子会认为反正到点之前会有人提醒，便不会用心做事。但是，当问题出现以后，会把责任推到家长身上。长期被唠叨的孩子，缺少责任感和独立意识，行为懒惰、散漫，通常会唯父母是瞻，很难获得个性自由和全面发展。

应对方式是：管住自己的嘴。

第二，可能是这件事情对孩子而言太难。比如做作业，孩子有的是真的不会做，也可能是太多了，也可能是太难了，因为遇挫且无望，就一直拖下去。

应对方式是：家长要了解孩子的需求，帮孩子解决困难。

第三，家长言而无信，孩子通过拖延来满足他的需求。我记得有个小男孩，我问他为什么拖？他回答："妈妈说如果做好作业的话，就可以玩儿了；但是做完了以后，妈妈说再做点数学吧；数学做完了，妈妈说再做点语文吧；语文做完了，妈妈说再背俩单词吧！弄完了以后就已经10点了，我一点好处都没有。妈妈说话不算数，反正也没有玩的时候，索性边做作业边玩，就这样一直拖着。"

应对方式是：说到做到，信守承诺。

第四，引起妈妈的注意。有个小女孩说："妈妈一回来就看手机，也不管我；但是作业做不完，磨蹭了，妈妈就会着急，坐旁边儿陪我——那是唯一一段有妈妈陪伴的时间。要不然妈妈就做别的去了，要么打麻将，要么看手机，反正就是不在我身边，所以我就在那儿拖延。"拖延是她唯一一个能够让妈妈留在她身边的办法，所以，就从吃完饭一直拖到10点。后来孩子妈妈知道原因后都震惊了。孩子的吵闹、拖延，都是在表达对爸爸妈妈的呼唤，如果有一天孩子完全不表达了，就是真的绝望了。

应对方式：多陪伴孩子，多用心在孩子身上，不要人不在，也不要人在心不在。

一般来讲，孩子一定是在拖的过程中得到了什么好处或者是避免了什么麻烦。所以父母要探究自己孩子拖延背后的原因到底是什么，每个孩子是不一样的，同样的问题原因可能会不一样。重点是，真正去了解自己的孩子，了解原因，了解孩子的需求是什么。

孩子在学校被霸凌，父母怎么做会比较好？

当妈妈和爸爸能给孩子托底，这种孩子一般首先在学校里面遭受霸凌的机会就会比较少，因为他浑身带着我是有靠山的，我是有人爱的气息在学校里。被霸凌的孩子可能在家里也有不同的表现，有的不太说话，有的内敛，有的被欺负，有的被打骂。

所以孩子被霸凌时，家长需要考虑的是：

第一，你有没有真的给孩子提供无条件的爱，你有没有做孩子的托底。

第二，去了解到底发生了什么，帮助孩子一块来处理，让孩子感受到他是被支持被保护的。无论如何，作为家长一定要记得，你的孩子在受伤的时候是多么需要来自爸爸妈妈的理解、支持、保护和爱。

第三，比校园霸凌更可怕的是父母的反应给孩子留下的"心灵霸凌"。每个欺负别人的孩子都被欺负过，暴力的孩子一般都被批评过，有着深深的恐惧和不确定感。所有霸凌他人的人，也曾被霸凌、忽略、冷漠对待过，这是恶性循环。停止校园霸凌，父母是第一道防线，要做孩子的守护者。

第四，和孩子和老师一起看看这样的情况如何处理。在平静的状态下，也可以和霸凌的孩子一起交流，看看之后如何相互交流。当孩子们知道：家长和老师都非常关心这类事的时候，他们的行为也会收敛。

第五，有的孩子在被霸凌的时候也没有让家长知道。当问题出现了，可以自己学习解决，也可以和孩子一起处理，也可以请心理咨询师，也可以来幸福家进行全面疗愈。

离异家庭如何教育孩子？

在关于父母离异的案例中，最大的伤痛源于爸爸妈妈的否定和不接纳。如果在离婚时，父亲对孩子说"你妈妈不要你了"。这对于一个孩子来讲，天哪，天塌了！

我曾救助过一个有自杀倾向的孩子，他当时上初中。他妈妈一跟爸爸吵架，就对孩子说："我不要你了！我也不要你爸爸了！我什么都不要了！"那个孩子觉得连妈妈都不要他了，他以后的人生也就完了，就剩一条路——可以去死了。

有的妈妈对孩子说："如果我不是怀了你的话，可能我根本就不会找他。"这样的话，孩子会觉得自己是个累赘，拖累了妈妈，他有种深深的负罪感。

还有一个案例，有一个孩子说，每当他妈妈爸爸闹离婚，问他到底要跟谁？到底爱谁时，他非常崩溃，"我当时特别无语，我非常愤怒，我哪个都不爱，我哪个都不要，真想从楼上跳下去算了"。

父母闹离婚，经常就把孩子放在这样的一个境地：两个人把孩子逼到了一个墙角，让他没有退路，然后逼他做出选择。

离异家庭该如何教养孩子，有几条建议：

第一，爸爸妈妈都不要用孩子要挟对方，离异孩子的父母，首先不要把孩子牵扯进来，不要让孩子夹在中间。不要播种仇恨，不要数落对方的不好。

第二，找到正确的方式去爱你的孩子，跟孩子把关系建立好。很多家长离婚后，内心觉得亏欠，千方百计想对孩子做弥补，给他买礼物，这当然是一种爱的表达，但每个孩子对于爱的感受是不一样的，有的孩子收到礼物就满足了，有的孩子希望每天看到妈妈的脸，能感受到妈妈的抚摸，能够听到妈妈说我爱你，有的孩子是需要妈妈或者爸爸跟他一块去玩。所以找到孩子感受爱的方式很重要。

第三，即便是离婚了，你们也要让孩子感到不是他的错。不要对孩子说：都是因为你，我们才离婚的；也不要说：我们这么做，都是为了你。你们以为这是一种激励和帮助，其实，这是一种折磨，一种绑架，一种挫伤。

第四，离婚后，放下对孩子的愧疚感。不要因为愧疚而忘记了管教。如果因为愧疚而一味地溺爱孩子，满足的就是自己的需求，而不是孩子的需求。

一定要记得，即便是离婚了，别让孩子伤上加伤。

无论多么艰难，要把自己活好，孩子希望看到的不是充满负能量的爸爸妈妈，而是阳光快乐的爸爸妈妈。朝这个方向走，把希望变成行动，把每个当下过好，活出自己的生命状态，好好爱孩子。

我知道在教育孩子上，我们都有很多的问题和烦恼。

人生的归途就是：宁静和谐，自由快乐，充满热情和希望地生活。